새로운 가난이 온다

뒤에 남겨진 / 우리들을 위한 / 철학 수업

새로운 ── 가난이 온다

김만권 지음

혜다

"역사에서 모든 종말은 필연적으로
새로운 시작을 품고 있다."

- 한나 아렌트 -

목차

[제5 장]

174 제2 기계 시대의 노동과 빈곤
-잉여가 되어 버린 삶

만질 수 없는 시대의 '평범한 우리'

프롤로그를 위한 에필로그

'언택트untact'. 다른 말로 만질 수 없다는 뜻이다. 우리는 그런 시대를 살고 있다. 더 이상 나는 당신에게 손을 내밀 수 없고, 공 공장소에서 서로에게 얼굴을 보일 수 없다. 평범한 우리가 결코 익숙해지지 않는 감정, '외로움'이란 '그 누구도 내게 손 내밀어 주 지 않거나, 손을 내밀 그 누군가가 없다.'는 데서 생겨난다. 코로 나19 이전, 우리는 일상에서 늘 손을 내밀며 살고 있었지만, '손을 잡는다.'는 일이 얼마나 소중한지 모르고 있었다. 수없이 손을 내 밀고 수많은 사람의 손을 잡고 있었지만 서로에게 다가가지 못했 기 때문이다. 의미 없이 손을 내밀고, 돌아서서 서로를 잊어버리 기 십상이었다.

원래 서로 손을 잡는다는 건 관계가 생겨난다는 걸 의미했다. 설령 그것이 형식적 이해관계라 할지라도 그랬다. 이해관계를 뜻 하는 영어 표현 'interest'라는 말을 뜯어보면, 그건 우리가 사이 inter-에 존재함est을 의미한다. 그래서 이 말은 '이익'을 뜻할 뿐만 아 니라 동시에 관심, 흥미를 의미하기도 했다. 그래서일까? '손을 맞 잡는다.'는 건 서로를 돕는다는 뜻이며 서로 연대한다는 의미다.

하지만 요즘 우린 서로의 손을 잡아선 안 되는 시대에 살고 있 다. 이제 사람들은 거리를 두는 것이 서로를 보살피는 길이라고 말 한다. 같이 있어도 서로 닿을 수 없는 거리에 있어야 하며, 홀로 있 는 것이 오히려 서로를 보살피는 일이 되었다. 하지만 우리는 안 다. 어떤 존재가 우리의 시선 밖으로 사라지면 곧장 그 의미를 잃 어버린다는 것을. 세상에 존재하는 대부분의 사회적 약자들은 그렇게 잊힌다. 시선 밖에서 망각되고, 망각 속에서 사라진다. 누군가 '언택트'의 장점을 말하고 있다면 그건 상황이 그나마 괜찮다는 의미다. 우리가 누군가를 만지지 않으려 한다는 건, 사회적 약자들에겐 존재로서 의미를 잃고 살아남기 위해 홀로 견뎌야 하는 시간이 길어진다는 뜻이다. 한쪽의 누군가가 언택트의 장점을 이야기할 때, 언택트의 장점을 배달하는 누군가는 목숨을 잃기도 한다. 2020년 10월까지 과로사로 목숨을 잃은 택배 노동자가 십여 명에 이른다는 사실에 주목하자.

이 책은 서로를 만질 수 없는 시대의 사람들에 대한 책이다. 무엇보다 '평범한 우리들'에 대한 책이다. 누군가는 물을 수 있다. 도대체 평범한 것이 무엇이며, 우리가 대체 누구냐고. 이 질문들은 그 자체로 아프다. 이 질문의 목소리가 높을수록, 우리의 연대가 그만큼 약하다는 의미이기 때문이다.

'평범한 우리'는 열려 있는 개념이다. 개인적으로 풍요로운 삶을 누리고 있다 할지라도, 사회적 약자들과 함께하길 원한다면 '평범한 우리'는 그들에게도 열려 있다. 그들이 시혜가 아닌 연대의 마음으로 걸어 들어오는 순간 그들은 '평범한 우리'의 일부가 된다. 연대란 '열린 자세'에서 시작하는 것이다. 서로 맞잡을 손이 필요한 사람, 서로 손을 맞잡길 원하는 사람 모두 '평범한 우리'다.

이 책은 그 '평범한 우리'가 위기의 시대를 어떻게 지나갈 것인지에 대해 말을 건다.

코로나19로 인해 우리가 위기의 시대에 살아가고 있다는 걸 모든 이들이 동시에 체감하게 되었다. 그러나 위기의 시대는 오래전부터 오고 있었다. 환경 파괴가 만들어 낸 기후 위기가 그랬고, 기술의 발전으로 인해 변화하고 있는 세계가 그랬다. 기후 위기가 일방적인 저주라면, 기술의 발전은 축복이자 저주였다. 하지만 기후 위기도, 기술의 발전도 우리가 선택할 수 있는 것들이다. 수많은 사람들이 오래전부터 경고해 왔지만 우리가 귀 기울여 듣고 있지 않았을 뿐이다. 돌이켜 보면 전염병 역시 마찬가지다. 인간이 개발이란 명목으로 자연을 파괴하면 할수록 야생동물들의 개체 수는 줄어들고, 바이러스들은 자연스럽게 개체 수가 늘어나고 있는 인간 쪽으로 옮겨 온다.

팬데믹으로 인해 지구적 시장이 멈추어 서며, 질병뿐만 아니라 생계 그 자체가 우리의 삶을 위협하게 된 후에야 우리는 그 목소리에 주의를 기울이게 되었다. 서로를 만질 수 없는 극단적인 상황에 몰리고서야 인류는 감염병과 기후 위기로부터 스스로를 지키기 위해서라도 좀 더 환경 친화적인 삶을 살아야 한다는 것을 깨닫고 있다.

여기에 더해 팬데믹pandemic[1]은 기술의 발전이 만들어 놓은 새로운 자본주의의 문제 역시 드러내고 있다. 팬데믹이 만든 위기 속에 소득과 부의 양극화 문제가 얼마나 심각한 것인지, 전통적인 사회보호망을 잃은 노동자들의 삶이 얼마나 황폐해질 수 있는지

---

1 세계적으로 전염병이 대유행하는 상태.

우리는 매일 매일 두 눈으로 확인하고 있다.

풍요로운 사회가 도래했다고 하는데도 그 어느 때보다 자신의 미래를 걱정하며 불안해하는 사람들이 늘어나고 있다. 그 한 예로, 우리나라 중산층 10명 중 8명은 자신을 빈곤층이라 여긴다고 한다. 이제 중산층은 더 이상 안정된 삶을 뜻하지 않는다. 언제 나락으로 떨어질지 모른다는 불안이 그들을 덮치고 있는 것이다. 그러나 알고 보면 우리는 팬데믹 이전부터 이미 위기가 일상화된 삶을 살고 있었다. 이해하기 어려운 건, 파편화된 개인들이 이 두려움을 자신이 혼자 감당해야 할 일이라 여기고 있다는 점이다. 사회가 풍요로워지고 있음에도 사회적 보호망은 점점 더 부실해지는 아이러니한 세상에서, 언제 바닥으로 떨어질지 모른다는 두려움에 시달리며, 그것이 모두 자신의 책임이라 여기는 사람들. 분명 이런 일은 예전에 없었다.

어떻게 이런 일이 일어난 것일까? 만약 그 이유를 알 수 있다면, 우리는 이 문제를 해결할 수 있을까? 이 책은 이 질문에 답한다.

수많은 사람들이 말한다. 팬데믹이 세상을 바꾸어 놓을 것이라고, 이제 우리가 경험하지 못한 새로운 것들이 일상이 되는 '뉴노멀 New Normal'의 시대가 도래할 것이라고. 정말 뉴노멀은 팬데믹이 만들어 놓은 새로운 것들로 이뤄지게 될까? 적어도 내가 아는 한, 팬데믹 시대에 붐을 이룬 모든 것은 이미 팬데믹 이전에 존재했다. 팬데믹은 그 모든 것들을 촉진시킨 하나의 사건에 불과할 뿐이다.

하지만, 어떤 현상의 엄청난 가속은 시대를 바꾼다. 급격한 변화의 시대에 모든 프롤로그는 그 이전의 에필로그를 필요로 한다. 이 책이 프롤로그를 위한 에필로그로 시작하는 이유이기도 하다.

한나 아렌트의 말처럼 "역사에서 모든 종말은 필연적으로 새로운 시작을 품고 있다." 아렌트는 우주를 창조한 신이, 이러한 사실을 확인시키기 위해 인간을 만들었다고 말한다. 인간이 하나의 생명이 되어 이 우주로 올 때마다, 모든 우주가 새롭게 시작된다는 것이다. 그래서 인간이란, 탄생 그 자체로 우주가 새롭게 시작되도록 하는 기적을 일으킨다고 말한다. 따라서 기적이 있다면 그것은 우리들 각자의 손에서 시작될 것이다. 인간에게 '자유'란 바로 '새롭게 시작하는 능력'이다. 팬데믹이 한 시대를 우연히 끝냈다 할지라도, 우리가 자유로운 존재라면, 우리는 또다시 새롭게 시작할 수 있다.

코로나19 이전, 서로를 만질 수 있던 시대에 우리 삶은 이미 파편화되어 가고 있었다. 이 책은 서로를 만질 수 없는 시대에, 평범한 우리가 '서로에게 다가가는 연대'를 어떻게 만들 수 있을지에 대한 이야기다. 다가올 세계에서 우리가 '어두운 시대의 사람들'이 될지 '새로운 시대의 사람들'이 될지는 우리의 손에 달려 있다. 이 '새로운 시작'을 위한 이야기에 여러분을 초대한다.

2021년 1월 김만권

제1장

인공지능의
시대에 던지는
다섯 가지 질문

우리가 만들어 갈 세계

"데미스 하사비스Demis Hassabis[1] : 제가 인공지능 분야에서 일하는 이유는 이 기술이 인류에게 상당히 유익할 것 같기 때문입니다. 인공지능이라는 기술 자체는 중립적이기 때문에, 이를 잘 활용하면 과학적, 의학적 영역에서 잠재력을 꽃피울 수 있을 것입니다. 결국 사람이 어떻게 설계하고 사용하는지, 그것을 통해 얻은 이익들을 어떻게 분배하는지에 달린 문제죠."

_마틴 포드 Martin Ford, 『AI 마인드Architects of Intelligence』 중에서

---

[1] '구글 딥마인드Google DeepMind'의 공동 창업자이자 최고경영자이며, 우리에게 잘 알려진 '알파고 AlphaGo'의 개발자다.

1장을 시작하며

———

여러분 안녕하세요. 저의 철학 교실에 와 주셔서 감사드립니다. 이 책에서 함께 이야기할 주제는 "기술의 변화가 만들어 놓은 21세기 자본주의 세계, 그 안에서 살아가야 하는 인간의 운명"이에요. 운명이라 하면 마치 미리 정해져 있는 것 같은 느낌이 들지만, 철학자 한나 아렌트의 말을 빌리면 '인간의 자유란 스스로의 삶을 새롭게 시작할 수 있는 것'이기에 우리는 우리의 운명을 스스로 바꿀 수도 있어요.

첫 장에서 다룰 주제는 '바뀐 세계에서 우리는 지금 어떤 모습으로 존재하고 있는가?'와 '앞으로 우리는 어떤 존재가 되고자 하는가?'라는 두 가지 질문이에요. 앞의 것이 현실에 대한 이해라면, 뒤의 것은 우리가 바라는 희망, 유토피아에 대한 거예요.

기술의 놀라운 발전이 세계를 바꾸어 놓고 있다는 건 누구나 알고 있어요. 그렇다면 이 놀라운 기술의 발전은 우리들이 살아가고 있는 세계를 구체적으로 어떻게 바꾸어 놓았을까요? 무엇보다 여러분은 이 새로운 기술과 함께 살아갈 준비가 되어 있나요?

여기 새로운 시대를 살아가기 위해 우리가 던져야 할 다섯 가지 질문이 있어요. 이제 그 질문이 무엇인지 같이 살펴볼까요?

지난 10년간 우리에게 일어난 일들

'USB 플래시 드라이브.' 간단히 USB, 혹은 USB 메모리, USB 드라이브 등으로 불리죠. 작고 가벼워서 많은 이들이 휴대용으로 한두 개쯤 가지고 있을 거예요. 그런데 혹시 이 물건이 언제 처음 만들어졌는지 아세요? 미국에서 USB 생산 공장이 처음 지어진 건 1999년 4월이었어요. 이스라엘의 '엠-시스템스M-Systems'라는 회사와 그 유명한 '아이비엠IBM'이 합작해서 세웠죠. '디스크온키DiskOnKey'라는 이름으로 생산하기 시작했는데 실제로 상용화되어 팔리기 시작한 건 2000년부터라는군요. 한편 같은 해에 싱가포르 회사인 '트렉2000 인터내셔널Trek 2000 International'도 '섬드라이브ThumbDrive'라는 이름으로 USB 판매를 시작했어요. 그러고 보면 USB 플래시 드라이브는 21세기를 여는 해에 상용화되어 우리 손에 들어온 범용 기술의 대표적 예라고 할 수 있겠네요.

그런데 USB가 처음 상용화될 때 저장 용량이 8메가바이트MB였다는 것, 믿어지나요? 그걸로 뭘 하지? 이런 생각이 마구 드네요. 제겐 USB와 관련해 잊을 수 없는 추억이 하나 있어요. 지금 20대인 사람들은 막 웃을 테지만, 제가 대학원에 다니던 2000년 초반만 해도 이 USB가 아주 훌륭한 패션 아이템이었어요. USB에 줄을 연결해 목걸이로 걸고 다녔거든요. 이 물건을 걸고 다니면 뭔가 자신이 혁신 기술과 함께 살아가는 사람처럼 보일 수 있었던 거죠. 새로운 기술과 젊음, 서로 딱 들어맞지 않나요?

그런데 하루는 선배가 새로 출시된 USB를 목에 걸고 나타났어요. 그리고 USB에 선명하게 찍힌 글씨를 보여 주며 자랑스러운 목소리로 말하더군요. "만권아, 256메가야. 내가 평생 작성한 문서를 다 넣어 다닐 수 있어." 돌이켜 보면 마구 웃음이 쏟아지는데 그땐 그게 너무 부러웠어요. "형, 이거 어디서 샀어요?" 부러움에 가득 찬 제 목소리를 즐기며 선배가 진절히 알려 주더군요. "학교 문구점." 그 말을 듣자마자 문구점으로 한달음에 달려갔는데 놀랍게도 이미 나 팔리고 없더라고요. 일주일을 기다려서야 겨우 구입한 그 USB를 저도 한동안 목에 걸고 다녔죠. 256메가바이트. 지금 기준에서 보면 사실상 저장 기능이 없다고 봐야겠네요. 그런데 당시엔 엄청난 용량이었고 정말 새로운 제품이었어요. 지금은 1테라바이트TB 드라이브들이 상용화되어 시중에 판매되고 있죠. 1테라바이트를 환산하면 1,048,576메가바이트인데, 채 20년도 안 지나서 일어난 일이에요.

이후, 다양한 디지털 기술이 상용화되었어요. 그중 우리가 자주 사용하는 건 웹메일이에요. 흔히 우리가 이메일이라고 부르는 거죠. 처음엔 이메일이란 말보다 전자우편이란 용어를 더 자주 썼어요. 전자우편 기술은 1970년대부터 싹트고 있었고 우리에게 추억이 된 PC통신에도 이미 존재하고 있었지만, 인터넷의 바다에서 웹을 기반으로 서비스된 건 '핫메일hotmail'이 최초예요. 몇몇 사람들은 '뜨거운 메일'이라 부르기도 했는데 1997년부터 우리나라에서 서비스되기 시작한 '한메일hanmail'과 헷갈리는 걸 방지하기 위해서였죠. 지금은 메시지를 전달하는 디지털 매체 중 가장 오래되었을 뿐만 아니라 가장 느린 매체이기도 해서 당시 이메일이 얼마나 혁신적이고 편리한 기술이었는지 젊은 독자들은 감을 잡기조차 어려울 거예요.

어떤 예를 들어야 여러분이 감을 잡을 수 있을까요? 혹시 여러분, '펜팔pen pal'[1]이라는 용어를 들어 본 적 있나요? 이젠 '전설'이 된 용어죠. 그런데 제가 중학교 다닐 때 이 펜팔이라는 걸 잠시 한 적이 있었어요. 펜팔을 꾸준히 하면 영어로 글 쓰는 능력이 좋아질 거라는 선생님의 권유 때문에 어렵사리 외국인 친구를 찾아 시작했죠. 그런데 시간이 지나면서 펜팔이 별로 효과가 없다는 걸 알게 되었어요. 당시 저는 부산에 살고 있었는데 편지를 보내면 미국 LA까지 가는 데 2주 정도가 걸렸거든요. 편지를 주고받는 데만 대략 4주, 거의 한 달이 소요됐던 거죠. 또 편지지나 봉투를 사기 위해 문방구에도 가고, 다 쓴 편지를 부치러 우체국에도 가야했으니 양쪽이 최선을 다해 부지런을 떨어도 한 달에 편지 한 통 주고받기가 어려웠어요. 자연히 펜팔은 오래가지 못했죠. 이후 교통의 발달로 국가 간에 편지를 주고받는 시간이 조금씩 줄어들었지만 그래도 2주 이상은 걸렸던 걸로 기억해요.

그런 와중에 'www'를 기반으로 하는 인터넷 서비스가 본격화되며 1997년 이메일 서비스가 시작되었어요. 생각해 보세요. 몇

---

1 편지를 주고받으며 사귀는 친구.

주를 기다려야 겨우 편지 한 통을 주고받을 수 있었는데 어느 날 갑자기 10분 정도면 상대방이 내 편지를 받아 볼 수 있게 된 거예요. 이건 정말이지 놀라운 변화였어요. 부산과 LA가 10분 거리로 단축된 거니까요. 소위 디지털 기술이 만들어 내는 '시간과 공간의 압축 현상'을 처음으로 직접 경험할 수 있었죠. The world is flat! 지구가 납작해졌다! 토머스 프리드먼Thomas L. Friedman의 이 표현 들어 보셨죠? 이메일이 세계를 납작하게 만들었던 거예요. 이 경험은 우리의 일상생활뿐만 아니라 기업의 업무 방식까지 다 바꾸어 놓았어요. 디지털 기술이 얼마나 편리한 것인지 모두가 알게 된 계기였죠.

이메일과 더불어 21세기에 또 다른 신세계를 연 기술은 휴대폰이에요. 지금은 대부분 스마트폰을 사용하죠. 말 그대로 '똑똑한 전화기'인데, 사실상 컴퓨터가 장착된 전화기라 할 수 있죠. 어쩌면 전화 기능을 가진 컴퓨터라고 하는 게 더 정확한 표현일 수도 있겠네요. 1990년대 우리나라에 휴대폰이 처음 들어왔을 땐 전화기를 들고 다닌다는 것 자체가 아주 신기한 일이었어요. 뿐만 아니라 가격도 너무 비싸서 부의 상징이기도 했죠. 상용화된 인류 최초의 휴대폰은 1983년 출시된 '모토로라MOTOROLA'의 '다이나택 8000X DynaTac 8000X'예요. 당시 가격이 3,995달러였다니 얼마나 비싼 건지 말하지 않아도 되겠죠? 크기도 정말 커서 우리나라에선 벽돌이란 별칭으로 불리기도 했어요. 그런데 이 휴대폰은 단지 음성 통화만 할 수 있었어요. 믿을 수 없겠지만 8시간 충전하면 30분 정도 통화할 수 있었다고 해요. 이후 모토로라는 폴더폰을 출시하며 휴대폰 시장을 점령했죠.

이 휴대폰 시장을 뒤엎어 버린 게 바로 '아이폰iPhone'이에요. 여러분도 익히 아는, 까만 터틀넥 셔츠에 청바지를 입은 스티브 잡스Steve Jobs가 정보 기술의 결정체라 불러도 좋을 스마트폰을 세상에 소개했던 거죠. 그런데 여러분 혹시 알고 있나요? 최초의 스마트폰이 아이폰이 아니라는 사실을. 최초의 스마트폰을 만든 회사는 IBM이었어요. 1993년 '사이먼Simon'이라고 하는 스마트폰을 최초로 내놓았죠. 그런데 배터리 사용 시간이 1시간 정도밖에 되지 않았다네요. 그래서인지 인기가 없어 이내 판매가 중지되고 말았어요. 이후 사람들이 진짜 스마트폰이라고 받아들일 수 있는 제품이 나오기까지 14년이 걸렸던 거죠.

요즘은 누구나 다 스마트폰을 가지고 있어요. 그런데 이 스마트폰이 정말 놀라운 물건이에요. 왜냐고요? 음…, 이렇게 말할 수 있겠네요. "여러분이 가지고 있는 스마트폰으로 아폴로 11호를 달에 보낼 수 있습니다." 이는 단연코 사실이에요. 달에 처음 착륙한 아폴로 11호에 탑재되었던 컴퓨터의 이름은 '아폴로 가이던스 컴퓨터Apollo Guidance Computer, AGC'예요. 컴퓨터나 휴대폰 사양을 이야기할 때 흔히 '램RAM이 몇 기가다.'라는 표현을 쓰잖아요. 램은 전력이 끊길 때 지워지는 데이터, 즉 임시 저장 메모리의 용량을 이르는 말인데, 아폴로 11호에 실린 AGC의 램 용량은 3만 2,768비트bit였대요. 2,048개의 단어를 저장할 수 있는 크기였죠.

A4 용지 3장 정도도 저장하기 어려운 크기였던 거예요. 그런데 요즘 휴대폰엔 보통 4기가바이트GB 용량의 램이 들어가요. 비트 수로 따지면 343억 5,973만 8,368비트죠. AGC의 램보다 10만 배 나 더 큰 거예요.

한편 롬ROM이라 불리는 저장 장치는 전력이 끊어져도 데이터 들이 지워지지 않는데 AGC의 롬은 고작 58만 9,824비트였대요. 요즘은 최대 512기가바이트의 롬 메모리가 장착된 스마트폰들이 나오고 있는데, 용량이 4조 3,980억 4,651만 1,104비트, 즉 AGC 의 700만 배 이상이라네요. 이런 놀라운 성능을 지닌 휴대폰을 대 부분의 사람들이 가지고 다니는 게 당연한 세상이 된 거예요.

21세기 들어 이룩한 디지털 기술 발전을 설명하기 위해 USB 플래시 드라이브, 이메일, 휴대폰을 예로 든 이유가 있어요. 무엇 보다 셋 다 우리 생활 깊숙이 들어와 있다는 점, 그래서 이 기술이 일상화된 게 채 20년도 되지 않았다는 걸 우리가 잘 느끼지 못하 기 때문이에요.

구체적으로 보면 USB의 경우는 컴퓨터 칩의 연산 능력이 얼 마나 획기적으로 발전했는지 우리에게 명확하게 보여 주고 있죠. 8메가바이트에서 1테라바이트까지 저장 용량이 늘어나는 데 걸 린 시간이 채 15년이 되지 않아요. 가격은 엇비슷한데 말이죠.

이메일은 앞서 한 차례 언급했지만 우리가 알고 있는 기존의 물리적 공간과 시간의 개념을 완전히 바꾸어 놓은 기술이에요. 스타워즈나 스타트렉 같은 SF 영화를 보면 웜홀wormhole을 통해 공간 이동을 하는 장면이 자주 나오죠. 먼 공간을 짧은 시간에 이동하는 기술이죠. 생각해 보면 이메일은 이런 공간과 시간의 축소가 가능하다는 걸 보여 준 첫 번째 기술이라 할 수 있죠. '세계는 모두 연결되어 있다.'라고 했을 때, 그것을 평범한 사람들이 실감하게 만들어 준 최초의 상용기술이었던 거예요.

스마트폰은 이런 폭발적인 '연산 기능의 증폭'과 '시간과 공간의 압축' 기술이 동시에 다 담겨 있는 결정체죠. 여러분은 이제 메시지 기능을 통해 국경을 넘어 실시간으로 문자를 보낼 수 있을 뿐만 아니라 실시간으로 서로 얼굴을 마주 보며 대화를 나눌 수도 있어요. 아주 단단해 보이는 국가 간의 물리적 경계를 디지털 기술이 실시간으로 여기저기서 허물어뜨리고 있는 거죠. 그리고 스마트폰엔 군사적 목적을 위해 쓰였던 GPS 기능이 탑재되어 있을 뿐만 아니라 인공위성을 통해 세계의 구석구석을 실사로 내려다볼 수 있는 기능까지 있어요. 또한 앱들을 활용해 택시를 부르는 일부터 쇼핑, 사소한 배달까지 수많은 일을 할 수 있게 되었죠. 이 모든 게 지난 10여 년간 일어난 일이라니 믿어지지 않네요.

지난 산업혁명 과정에서 배워야 할 점

현재 우리가 목격하고 있는 디지털 기술의 발전은 훨씬 더 놀라운 것들이 많아요. 이세돌과 알파고의 격돌은 인공지능이 우리가 생각한 것보다 훨씬 더 빨리 성장하고 있음을 새삼 깨닫게 해 주었죠. 김진호 서울과학종합대학원의 빅테이터 MBA학과 주임 교수는 알파고가 기초적 수읽기에서 엉뚱한 실수를 반복했음을 지적하며, 구글 딥마인드 측이 "네 번째 대국이 져 주기에 가장 적당하다고 판단해 알파고 대신 돌을 놓은 아자황 박사에게 일부러 오답을 보내 알파고가 지도록 만들었을 것"이라는 인터뷰를 했었죠. "인공지능의 놀라운 성장에 대한 인류의 공포감을 상쇄"하기 위한 행동이라는 이유를 들면서 말이죠. 그의 주장에 따르면 충분히 학습된 인공지능이 이세돌에게 단 한 판도 질 리가 없다는 거예요.

그뿐만이 아니에요. 공장에서 인력을 대체해 가고 있는 로봇, 자율 주행 기술로 대표되는 사물 인터넷 기술, 폭발적인 연산 능력과 네트워크의 성장이 만들어 낸 빅데이터big data, 블록체인block chain 기술, 사물을 재현해 내는 3D 프린팅, 현실과 구분이 안 되는 가상현실, 활용 분야가 다양해지고 있는 드론뿐만 아니라 이런 기술들과 함께 성장하고 있는 생명공학, 신경 기술, 지구 공학, 우주 기술 등의 발전은 그야말로 세계가 4차 산업혁명 시대에 이르렀음을 실감나게 하죠. 이 4차 산업혁명의 시대를 다른 말로 '제2 기계 시대'라고 불러요. '제1 기계 시대'가 증기와 전기를 통해 인간의 육체적 능력을 증폭시켰다면, 제2 기계 시대는 디지털 기술을 통해 인간의 정신적 능력을 폭발적으로 증폭시키고 있어요.

이런 제2 기계 시대의 기술 발전은 마침내 자본주의의 모습까지 변화시키고 있는데요, 인공지능을 징착한 로봇 기술의 성장과 플랫폼[1]의 부상이 그 중심에 있어요. 특히, 로봇 기술의 급격한 성장이 일자리를 빼앗아 가지 않을까 많은 사람들이 걱정하고 있죠. 당장 우리나라가 노동시장에서 로봇 대체율이 가장 높은 나라 중의 하나고요.

한편에선 거대한 플랫폼이 초국가적으로 구축되고 있어요. '구글google', '애플apple', '페이스북facebook', '아마존amazon'은 전 지구적 플랫폼을 구축하고 우리 일상 곳곳에 들어와 있죠. 구글은 세계 곳곳에서 지식의 새로운 신이 되었고, 애플은 기술혁신의 아이콘이, 페이스북과 아마존은 각각 사회적 연결망과 온라인 상품 판매의 강력한 지배자가 되었죠.

이런 플랫폼들에 의해 자본주의의 모습이 어떻게 바뀌어 가고 있는지 살펴보죠. 플랫폼 자본이 등장하기 이전, 전통적인 관점에서 '자본'의 의미는 생산수단의 소유를 뜻했어요. 만약 택시 회사라면 택시라는 생산수단을 소유한다는 거죠. 하지만 지금 등장하고 있는 플랫폼 자본은 더 이상 생산수단에 연연하지 않아요. 택시를 예로 들었으니 '우버Uber'라는 플랫폼을 볼까요? 가장 거대한 택시 플랫폼인 우버는 단 한 대의 택시도 소유하고 있지 않죠. 우버뿐만이 아니에요. 세계 최대의 미디어 회사인 페이스북은 단

---

1 공급자와 수요자 등 복수 그룹이 참여해 각 그룹이 얻고자 하는 가치를 거래를 통해 교환할 수 있도록 구축된 디지털 환경.

한 편의 기사도 자체적으로 생산하지 않아요. 페이스북에 콘텐츠를 채워 주는 건 이 글을 쓰고 있는 저와 이 글을 읽고 있는 여러분들이죠. 우리가 작성해 올린 콘텐츠에 광고를 연결해 수익을 얻는 구조인데, 그 대가로 페이스북은 우리에게 어떤 보상도 지불하지 않아요. 세계 최대의 숙박 플랫폼 '에어비앤비airbnb' 또한 단 한 채의 부동산도 없이 사업을 하고 있어요. 택시 없는 택시 회사, 기사를 쓰지 않는 미디어 회사, 단 한 칸의 빙도 없는 숙박 회사. 이게 플랫폼 시대에 변화한 자본의 모습이죠.

그렇다면 이렇게 변해 버린 세상에서 우리는 어떻게 살아야만 할까요? 과거 여러 차례 대변혁의 시대를 겪었던 이들이 그랬던 것처럼, 기계를 부수고, 변화를 거부하고, 기계한테 지배받을까 봐 두려움에 떨어야 할까요? 하지만 인류의 지난 경험은 그런 불안과 거부가 지나친 것일 수도 있다, 이렇게 알려 주고 있어요. 사람들이 일자리를 뺏길까 봐 불안에 떨며 거부했던 새로운 기술들이 오히려 더 많은 일자리와 풍요로움을 가져왔거든요. 그런 경험을 가진 우리가, 낡은 기계의 옆자리를 빼앗기지 않기 위해 새로운 기계 시대를 거부한다는 건 너무 어리석은 일 아닐까요? 오히려 새로운 기술과 파트너십을 만들고 함께 공존하는 방법을 연구하는 게 더 현명한 태도가 아닐까요?

이런 제안 앞에 몇몇 사람들은, 새로운 기계 시대는 과거와는 전혀 다르다고, 새로운 기계는 인간을 닮았다고, 그래서 문제가 훨씬 더 심각하다고 수상해요. 인간처럼 생각할 수 있는 기계라면 인간이 그들에게 지배를 받는 시대가 올지도 모른다는 거죠. 어쩌면, 그렇게 될 수도 있어요. 하지만 그런 두려움은 2차적인 게 아닐까요? 스스로 생각하는 기계라고 말하지만, 어떤 기계도 학습 없이 움직일 수 없다는 게 지금까지 밝혀진 사실이에요.

결국 우리가 기계에게 어떤 내용을 학습시킬 것인가, 어떤 인간의 모습을 닮게 설계할 것인가가 가장 중요한 것이죠. 만약 인간이 인간을 지배하길 원하지 않는다면, 더하여 인간이 서로를 돌보길 원한다면, 인간을 닮은 기계 역시 인간을 지배하지 않고 돌보게 될 거예요. 어쩌면 우리의 두려움은 인간이 서로를 돌보지 않는 존재라는 생각에서 나온 것이 아닐까 싶어요.

그래서 이 책은 기술의 발전이 이루어 낼 세계에 대해 두려워하기보다는 긍정적으로 받아들이자고 여러분에게 제안해요. 오히려 지금 우리에게 필요한 건 이런 변화 속에서 현실을 정확히 파악하고, 변화하는 시대에 맞춰 인간을 보호하는 데 더 관심을 기울이는 일이다, 이렇게 말이죠.

우리는 비슷한 교훈을 '기계파괴운동^{러다이트 운동, Luddite Movement}'에서 얻을 수 있어요. 기계파괴운동의 실체를 들여다보면 문제는 기계 그 자체가 아니라 아무런 보호 없이 일하고 있던 노동자들의 현실이라는 걸 알 수 있죠. 러다이트 운동이 본격화된 19세기 초 영국에선 1803년부터 12년간 지속된 나폴레옹 전쟁과 연이은 흉작으로 식량 가격이 폭등하고 있었어요. 여기에 임금 삭

감까지 겹치며 노동자들의 상황은 급격히 나빠지고 있었죠. 그런 상황에서 새로운 기계까지 도입되자 노동자들은 실업의 두려움이라는 고통까지 떠안아야 했어요. 하지만 당시 영국 노동자들은 스스로를 지키는 행위를 합법적으로 할 수 없었어요. 어떻게 그럴 수가 있냐고요? 프랑스 대혁명 이후 영국에서 만들어진 '단결금지법(Combination Act, 1799년)'이 노동자들의 결사와 단체 행동을 가로막고 있었기 때문이죠. 이처럼 아무런 보호 장치 없이 '헐벗은 삶'으로 내몰린 노동자들이 자신의 의사를 표현하는 최후 수단으로 선택했던 게 바로 기계파괴운동이었어요. 문제는 새로운 기계가 아니라 노동자의 보호를 외면한 사회였던 거예요. 시간이 지나며 제1 기계 시대를 경험한 서구 사회는 노동자들을 보호하는 제도를 마련하는데 '복지국가'가 바로 그 결실이었죠.

지금 우리가 당면한 문제는, 디지털 기술의 발전이 이루어 내고 있는 제2 기계 시대가 복지국가의 쇠퇴와 맞물리며 전개되고 있다는 점이에요. 제2 기계 시대의 산물인 플랫폼 자본은 제1 기계 시대가 구축한, 노동자 보호 시스템의 도움을 받을 수 없는 일자리를 대량으로 만들어 내고 있어요. 이와 함께 '3 대 7', '2 대 8', '1 대 9', '1 대 99' 사회라는 표현의 진화에서 알 수 있듯, 소득 및 자산의 불평등 역시 심화되고 있죠. 이런 상황 속에서 많은 사람들이 공동체의 보호 없이 스스로를 지켜 내야 한다는 것에 두려움을 느끼는 건 자연스러운 일이에요. 그리고 놀랍게도, 팍팍한 현실 속에서 스스로를 보호할 수 없는 사람들이 보호가 더 절실한 사람들을 경멸하고 혐오하는 현상까지 벌어지고 있죠.

어떻게 이런 일이 일어나게 된 걸까요? 어쩌면 우리는 제1 기계 시대 초기에 범했던 실수를 반복하고 있는 건 아닐까요?

인공지능과 공존하기 위한 5가지 질문

변화하고 있는 세상에 맞추어 우리의 인식과 태도를 조화롭게 바꾸어 나가려면 새로운 세계 즉, 제2 기계 시대의 실체와 문제를 정확히 이해하는 것부터 시작해야 해요. 더불어 새로운 변혁의 시기가 안고 있는 문제들을 어떻게 해결할 것인가도 궁리해 봐야 하죠. 그래서 이 책에서 여러분과 함께 살펴볼 내용은 다음과 같아요.

첫째, 4차 산업혁명 시대를 이끌어 냈다는 기술은 현재 얼마나 발전한 것일까? 그 기술은 인간의 삶을 어떻게, 얼마나 바꾸어 놓을까? 새로운 기계는 인간에게 닥친 새로운 고난일까 아니면 또 다른 기회일까? 인간과 새로운 기계는 서로 의존하는 파트너십을 맺을 수 있을까? 만일 그렇다면, 어떤 방식으로 그 파트너십을 만들어 가야 할까?

둘째, 기술의 발전은 자본주의의 본질을 어떻게 바꾸어 놓았을까? 자본주의의 중심에서 새롭게 부상하고 있는 공유 플랫폼이란 어떤 것일까? 공유 플랫폼은 새로운 공동 소유의 방식일까 아니면 또 다른 형식의 착취에 불과한 걸까?

셋째, 21세기 자본주의는 왜 극소수의 승자와 엘리트만을 위한 것이라 비난받고 있을까? 그렇다면 다수가 통치하는 민주주의는 왜 자본주의의 이런 병폐를 방치하고 있는 걸까? 민주주의는 새롭게 변모하고 있는 자본주의를 통제할 능력을 지니고 있을까?

넷째, 승자와 엘리트의 독식 사회에서 노동은 그에 합당한 존중을 받고 있을까? 더하여 왜 빈곤은 과거보다 더 심한 경멸의 대상이 된 것일까? 불평등은 어떻게 우리 마음속에 혐오와 모멸의 세계를 짓고 있는 걸까? 빈곤, 혐오, 모멸의 시대에 인간이 존엄하게 산다는 건 어떤 의미일까?

마지막으로, 21세기 새로운 기술의 시대에 인간의 존엄성을 지키려면 어떻게 해야 할까? 불평등이란 해결 가능한 문제일까? 만약 해결하고자 한다면 어떤 시도가 가능할까? 그런 시도가 현실에서 제대로 작동할 수 있을까?

한스 로슬링Hans Rosling은 『팩트풀니스Factfulness』(2018)를 통해 인류는 지금까지 우리가 생각하는 것보다 훨씬 괜찮은 세계를 지어왔다고, 그것이 '팩트fact'라고 밝히고 있어요. 한나 아렌트 또한 모든 비판은 사실에 근거를 둬야 하고, 경험에 기반을 두지 않은 관념적 이상은 우리가 현실에서 발을 떼게끔 한다고 강조하죠. 이 두 사람의 지적을 가슴에 새긴 채, 저는 이제 이 다섯 가지 질문에 '두려움'이 아닌 '팩트'를 기반으로 답해 보려 해요.

여러분도 저와 함께, 앞으로 우리가 만들어 낼 세계에선 인간과 기계가 긍정적 파트너십을 맺고, 서로가 서로를 보호하는 연대의 공동체를 재건하며, 그 안에서 인류는 결국 인간의 존엄성을 지켜 낼 거라는 희망을 가져 보는 건 어떨까요?

제2 장

인공지능은
인류의 적인가

특이점의 도래와 변곡점에 선 인간

"나는 이전에도 우리 모두가 사이보그라는 생각을 해 본 적이 있다. (…) 만일 우리가 이 점을 인식할 수 없거나 이러한 생각이 기이하고 터무니없다고 여긴다면, 그것은 순전히 우리가 편견에 사로잡혀 있기 때문이다. (…) '포스트-휴먼'이라는 미래가 임박했다고 말하는 글들은 위험하고도 잘못된 그림이다. (내 주장은) 때때로 가장 포스트-휴먼스럽게 보이는 바로 그것이 철저하게 인간적 기원을 갖고 있다는 것이다."

_앤디 클락Andy Clark, 『내추럴-본 사이보그Natural-Born Cyborgs』 중에서

2장을 시작하며

2장에선 새로운 기술의 발전과, 이 기술과 함께 변화되어 온 우리의 삶 그리고 이런 현실에서 살아가기 위해 우리가 어떤 태도를 가져야 할지에 대해 살펴보려 해요.

여기서 우리는 다음과 같은 질문들을 할 거에요.

- 4차 산업혁명 시대, 기술은 어떻게, 얼마나 발전한 것일까?
- 그 기술로 인해 삶의 방식은 어떻게 바뀌었는가?
- 인간처럼 생각하는 새로운 기계는 우리에게 위협일까 아니면 기회일까?
- 인간과 새로운 기계는 서로 친구가 될 수 있을까?
- 그렇다면 인간과 기계 사이의 파트너십은 어떻게 가능할까?

수레바퀴에서 슈퍼컴퓨터까지

———

2000년 후반까지 세계에서 제일 빠른 연산 속도로 이름을 날린 컴퓨터가 있어요. '아스키레드ASCI Red'! 이 슈퍼컴퓨터는 미국 정부 산하의 '전략적 컴퓨터 발전 가속 사업단'이 핵실험에 쓰기 위해 1996년 말 내놓은 야심작이었죠. 가격은 무려 5,500만 달러, 크기는 테니스장의 80%를 차지할 정도였어요. 전기 소비량도 엄청나서 시간당 800kW를 소비했다고 하는데, 이건 800가구의 시간당 평균 전력 소비량과 맞먹는다는군요. 1997년 아스키레드의 연산 속도는 1.8테라플롭Tflops에 이르렀는데, 테라플롭은 1초에 연산을 1조 번 할 수 있는 속도를 말해요. 아스키레드는 '테라플롭'이라는 꿈의 속도를 최초로 실현한 슈퍼컴퓨터로 그 이름을 널리 떨쳤죠.[1]

2000년 아스키레드의 뒤를 이어 등장한 또 다른 슈퍼컴퓨터가 있는데 바로 IBM이 만든 '아스키화이트ASCI White'예요. 당시 『한겨레21』의 과학 지면은 아스키화이트를 이렇게 소개하고 있어요.

> "이번에 개발한 '아스키화이트'라 불리는 슈퍼컴퓨터는 1억
> 1,000만 달러짜리 장치다. 농구장 2개 규모의 공간에 설치
> 되며 무게는 106톤이나 나간다. 계산 능력은 1초에 12.3테

———

1 아스키레드와 플레이스테이션의 예는 에릭 브린욜프슨, 앤드루 맥아피의 『제2의 기계 시대*The Second Machine Age: Work, Progress, and Prosperity in a Time of Brilliant Technologies*』에서 빌려 왔다.

라플롭으로, 이는 초당 12조 번 이상의 계산을 해낸다는 의미다. (…) 무려 8,192개의 동으로 만든 마이크로프로세서가 내장되어 있으며 3,200km 정도 길이의 배선으로 연결되어 있다."[1]

그런데 2006년 아스키레드와 비슷한 1.8테라플롭의 연산 속도를 지닌 상품 하나가 세상에 나왔어요. 가격은 500달러에 두 손으로 여유롭게 들 수 있는 정도의 크기였죠. 이 기계를 산 아이들은 신이 나서 환호성을 질렀죠. 바로 '플레이스테이션3'였어요. 5,500만 달러, 테니스장 크기, 시간당 800가구가 사용하는 전력을 소비하며 초당 1조 8,000억 번의 연산 능력을 갖춘 슈퍼컴퓨터가, 두 손에 가볍게 쥘 수 있는 크기의 게임기로 변신해 단돈 500달러면 매장에서 살 수 있게 된 거예요. 아스키레드가 만들어진 지 딱 10년 만에, 그리고 지금 시점에서 보면 불과 15년 전에 일어난 일이죠.

이후 'X박스'라는 게임기를 생산하는 또 다른 업체가 2020년 11월 10일 새로운 게임기 '시리즈 X'를 공개했는데, 12.15테라플롭이라는 경이적인 연산 속도를 지니고 있었어요. 2000년 아스키레드를 제압하고 슈퍼컴퓨터의 제왕 자리에 오른 아스키화이트와 맞먹는 연산 속도였죠. 크기는 소형 데스크톱 컴퓨터 정도인데 말이죠. 놀랍죠? 1억 1,000만 달러라는 가격, 농구장 2개 크기,

---

1 「컴퓨터 속도의 한계를 넘어」, 『한겨레21』, 2000. 7. 13.

무게만도 106톤에 이르는 컴퓨터의 연산 속도를 10년 만에 두 손으로 들 수 있는 작은 상자에 담아낸 거예요.

여러분 혹시 알고 있나요? 인간이 통나무를 잘라 아주 간단한 원판형 바퀴를 처음 만든 게 기원전 5000년 즈음이란 사실을. 이후 이 바퀴가 간단한 이륜 수레바퀴로 발전하기까지 무려 1500년이라는 시간이 걸려요. 그리고 이 수레바퀴가 바큇살이 장착된 수레로 발전하기까지는 다시 1500년이라는 시간이 필요했죠. 원판형 바퀴가 바큇살이 있는 바퀴가 되기까지 총 3000년이라는 시간이 필요했던 거예요. 이와 비교하면 오늘날 인류가 실현해 내고 있는 기술의 발전은 그 어느 때보다도 빠르고 규모도 엄청나다는 걸 알 수 있어요. 그렇다면 어떻게 이런 일이 일어나게 된 걸까요?

무어의 법칙 그리고 다가오는 '특이점'

여러분 혹시 고든 무어Gordon Moore라는 이름을 들어 보았나요? 컴퓨터나 노트북을 사면 제품 표면에 파란색 딱지가 하나 붙어 있을 거예요. '인텔Intel'에서 만든 칩이 장착되어 있다는 표시인데, 바로 이 인텔이라는 회사의 공동 창업자가 고든 무어예요. 인텔을 창립하기 3년 전인 1965년, 무어는 『일렉트로닉스Electronics』라는 잡지에 아주 유명한 논문을 하나 썼어요. 『일렉트로닉스』로부터 앞으로 10년 동안 반도체 부품 업계에 무슨 일이 일어날지 예측해 달라는 부탁을 받고 쓴 글이었죠. 그런데 이 논문은 제목부터 누구나 관심을 보일 만큼 매우 흥미로웠어요. 「집적회로에 더 많은 부품 밀어 넣기Cramming more components onto integrated circuits」. 쉽게 말해 '하나의 반도체에 얼마나 많은 트랜지스터transistor[1]를 몰아넣을 수 있는가'에 대한 글이었어요. 이 글의 요점은 트랜지스터를 많이 몰아넣으면 넣을수록 컴퓨터의 연산 능력이 증폭될 수 있고 이렇게 증폭된 연산 능력이 여러 산업에 적용될 수 있을 것이라는 거였죠. 무어는 이 논문에서 동일한 비용을 전제로 할 때 집적 회로의 연산 능력이 '연간 약 2배의 속도로 증가해 왔다.'고 말해요.[2] 그리고 장기적으로는 몰라도 앞으로 10년 동안은 이런 예측이 유효할 것이라 주장하죠. 이후 이 예측이 적중하자 그의 주장은 '무어의 법칙Moore's law'(무어 스스로는 그렇게 부른 적이 없지만)으로 불리게 돼요. 무어의 법칙을 설명할 때 우리는 흔히 '컴퓨터의 연산 능력이 2년마다 2배가 될 것이고, 그 가격은 절반이 될 것이다.'라고 말하는데, 동일한 비용이라면 해마다 연산 능력이 두 배로 증가할 수 있다는 뜻이죠. 이런 무어의 예측은 놀랍게도 지난 50년간 아주 유사하게 맞아떨어졌어요.

무어의 법칙에 따라 단순히 '2년마다 컴퓨터의 연산 능력이 2

---

1 전류나 전압의 흐름을 조절하여 전기 신호를 증폭하거나 스위치 역할을 하는 것으로, 외부 회로와 연결할 수 있는 단자를 최소 3개 이상 가지고 있으며 반도체 재료로 구성되어 있다.

2 Gordon E. Moore, 「Cramming more components onto integrated circuits」, 『Electronics』 1965. 4. 19.(Vol 38, No 8)

배씩 좋아지는구나.'라고 생각하면 별다른 감흥이 없지만, 이런 증가가 가져올 기하급수적인 발전을 인식하게 되면 얼마나 놀라운 일인지 실감하게 되죠. 초반 4년 동안은 4배, 6년 동안은 8배 정도 늘어나니 별로 실감이 안 나지만 22년 차엔 2,048배가 되고, 40년 차가 되면 연산 능력이 100만 배 더 좋아지게 돼요. 엄청나죠? 성능이 이렇게 증가하는 동안 가격을 그대로 유지한다면 가격 또한 100만 배 정도 저렴해지는 거고요. 실제 현실에서도 컴퓨터의 연산 능력은 증가하고 가격은 떨어지는 현상이 나타났어요. 5,500만 달러짜리 슈퍼컴퓨터 아스키레드가 지닌 성능이 500달러짜리 플레이스테이션3에 구현되었고, 농구장 2개 크기의 아스키화이트는 소형 컴퓨터 정도 크기를 지닌 X박스의 시리즈X에 따라잡혔죠.

컴퓨터의 연산 능력이 이렇게 증폭된다는 건 '~라면, ~이다'라는 논리적 알고리즘을 반복적으로 수행하는 인공지능 분야에선 축복과 같았어요. 그런데 우리는 이런 발전 속도를 제대로 체감하지 못하고 있었죠. 이세돌과 알파고의 격돌이 있기 전까지 인간 두뇌가 가진 능력을 지나치게 신뢰한 나머지, 기계가 침범할 수 없는 인간의 영역이 있다고 굳게 믿었던 거죠. 이세돌이 알파고에게 1승 4패라는 초라한 성적을 거둔 후 세상은 한동안 그 이야기만 해 댔어요. 기계에 대한 인간의 우월성을 상징하던 절대 경계 하나가 와르르 무너졌기 때문이었죠.

21세기가 시작되고 우리가 경험했던 기술의 발전은 정말 엄청난 것이었어요. 예전엔 스마트폰 같은 기계를 누구나 쓸 수 있게 될 거라고 생각도 못 했거든요. 그런데 왜 우리는 이런 발전을 제대로 인식하지 못했던 걸까요? 아니 일반인들은 그렇다 쳐도 왜 많은 전문가들조차 이런 급격한 기술의 발전을 제대로 예측하지 못했던 걸까요?

에릭 브린욜프슨Erik Brynjolfsson과 앤드루 맥아피Andrew McAfee는 『제2의 기계 시대』(2014)에서 이를 '현상 유지 편향'이라 불러요. 현재 상황에 너무 익숙해져 있어 전문가들조차 새로운 기술이 만들어 낼 변화의 가능성과 잠재력을 알아보지 못한다는 거죠. 이미 입력된 정보가 새로운 정보를 차단하고 과소평가하게 만든다는 거예요. 기술 발전의 속도는 우리가 체감하는 것보다 훨씬 빨라지고 있는데, 우리는 은연중에 지금 체감하는 것을 기준으로 계산하는 경향이 있다는 거죠.

이런 현상 유지 편향 때문에 미래학자 레이 커즈와일Ray Kurzweil이 '특이점singularity'이라 부르는, 돌이킬 수 없는 변화의 지점에 우리가 도달했다는 사실조차 인식하지 못한다는 거예요. 특이점, 한동안 널리 유행했던 용어죠. "미래에 기술 변화의 속도가 매우 빨라지고 그 영향이 매우 깊어서 인간 생활이 되돌릴 수 없도록 변화되는 시기"[1]를 뜻하는 단어인데, 커즈와일은 이 특이점을 설명하기 위해 '수확 가속의 법칙Law of Accelerating Returns'[2]을 내세워요. 인간이 창조해 내고 있는 기술의 발전에 가속이 붙고, 그 가속

---

[1] 레이 커즈와일, 『특이점이 온다The Singularity Is Near: When Humans Transcend Biology』, 김영사, 2007, 23쪽.

[2] 레이 커즈와일, 같은 책, 24쪽

이 붙은 기술의 힘이 기하급수적으로 증가한다는 것이죠. 커즈와일은 기술이 변화시켜 놓을 새로운 세계를 이렇게 묘사해요.

> "정보 기반 기술들은 수십 년 내에 인간의 모든 지식과 기량을 망라하고 궁극적으로 인간 두뇌의 패턴 인식 능력과 문제 해결 능력, 감정 및 도덕적 지능에까지도 이르게 될 것이다."[1]

이뿐만이 아니에요. 커즈와일은 "인간과 기계 사이의 구분, 물리적 현실과 가상현실 사이의 구분도 사라질 것이다. 기계는 인간이 가진 사고의 유연함과 정교함조차 넘어서게 될 것이다. 그리고 마침내 인간은 '생물학적인 몸과 뇌의 한계를 극복'하고, 스스로의 운명조차도 지배할 수 있게 될 것이다. 우리는 그 시작점에 있다."고 주장하죠. 기술의 발전으로 인해 더 이상 모든 것을 되돌릴 수 없는 시기, 현재 인류가 바로 이 '특이점에 이르렀다.'고 선언하고 있는 거예요.

커즈와일의 예언은 정말 충격적인 것이었어요. 왜냐고요? 여러분, 신과 인간을 가르는 가장 중요한 기준이 뭘까요? 아마도 인간은 시간의 지배를 받는 반면, 신은 시간의 지배에서 자유롭다는 것이 가장 큰 차이가 아닐까 해요. 인간은 시간의 제약 속에 살

---

1 레이 커즈와일, 같은 책, 25쪽

아가며 '생로병사'를 겪고, 필연적으로 사멸할 수밖에 없는 존재죠. 이런 이유로 인류는 오래전부터 불멸을 꿈꾸었어요. 불멸에 대한 열망이 고대 그리스에선 올림포스의 신들로 그려졌죠. 이후 종교에선 사후에 영원한 삶을 약속하는 형태로 그려졌고요. 그런데 커즈와일은 가까운 미래에 기계와 인간 사이의 구분이 사라질 거고, 얼마나 살지 우리 스스로 결정할 수 있을 것이라고 주장해요. 인류가 신의 영역에 한 발을 들여놓을 수 있을 거라 선언한 거죠. 인간이 신이 되는 세상, 그런 삶은 도대체 어떤 모습일까요?

'인간처럼 생각하는 기계'는 결국 인간이 아니다

이 책을 쓰는 동안 '돌아보면'이라는 표현을 자주 쓰게 되는군요. 아마 직업이 철학자라 모든 것을 성찰과 반성에서 시작하는 습성 탓도 있겠지만, 지금 우리가 맞고 있는 새로운 세계로의 진입, 다시 말해 특이점으로의 진입이 처음은 아니기 때문이에요. '증기'에 기반을 둔 1차 산업혁명, '전기'에 기반을 둔 2차 산업혁명 모두 과거 인류가 경험한 특이점이었죠. 증기의 발명은 인간이 기계 때문에 직업을 잃게 될 거란 공포를 만들어 냈고, 전기로의 이행은 증기에 기반을 둔 산업에 종사하는 사람들 모두를 두려움에 떨게 했어요. 이 시대들을 합쳐 '제1 기계 시대'라고 부르죠.
'제2 기계 시대'라 부르는 새로운 특이점은 우리가 '4차 산업혁명'이라 부르는 변화와 함께 도래하고 있어요. 3차 산업혁명이 인터넷, 인공지능, 가상현실, 로봇 등 디지털에 기반을 둔 새로운 기술의 등장을 뜻했다면, 4차 산업혁명은 이 요소들 간의 연결이 극대화되어 일상 곳곳에서 삶의 방식을 완전히 바꾸어 가고 있는 상황을 말해요. 한마디로, 두뇌와 두뇌가 네트워크에서 연결되어 만들어 내는 정신적 능력의 증폭(인공지능), 두뇌와 기계가 만나 만들어 내는 정신-물리적 능력의 증폭(로봇)이 우리가 기존에 누리고 있던 세상의 모습을 완전히 바꾸어 놓고 있다는 거죠.

사람들이 제1 기계 시대보다 제2 기계 시대의 기술 발전에 더 두려움을 느끼는 건, 이 새로운 특이점이 '기계도 인간처럼 생각하고 행동할 수 있다.'는 전망을 품고 있기 때문이에요. 만약 기계가 인간처럼 생각할 수 있다면, 인류는 인간다움의 가장 근원적인 부분을 상실할 수도 있기 때문이죠. 어떤 사람들은 만약 그런 기계가 등장한다면 '인권'처럼 '로봇권'을 줘야 한다는 주장을 펼치기도 해요. '인간과 겉으로 구분되지 않는 로봇. 그런데 그 로봇이 인간처럼 사고까지 할 수 있다면? 그렇다면 도대체 인간이란 뭘까?' 바로 이런 질문이 두려움을 만들어 내고 있는 거죠.

그런데 이런 주장이 성립하려면 '생각한다'는 게 무엇인지부터 명확히 정의해야 해요. 그런데 현재 인류는 인간이 '생각한다'는 사실 자체만 알고 있지, '생각한다'는 것이 과연 무엇인지는 명확하게 알지 못하고 있어요. 이건 '기계가 생각할 수 있을까?'라고 처음 물었던 수학자 앨런 튜링Alan Turing조차 답하지 못했던 질문이죠. 그의 의견은, 생각한다는 게 무엇인지 정의할 수 없기 때문에 기계와 인간에게 동시에 질문을 했을 때 그 답을 듣고 어느 쪽이 기계이고 어느 쪽이 사람인지, 30%의 오차 안에서 구별할 수 없다면 '기계가 생각하는 것'으로 보자는 거예요. 이게 바로 그 유명한 '모방 게임imitation game'이에요. 간단히 말해, '생각한다'는 행위의 내적 본질을 알지 못하기 때문에 겉으로 드러나는 것만을 가지고 판단하자는 제안이죠. [1]

저의 개인적인 소견일 뿐이지만, 본질을 알 수 없음에도 끊임없이 그 본질에 대한 질문을 놓지 않는 것이 '인간'과 '기계'가 구별되는 점이라는 사실을 튜링이 놓치고 있는 건 아닌가 싶어요. 인공지능의 기본적인 알고리즘은 '만약 ~라면, ~이다'라는 논리예요. 동일한 논리적 패턴의 질문을 끊임없이 반복하는 거죠. 이 논리를 충실히 이행한다고 했을 때, '증명할 수 없다면, 더 이상 묻지 않는다.'에 이르게 되겠죠. 하지만 인간은 '증명할 수 없다면, 더 이상 묻지 말아야 한다.'는 걸 알면서도 그 질문을 놓지 않죠. 대표적으로 신학이 논리로는 증명할 수 없는 질문들로 이루어진 학문이에요.

그렇다면 인간은 왜 증명할 수 없는 것들에 대해 끊임없이 질

1 Alan D. Turing, 「Computing Machinery and Intelligence」, 『Mind』(Vol. LIX, No. 236), 1950, pp.433~434.

문을 던지는 걸까요? 신학에서 볼 수 있듯, 인간은 증명할 수 없는 것들을 '믿음belief'으로 대체하기 때문이에요. 증명은 두뇌의 활동에 바탕을 두고 있죠. 그렇다면 믿음은 두뇌로 하는 것일까요, 마음으로 하는 것일까요? 이런 것들을 '만약 ~라면, ~이다'라는 알고리즘을 통해 기계에게 가르칠 수 있을까요? 쉽게 말해 기계에게 '마음'에 대해 가르칠 수 있는 방법이 존재할까요? 과학적으로 '마음'이 존재하는지 아닌지도 논란인 상황에서 말이죠.

게다가, 수많은 철학자들이 지적해 왔듯 인간을 인간답게 만드는 건 '시간'의 존재예요. 인간이 끊임없이 고뇌하며 이 세계를 향해 수많은 질문을 던지는 근본적인 이유 중 하나가 '시간의 제약'을 받는 존재, 즉 유한하며 사멸하는 존재라는 데 있어요. 한나 아렌트가 『인간의 조건The Human Condition』(1958)에서 명확히 들려주듯, 인간이 누군가의 탄생을 기뻐하는 이유 역시 인간이 궁극적으로 사멸하는 존재이기 때문이에요.

인간의 '사멸성'을 두고 어떤 이들은 기술의 발전이 '인간을 영생하는 존재로 만들 것이다.'라고 주장해요. 하지만 영생하는 인간이 과연 인간일까요? 커즈와일 같은 이들은 '영생은 아니더라도 원하는 만큼 살 수 있을 것이다.'라고 논리적으로 모순된 주장을 해요. 만약 영생을 원한다면 어떻게 되는 거죠?

우리가 신을 진리로 믿는 이유는 신이 영원불멸하기 때문이에요. 그 존재의 영원성이 곧 말씀의 영원성으로 드러나는 거죠. 그래서 신의 말씀을 진리로 여기는 거예요. 그런데 만약 인간이 영원한 존재가 된다면, 그리하여 신이 된다면, 인간 그 자체가 진리가 되어 버리니 더 이상 사유의 근원인 진리를 갈망할 필요조차 없게 되겠죠. 더 나아가 60억 인구가 '신'이 되는 시대가 온다면, 인간의 의미에 대해 계속해서 질문할 필요가 있을까요? 더 이상 인간 스스로 의미나 가치를 찾을 이유가 사라져 버릴 거예요. 유발 히라리Yuval Noah Harari가 『호모 데우스Homo Deus』(2015)란 책에서 '신이 된 인간'의 시대에 대해 이야기하고 있지만, 저는 이 이야기가 인간에게 유의미한 주제인지 잘 모르겠어요. 영원한 생명을 갈망하는 것도, 인간으로서 의미를 찾고자 하는 것도 인류가 시간의 제약에서 결코 벗어날 수 없는 존재이기 때문이라는 걸, 우리 모두가 알고 있잖아요.

이렇듯 인간의 '사멸성'으로 대표되는 시간 개념을 부속만 갈아 끼우면 끊임없이 생명을 유지해 나갈 수 있는 기계에게 어떻게 가르칠 수 있을까요? 더군다나 한나 아렌트가 『과거와 미래 사이Between Past and Future』에서 명확히 강조하듯, 역사 속 인간에게 시간은 '과거-현재-미래'의 선형적 형식으로만 흐르지는 않아요. 역사는 우연한 사건들로 인해 과거와 단절되거나, 새로운 시작점 등이 생겨나며 시간의 흐름이 끊기기도 하고 때론 굴절되기도 해요. 예를 들어 냉전 시대의 붕괴가 일어난 1989년은 정치학에서 '새로운 시작'의 기점이었어요. 우연성이 만들어 내는 이런 시간의 불규칙성을 어떻게 알고리즘으로 표현할 수 있을까요? 인간이 이를 논리의 형식으로 표현할 수 있을 때 알고리즘이 만들어지는 것인데 말이죠. 만약 우연성이 논리로 표현될 수 있다면, 그것을 '우연성'이라고 부를 수 있을까요?

철학자 김재인은 『인공지능의 시대, 인간을 다시 묻다』(2017)에서 인공지능의 알고리즘과 인간 사고 간의 차이를 설명하기 위해 영국의 언어학자이자 기호학자 그레고리 베이트슨Gregory Bateson의 말을 인용하며 시간 개념을 다시 불러들여요. 인간의 현실에서 "인과의 '만일 ~라면 ~이다'는 시간을 포함하고 있지만, 논리학의 '만일 ~라면 ~이다'는 초시간적이다. 이 점에서 논리학은 인과에 대한 불완전한 모델이라는 결론이 나온다."[1] 결국 시간 속에서 튀어나오는 우연성이라는 '예외'가 개입하게 되면 인공지능은 작동을 멈출 수밖에 없다는 의미예요.

현실과 분리되어 논리만으로 구성된 세계를 정치학에서는 '이데올로기ideologie'라 불러요. 이데올로기의 핵심은 인간이 현실에서 겪는 경험의 차이를 무시하고 이 세계를 단일한 하나의 논리적 흐름으로 설명하는 데 있어요. 한나 아렌트는 나치의 '인종주의'가, 스탈린의 '유물론적 세계관'이 경험에서 분리된 이데올로기로 이루어져 있다고 강조하죠. 인간의 다양한 경험 속에서 나타날 수밖에 없는 '예외'를 철저히 무시했을 때 탄생했던 체제가 바로 '전체주의'였다고 그녀는 경고하고 있어요.

기술의 발전에 근거를 두고 새로운 특이점을 주장하는 사람

---

1 김재인, 같은 책, 347~348쪽.

들이 놓치고 있는 가장 중요한 부분이 바로 인간의 경험에 내재한 우연성, '예외'라는 요소예요. 예를 들어 『특이점이 온다』에서 커즈와일은 "흔히 '미래는 예측할 수 없다.'고들 한다. (…) 그러나 (…) 이것은 틀린 말이고, 그것도 완전히 틀린 말이다."라고 말하며 우연성이나 예외의 가능성을 제외해 버리죠. 이런 커즈와일을 향해 우린 이렇게 말할 수도 있어요. "인간은 미래를 예측할 수 있다. 그러나 반드시 예측한 대로 미래가 오는 것은 아니다."

인공지능이 시간의 개념을, 시간에 내재한 우연성과 삶에 내재한 예외를 이해하지 못하는 한, 아니 인간이 기계에게 그것들을 가르칠 방법을 찾지 못하는 한, 인간과 기계의 궁극적 차이에 대해 고민할 이유는 없을 것 같아요. 그러니, '인공지능의 시대에 인간의 존재 의미는 무엇인가?'라는 질문을 너무 심각하게 고민할 이유도, 지나치게 걱정할 필요도 없다고 말씀드리고 싶네요. 문제는 기계를 통해 '신이 되고자 하는 인간의 욕망'이지, '인간처럼 생각하는 기계와 인간의 구분'은 아니니까 말이죠.

인간보다 더 똑똑한 기계, 인간에게 위협일까?

———

기계가 우연성으로 가득 찬 시간을 살아가는 인간과 똑같을 수는 없다는 설명은 "기계도 생각할 수 있을까?"라고 질문했던 튜링의 논문「계산 기계와 지능」의 제1절 '모방 게임'에 나오는 내용과 비슷해요. '기계의 생각'이란 건 예외를 수용하지 못하는 논리적 모방일 뿐이라는 거죠.

'인간과 닮은 기계의 시대에 인간이 갖는 고유성'이 철학적 질문이라면, 인간이 생각하는 기계를 두려워하는 현실적인 이유는 '인간보다 더 똑똑한 기계라면 인간을 지배하려 들지 않을까?' 하는 우려 때문이에요. 그리고 이건 권력의 문제와 관련이 있죠. 100여 년밖에 안 되긴 했지만, 역사를 돌아보면 인간은 '인간보다 똑똑한 기계'를 아주 많이 두려워해 왔어요.

인간처럼 생각할 수 있는 기계를 뜻하는 '로봇'이란 용어는 카렐 차페크Karel Čapek라는 체코 출신 작가가 처음 사용했어요. 1921년 그가 쓴「로섬의 인조인간R. U. R. Rossum's Universal Robot」이라는 희곡에 이 용어가 최초로 등장하죠. 1924년엔 러시아에서「아엘리타: 화성의 여왕Aelita: Queen of Mars」이라는 무성영화가 나왔는데, 이 영화는 1929년 미국에서「아엘리타: 로봇의 반란Aelita: Revolt of Robots」이란 제목으로 상영되었어요. 1929년에 상영된「메트로폴리스Metropolis」란 영화도 로봇의 얼굴을 이식한 여성이 이끄는 반란을 그린 작품이었죠.[1] 비교적 최근에는「터미네이터Terminator」시리즈가 기계에 대한 인간의 두려움을 표현하고 있는 대표적 작품이에요. 인간은 왜 자신을 닮은 기계를 만들려고 그렇게 노력하면서, 한편으론 그 기계가 반란을 일으켜 자신들을 지배할까 봐 두

---

1 이종호,『로봇이 인간을 지배할 수 있을까?』북카라반, 2016, 23~24쪽.

려워하는 걸까요?

여러분 혹시 '로봇의 3원칙'이라고 들어 보셨나요? 러시아계 미국인으로 생화학 교수이자 과학소설가이며, '로봇공학'이라는 분야를 창시한 아이작 아시모프Isaac Asimov가 제시한 원칙인데, 내용은 다음과 같아요.

1. 로봇은 인간에게 해를 끼치거나, 아무런 행동을 하지 않음으로써 인간에게 해가 가도록 해서는 안 된다.
2. 로봇은 인간의 명령에 복종해야 한다. 단 명령이 첫 번째 원칙과 충돌할 때는 예외로 한다.
3. 로봇은 스스로를 보호해야 한다. 단 첫 번째와 두 번째 원리와 충돌할 때에는 예외로 한다.

아이작 아시모프의 작품을 원작으로 하고, 윌 스미스가 주연을 맡은 유명한 영화 「아이, 로봇I. Robot」(2004)에도 이 원칙이 나오죠. 영화에는 인간에 맞서 반란을 일으키는 '비키'라는 인공지능이 등장해요. 비키는 자신이 통제하는 로봇들을 이용해 인간을 공격하죠. 그렇다면 로봇들은 왜 반란을 일으킨 걸까요? 두 번째 원칙이 명확하게 인간의 명령에 복종하도록 하고 있는데도 말이죠. 근데 놀랍게도 그 이유가 '인간을 보호하기 위해서'예요. 누구로부터? 바로 인간으로부터 말이죠. 비키는 '아무 행동을 하지 않음으로써 인간에게 해가 가도록 해서는 안 된다.'는 원칙에 충실하기 위해, 인간을 통제함으로써 인간을 보호하려 했던 거였어요. 인간을 보호하기 위해 첫 번째 원칙의 예외 조항, '아무런 행동을 하지 않음으로써 인간에게 해가 가는 일'이 발생한다면, 인간의 명령을 따르지 않아도 된다는 매우 논리적인 결정을 내린 거죠.

그렇다면 비키가 이런 결정을 하도록 만든 근본적인 원인은 뭘까요? 여러 사람이 말하듯, 첫 번째 원칙 자체의 결함 혹은 첫 번째 원칙과 두 번째 원칙 사이에 놓여 있는 논리적 불완전성 때문일까요? 아니면 인간이 인간에게 끊임없이 해를 입히는 상황, 즉 인간이 인간을 보호하지 못하는 현실이 더 근본적인 원인일까요? 인류가 인간을 닮은 기계를 두려워하는 속 깊은 이유는 기계를 믿지 못하기 때문일까요, 아니면 인간을 믿지 못하기 때문일까요? 우리가 진정으로 두려워해야 할 것은 인간을 닮은 기계일까요, 아니면 서로가 서로를 보호하지 못하는 인간일까요?

완전하진 않지만 인간이 서로를 배려하고 보호하려는 상황이 더 압도적이라면, 그리고 기계가 그런 인간을 닮아 있다면, 기계 역시 사람들을 공격하는 대신 오히려 배려하고 보호하려 들지 않을까요? 결국 '인간을 닮은 기계'에 대한 공포를 극복하려면, 기계가 닮아야 하는 인간의 모습은 어떠해야 하는지, 이것부터 고민해야 하지 않을까요?

사라지는 일자리들

지금까지 '기계의 지배'에 대한 인간의 두려움에 대해 이야기 했는데요, 제 생각엔 제2 기계 시대라는 특이점에 들어서고 있는 우리에게 이보다 더 중요한 질문이 있는 것 같아요. '새로운 기계의 등장이 인간에게 경제적 측면에서 위협이 될 것인가?' 쉽게 말해 새로운 기계가 인간의 일자리를 빼앗는 건 아닌가 하는 거죠. 현실에서 대다수의 사람들이 느끼는 두려움도 바로 이 때문이니까요. 실제 인공지능과 로봇 기술의 성장은 전통적인 산업에서 인간이 차지하고 있던 일자리를 많은 영역에서 대체하고 있어요.

우선 로봇에서 시작해 볼까요? 쉽게 말해 로봇은 자체 지각 능력과 이동 능력이 있는 컴퓨터라고 보면 될 것 같아요. '산업용'이라고 한다면 여기에다 인간의 근육을 대체하는 능력까지 갖추고 있는 로봇을 말하죠. 제조업으로 대표되는 산업 현장의 로봇 대체율은 이제 정말 남의 이야기가 아니에요. 우리나라의 로봇 대체율에 대한 기사 하나를 볼까요?

"국제로봇연맹(IFR)에 따르면 한국은 근로자 1만 명당 산업용 로봇 대수가 710대(2017년 기준)로 세계에서 가장 로봇 밀집도가 높은 나라다. 세계 평균 로봇 밀집도(85대)보다 8배 이상 높은 수준이다. 연간 산업용 로봇 구매 대수도 3만 9,700대로 중국(13만 7,900대), 일본(4만 5,600대)에 이은 3위다."[1]

국제로봇연맹의 통계를 보면, 우리나라는 노동자 1만 명당 가장 많은 로봇을 쓰는 나라로, 로봇 밀집도 또한 세계 평균보다 8배나 높아요. 관련해 제 개인적인 에피소드 하나를 들려드릴게요. 2017년 인천에서 제가 철학 강의를 한 적이 있는데, 그때 우연히 우리나라의 로봇 대체율이 상당히 높다는 이야기를 했어요. 그 이야기를 들은 수강생 한 분이 휴식 시간에 이런 내용을 알려주시더군요. "제 남편이 로봇을 만드는 Y사의 한국지사 책임자로 있는데, 이미 몇 년 치 주문이 밀려 있대요." 통계를 현실과 연결시키는 감각이 부족한 제가 사안의 심각성을 통렬하게 깨달은 계기였죠.

산업용 로봇을 만드는 대표적인 업체가 '아이로봇iRobot'이에요. 이 회사에선 사람들과 함께 작업할 수 있는 소형 산업용 로봇을 만들고 있어요. '백스터Baxter'라 부르는 로봇이죠. 그런데 이 로봇이 정말 신기해요. 공장에 같은 작업을 수행해야 하는 로봇이 여러 대 있다고 가정해 보죠. 이때 특정 로봇 한 대에게만 작업에 필요한 동작과 동선을 반복적으로 가르친다고 해요. 이 로봇이 안정적으로 작업 동작과 동선을 익히고 나면, 이 로봇에 입력된 정보를 USB에 담아 다른 로봇에게 옮겨요. 그러면 다른 로봇들은

---

1 「산업용 로봇 사용률 1위인 한국, 로봇 만드는 기술은 걸음마」, 『조선비즈』, 2019. 3. 4.

별다른 훈련 없이도 똑같은 작업을 수행할 수 있게 된다고 하네요. 근데 이 소형 로봇의 가격이 제조업 근로자의 1년 치 평균 임금보다 훨씬 싸다고 하는군요. 게다가 이 로봇은 인간처럼 긴 휴식 시간이 필요하지도 않고 피로도 느끼지 않기 때문에 시간을 아낄 수 있을 뿐만 아니라 작업의 질도 일정하게 유지할 수 있어요. 또 이런 산업용 로봇은 아무런 권리도 요구하지 않기 때문에 회사 입장에선 노동자들에 비해 상대하기도 훨씬 편하죠.[1]

실제로 탈산업사회로 진입한 국가들은 제조업 분야에서 일자리 감소 문제를 겪고 있어요. 1980년대부터 선진국에서는 제조업 노동자의 비싼 임금을 해외 저개발 국가의 값싼 노동력으로 대체하고 있었죠. 소위 '해외 아웃소싱'이라 불리는 방법을 채택한 거예요. 그런데 로봇 기술의 발전이 또 다른 패턴을 만들어 냈죠. 1990년대 중반부터, 중국 같이 아웃소싱을 도맡던 국가에서도 임금이 상승하자 그 자리를 로봇으로 대체하기 시작한 거예요. 예를 들어 볼까요? 여러분 '폭스콘FOXCONN'이란 이름 혹시 들어 보셨나요? 애플의 최대 협력업체예요. 애플하면 우린 IT 제조업체이니 선진 기술에 기반을 둔 산업일 거라 생각하지만, 우리의 생각과 달리 이 산업은 노동집약형 모델이에요. 그 일을 맡고 있는 폭스콘이 2010년대 들어서면서 노동자들을 로봇으로 대체해 나가고 있어요. 2019년 9월 『월스트리트저널The Wall Street Journal』은 중국

---

1 마틴 포드, 『로봇의 부상Rise of the Robots: 인공지능의 진화와 미래의 실직 위협』 세종서적, 2016, 31~32쪽.

제조업에서 500만 개의 일자리가 감소했다고 보도했는데, 산업용 로봇이 여기에 한몫을 하고 있는 거죠.[1]

전통적인 제조업에서 인간의 노동력이 로봇으로 대체되는 현상이 지속적으로 일어나고 있다는 건 너무 잘 알려진 사실이에요. 그럼에도 사람들이 그나마 안심하고 있었던 이유는 서비스업에서 대체 일자리가 만들어지고 있었기 때문이었죠.

그런데 이제 로봇에 의한 노동력 대체 현상이 서비스업에서까지 나타나고 있어요. 여러분 혹시 최근에 패스트푸드 가게에 가 보셨나요? 요즘은 점원 대신 큰 표지판처럼 서 있는 기계들이 주문을 받아요. '키오스크kiosk'라 불리죠. 이 새로운 시스템 때문에 연세가 있는 어르신들이나 기계에 익숙하지 않은 사람들은 사용에 불편을 겪지만, 어차피 현실에 적응해야 하는 건 기계가 아니라 인간들이죠. 그렇다면 기계들이 단지 주문만 받을까요? 로봇 쉐프가 등장하자 뒤를 이어 로봇 바리스타와 서빙을 하는 로봇까지 등장하고 있는 실정이에요. 저희 집 근처의 대형 프랜차이즈 치킨집에선 로봇이 서빙을 하고 있어요. 처음 그 모습을 본 날, 저 또한 알고는 있었지만, 신기하면서도 당황스러웠어요. 이처럼 초기 비용을 감당할 수 있는, 규모가 큰 서비스업 회사일수록 로봇의 활용도가 점점 높아지고 있어요. 이런 현상이 지속되면 정말 많은 일자리들이 사라질 거예요.

---

1 Chao Deng, 「China's Labor Market Is Changing, but It Isn't Because of a Trade War」, 『The Wall Street Journal』, 2019. 9. 24.

『포브스Forbes』에 따르면 '맥도날드McDonald's'가 2015년을 기준으로 전 세계에서 고용하고 있는 사람 수는 190만 명에 이르러요.[1] 정말 많은 사람들을 고용하고 있는 거죠. 우리나라 업체도 마찬가지예요. 관련 통계 하나를 볼까요? 고용노동부 통계에 따르면, '이랜드파크'라는 회사의 외식사업부 소속 근로자는 2014년 8,028명, 2015년 1만 1,263명, 2016년 1만 4,953명, 2017년 1만 2,297명, 2018년 9,415명이고, '롯데리아'를 운영하는 '롯데지알에스'에 소속된 근로자는 2014년 1만 2,151명, 2018년 9,464명이에요.[2] 두 기업이 만들어 내는 일자리 수가 각각 1만 명이 넘는 거죠. 그런데 이 숫자가 2018년에 접어들면서 줄기 시작해요. 여러 가지 요인이 있겠지만 키오스크 등의 기계 도입이 한몫을 차지하고 있다는 건 분명한 사실이에요. 코로나19 시대에 들어오면서 이런 현상은 더 가속화되고 있죠.

이렇게 제조업과 서비스업을 중심으로 이야기하다 보면 기술의 발전이 주로 인간의 근육이 사용되는 일자리를 빼앗아 간다고 생각하기 쉬워요. 과연 그럴까요? 사실 로봇 분야는 기술 구현이 가장 어려운 분야 중 하나예요. 이런 어려움을 설명하는 게 '모라벡의 역설Moravec's Paradox'이죠. 1988년 로봇공학자 한스 모라벡Hans Moravec은 이에 대해 이렇게 얘기해요.

---

1 「The World's Biggest Employers」, 『Forbes』, 2015. 6. 23.
2 「'5년간의 부침' 1만 이상 고용 기업 직원수 변화로 본 산업지형도」, 『비즈한국』, 2018. 7. 18.

"지능검사나 서양장기에서 어른 수준의 성능을 발휘하는 컴퓨터를 만들기는 상대적으로 쉽지만, 지각이나 이동성과 관련해 한 살짜리 아기만한 능력을 갖춘 컴퓨터를 만드는 일은 어렵거나, 불가능하다." [1]

어려운 계산을 척척 해내는 컴퓨터는 오히려 만들기가 쉬운데, 인간의 두뇌처럼 모든 것을 지각하는 동시에 인간의 관절 능력을 그대로 구현할 수 있는 로봇을 만들기는 너무 어렵다는 거죠. 마이크로소프트Microsoft가 개발한 '키넥트Kinect'라는 장치를 활용해 3차원 인식 장치가 아주 싼 가격에 개발되기 전까지 로봇의 발전은 큰 어려움을 겪고 있었어요. [2]

이에 비해 3차원 인식과 물리적 이동성이 요구되지 않는, 오직 연산 능력만이 필요한 분야에서 기술의 발전은 눈부시다 못해 너무 빨랐어요. 정말 빛의 속도로 이루어졌죠. 이런 기술들은 주로 고숙련 분야에 적용돼요. 연산 능력이 가장 중요한 분야 중 하나인 금융 산업의 예를 들어 볼까요? 이 분야에선 기계의 연산 능력이 좋아지면 좋아질수록 사람들의 일자리가 줄어드는 상황이 펼쳐져요. 2019년 '웰즈 파고Wells Fargo'라는 미국 은행이 내놓은 보고서에 따르면 앞으로 10년 동안 미국 금융 산업에서 20만 개의 일자리가 사라질 것이라 해요. [3]

1 Hans Moravec, 『Mind Children』, Harvard University Press, 1988, p.15.
2 '마틴 포드, 같은 책, 29~30쪽.
3 「Wall Street Braces for Impact of AI」『The Wall Street Journal』, 2019. 12. 9.

법률 분야도 마찬가지예요. 영미권에서는 벌써부터 인공지능 변호사들이 등장하기 시작했어요. 과거 로펌에서는 젊은 변호사들을 고용해 관련 판례 분석이나 연구를 맡겼는데 이제는 이 일을 인공지능이 하고 있죠.[1] 실제로 법률 분야에서 인공지능은 훨씬 더 널리 쓰일 수 있어요. 영화나 드라마를 보면 범죄자나 용의자들에게 경찰이 "이름? 주소?" 이러면서 조서를 받는 장면이 자주 나오죠. 이제 인공지능은 음성인식 기술을 통해 이들의 진술을 인식하고 그 내용을 분석할 수 있는 수준에까지 이르렀어요. 앞으론 형사나 검사들이 진술을 받고 엔터 버튼 하나만 누르면 관련된 법 조항들이나 판례들을 한 번에 찾아볼 수 있는 시대가 올 거라 예측하고 있죠. 특히 판례로 이루어져 있는 영미법에서는 이런 인공지능의 구축이 상대적으로 더 쉽다고 해요. 판사들이 법률 조항을 일일이 적용해야 하는 대륙법 체계, 예를 들어 우리나라 같은 경우는 상대적으로 어렵다고 하지만 이 또한 빠른 시일 내에 이루어질 거예요.

결론적으로 인공지능의 발전은 우리가 고숙련 일자리라고 여기는 직종까지 대체할 가능성이 높아요. 가능성을 넘어 실제로 일어나고 있는 일이죠. 인간보다 더 일을 잘하는 기계의 등장, 과연 인간은 새로운 기계의 능력에 맞서 기존의 일자리를 지킬 수 있을까요?

---

1 「Will A.I. Put Lawyers Out Of Business?」 『Forbes』, 2019. 2. 9.

4차 산업혁명 시대의 역설 :
가장 풍요로운 시대에 왜 생존을 걱정해야 할까?

————

1차 산업혁명이 일어났을 때도, 인류는 똑같은 질문을 했어요. "기계에 맞서 우리들의 일자리를 지켜 낼 수 있을까?" 하지만 시간이 지나며 인류가 목격한 것은 두 차례의 산업혁명이 더 많은 일자리와, 이전과 비교할 수 없을 만한 풍요를 만들어 내는 현실이었죠. 하지만 지금 우리가 맞고 있는 제2 기계 시대는 조금 양상이 달라 보여요. 물론 제2 기계 시대 역시 제1 기계 시대에 비해 훨씬 더 효율적이고 강력한 생산력을 보이고 있어요. 그런데 양자 사이엔 다음과 같은 명백한 차이가 있죠.

첫째, 생산력의 증가만큼 고용이 늘어나고 있지 않다.
둘째, 새롭게 창출되는 일자리의 질이 충분한 소득을 보전하지 못하고 있다.

제1 기계 시대는 기계가 인간의 일자리를 빼앗아 가리라는 우려와 달리 도시를 중심으로 공업단지 등이 조성되며 대량의 일자리를 창출해 냈죠. 더불어 높아진 생산력은 노동자들에게 고임금의 형식으로 돌아갔어요. 뿐만 아니라 노동자들의 적극적인 투쟁으로 '노동 3권' 등이 보장되며 노동자들의 협상 능력 또한 향상되었죠.

이에 반해, 짧은 기간이긴 하지만, 제2 기계 시대는 좀 다른 현상을 보여 주고 있어요. 우선 폭발적인 생산력의 향상에 비례해 일자리가 증가하지 않고 있다는 점이에요. 이런 현상을 두고 흔히 '고용 없는 성장'이라 부르죠. 이걸 좀 더 쉽게 파악하기 위해 '고용 탄성치'란 지표를 참고해 보죠. 고용 탄성치는 경제가 1% 성장할 때 고용이 얼마나 늘어나는지를 보여 주는 지표예요. 이 지표는 산업이 노동집약형에서 자본·기술집약형으로 이전할 때 떨어지는 경향이 있지만 그 추이가 너무 크면 문제가 돼요. 우리나라만 해도, 국회 예산정책처의 보고서에 따르면 2013년~2017년 연평균 0.5이던 고용 탄성치가 2018년~2022년에는 연평균 0.3으로, 큰 폭으로 감소할 것이란 전망이 나왔어요.[1] 실제 2018년에 0.136을 기록하며 2009년 -0.518이란 수치가 나온 이후 9년 만에 가장 낮았죠.

하지만 여기서 주의해야 할 점이 하나 있어요. 고용 창출이 없다는 사실이 곧 일자리가 사라지고 있다는 뜻은 아니라는 거예요. 실제로 통계청의 「경제활동인구조사」에 나타난 실업률 추이를 보면 2014년 3.5%, 2015년 3.6%, 2016년 3.7%, 2017년 3.7%, 2018년 3.8%, 2019년 3.8%로 일자리가 눈에 띌 만큼 급격하게 줄어든 건 아니라는 사실을 금방 알 수 있어요. 통계청 자료만 봐도, 2019년 양질의 일자리가 포진해 있는 제조업에서 8만 1,000개의 일자리가 줄어들었지만 실업률은 전년과 동일한 것을 볼 수

---

1 「고용 없는 성장 심화, 고용 탄성치 9년 만에 가장 낮아질 듯」『한국경제』 2018. 11. 11.

있어요. 같은 해 고용률은 60.9%로 다른 해와 비교하면 더 나은 편이었죠. 이처럼 제조업에서 8만 개 이상의 일자리가 줄어들었음에도 실업률과 고용률이 나빠지지 않았다는 건 다른 분야에서 일자리가 창출되고 있다는 뜻이에요. 나중에 자세히 보게 되겠지만, 제2 기계 시대가 만들어 낸 디지털 기술을 기반으로 '플랫폼 경제' 쪽에서 일자리가 생겨나고 있는 거예요. 이렇게 보면 여러 곳에서 제기되고 있는 대량 실업에 대한 우려는 너무 지나친 반응일 수도 있다는 생각이 들어요.

하지만 두 번째 경향, 새로운 영역에서 창출되는 일자리들의 질이 충분한 소득을 보전해 주지 못한다는 점은 매우 우려스러운 부분이죠. 제1 기계 시대가 향상된 생산력만큼 노동자들의 소득과 권리도 함께 향상되었다면 제2 기계 시대는 좀 다른 양상을 보이고 있어요. 1차 시대의 기계들이 숙련된 노동자들을 대량으로 필요로 했다면, 2차 시대의 기계들은 그렇지 않아요. 제2 기계 시대의 기술들을 바탕으로 대량의 일자리가 만들어지고 있는 곳은 일명 '플랫폼 경제'라 불리는 배달, 심부름, 청소, 숙박 등의 분야로 개인에게 충분한 소득을 보전하기엔 일자리의 질이 낮다는 게 지금 드러나고 있는 현실이죠. 더불어 이 분야의 일자리들은 1차 산업시대가 만들어 놓은, 노동자들의 권리를 보장해 주는 시스템을 회피하는 형식으로 제공되고 있어요. 이 부분에 대해선 다음 장에서 자세하게 이야기할 거예요.

상황이 이렇다 보니, '새로운 기술이 대량 실업을 만들어 낼 것이다.'라는 전망이 잘못된 것일 수 있다 해도 '과연 우리는 기계의 위협으로부터 우리 자신을 지켜 낼 수 있을까?'란 질문을 피할수가 없어요. 그런데 이런 질문을 하다 보면 조금은 역설적인, 또다른 질문에 이르게 돼요. "기술의 발전이 인류 역사상 가장 많은부를 만들어 내고 있는 시대에, 왜 우리는 일자리라는 생존 수단을 고민해야만 할까?" 다시 말해 "인류가 탄생한 이래 가장 파이가 커진 시대에, 나눌 것이 가장 많은 시대에, 왜 우리는 내 몫의파이를 어떻게 지켜 내야 할지 걱정하는 것일까?"

제 생각엔 우리가 고민하는 이유는 여기에 있다고 생각해요.
'생산력 증대가 필요했던 결핍의 시대의 분배 방식을 여전히고수하고 있기 때문이다.'
인류의 역사를 돌아보면 인류는 늘 결핍에 시달렸어요. 이결핍에서 벗어나기 위해 생산력을 늘리는 건 전 인류의 과제였죠. 인류가 이 과제에 대한 해답으로 산업혁명이란 열쇠를 찾은건 불과 250년 정도밖에 되지 않았어요. 그런데 산업혁명을 진전시키는 데 큰 장애물이 하나 있었어요. 사람들이 결핍에 시달리면서도 필요 이상의 일은 하지 않으려 들었던 거예요. 기계 앞에서 열심히 일할 노동자들이 필요했지만 사람들은 여간해서 과도하게 일하려 들지 않았죠. 그러자 노동력이 필요했던 이들은 과거에는 전혀 윤리적 문제가 아니었던 '노동'을 선악의 문제로 바꾸는 시도를 해요. '열심히 일하는 것이 선이요, 게으른 것은 악'

이라는 노동 윤리를 민들어 낸 것이죠. 종래에는 막스 베버Max Weber가 『프로테스탄트 윤리와 자본주의 정신Die protestantische Ethik und der 'Geist' des Kapitalismus』(1904~1905)에서 설명하듯, 열심히 일하는 것이야말로 신의 뜻이며, 나아가 열심히 일해서 부를 얼마나 쌓느냐가 신이 당신을 구원할 것인지 알 수 있는 증거라고까지 설파하게 되었던 거예요. 간단히 말해 '파이를 가져가려면 노동으로 증명하라.'는 기준을 만들었던 거죠. 아마 이 책을 읽고 있는 여러분들 중 많은 분들이 '파이를 가져가려면 노동으로 증명해야 하고, 그 증명을 소홀히 하는 자는 무임승차를 바라는 부도덕한 자'라고 생각하고 있을 거예요. 저 역시 불과 얼마 전까지도 그랬어요.

저의 이런 인식을 바꾸어 준 이들은 스위스의 '기본소득주의자'들이었어요. 이들은 우리에게 이렇게 물어요.

'당신에게 자동화된 세상은 어떤 곳인가? 축복인가, 저주인가? 당신은 앞으로 다가올 세상에서 컨베이어벨트 옆에 당신의 일자리가 없다고 한탄하는 사람인가? 아니면 새로운 기계가 만들어 낸 풍요를 어떻게 나눌 것인가 고민하는 사람인가? 당신은 풍요의 시대에도 생계를 위해 무의미한 노동을 반복적으로 하는 게 자신의 자격을 증명하는 방법이라고 생각하는 사람인가? 아니면 의미 없는 노동에서 벗어나 자율적인 노동의 자격을 얻고자 하는 사람인가? 세상이 아무리 풍요로워도 노동으로 증명한 자만이 파이 조각을 가져갈 수 있다고 여전히 믿고 있는가? 고대 사회에선 동양과 서양을 막론하고 열심히 일하는 것은 노예의 본질이었다. 왜 풍요의 시대에 우리가 증명해야 하는 것이 그 본질과 똑같은 것이어야 할까? 왜 우리는 일과 삶을 분리하고, 그중 암묵적으로 나쁜 것이라 전제하는 노동(일)을 분배의 자격으로 삼는 것일까?'[1]

그리곤 곧바로 다음과 같은 제안을 하죠.

'로봇이 일하도록 하고, 로봇이 일하는 세상을 만드는 데 기여한 대가로 우리 모두가 그 이익을 나누어 갖는 것은 어떠한가? 로봇세를 걷자. 로봇이 일하는 세계에서 나온 이익을 함께 나누어 가지자. 인류가 만들어 내고 있는 풍요를 개인들이 자신의 선택에 따라 자율적인 노동을 하는 데 쓰도록 하자.'

아마 스위스 기본소득주의자들의 제안을 받아들이지 못하는 분도 있을 거라는 생각이 드네요. 하지만 그들이 제기한 문제 자체는 적절하지 않나요? 왜 풍요의 시대에 노동을 통해 필사적으로 자격을 증명한 사람만이 파이 조각을 가질 수 있는 걸까요? 심지어 그 자격을 갖기 위해, 날마다 그 혜택을 누리고 있으면서도, 우리는 새로운 기술의 발전, 새로운 기계의 등장이 일자리를 빼앗아가진 않을까 걱정하고 두려워해야 하는 걸까요? 이런 상황에서 우리가 두려워해야 하는 대상은 진정 기계일까요? 이 커다란 파이를 함께 나누지 않겠다고, 노동을 통해 필사적으로 그 자격을 증명하라고 말하고 있는 건 인간일까요? 아니면 기계일까요? 단

---

1 다니엘 헤니, 필립 코브체, 『기본소득, 자유와 정의가 만나다*Was fehlt, wenn alles da ist?* : 스위스 기본소득운동의 논리와 실천』, 오롯, 2016. '노동' 편 참조.

도직입적으로 우리에게 진정한 위협은 인간일까요? 아니면 기계일까요?

우리 모두 그 정답을 알고 있지 않나요?

인간과 기계, '긍정적 파트너십' 만들기

지금까지 우리는 제2 기계 시대를 불러온 기술의 발전이 어떻게 일어났는지, 그리고 그 발전이 일으킨 변화를 보며 우리가 얼마나 불안을 느끼는지 이야기했어요. 그 불안의 실체는 세 가지였죠. 우선 인간과 기계를 구분할 수 없게 되는 시대가 올지도 모른다는 것, 둘째, 기계가 마침내 우리를 지배하게 될지도 모른다는 것, 셋째, 가장 현실적인 우려로 기계가 우리의 일자리를 가져가게 될지도 모른다는 것이었죠.

저는 이 세 가지 불안에 대해 첫째, 기계가 시간과 함께하는 우연성을 체득하지 못하는 이상 인간의 고유성을 고민할 필요가 없고 둘째, 인간이 서로 배려하고 보호한다면 기계의 지배를 걱정할 필요가 없고 셋째, 풍요의 시대에 오직 노동만을 생존의 자격으로 규정하지 않는다면 기계가 일자리를 대체해도 걱정할 필요가 없다고 답했어요.

시대가 너무 빠르게 변할 때 우리는 두려움을 느끼게 마련이에요. 특히 시대는 너무 빠르게 변해 가는데 내가 그 흐름을 따라

잡지 못한다는 생각이 들 때 그 두려움이 더 깊어지곤 하죠. 우리가 모든 변화에 적응할 필요는 없어요. 하지만 그 변화의 흐름이 구조적인 것이라면 그 변화가 무엇인지 실체를 파악하고 그것에 적응함과 동시에, 그 변화가 만들어 낼 위험이 어떤 것인지 예측하여 우리 스스로를 보호할 수 있는 대책을 마련해야겠죠. 그러면 어떻게 이 일을 시작해야 할까요?

증기에서 전기로 동력원이 바뀌었던 2차 산업혁명 시대에 이러한 변화를 받아들이고 적응하려 했던 기업과 노동자들은 그 혜택을 누렸던 반면, 증기 기술에 대한 미련을 버리지 못했던 기업과 노동자들은 비참한 몰락을 경험했어요. 이러한 과거를 돌아보며 제가 여러분에게 드리고 싶은 제안은, 이제 기계와 긍정적인 파트너십을 맺자는 거예요. 알고 보면 인간은 산업혁명 이후 지속적으로 기계와 적극적인 파트너십을 맺어 왔어요. 그리고 그 파트너십은 시간이 흐르며 점점 더 강화되었죠. 하지만 누군가는 이렇게 지적할 수도 있을 거예요. '과거에 기계는 우리의 수단이고 하인이었다. 우리가 지배하는 대상이었다. 파트너십이란 동등한 자격을 가진 상대와 맺는 것이다.' 일면 타당할 수도 있는 주장이에요.

성경을 잠시만 읽어 봐도 알 수 있듯이 인간은 신에게서 자연에 대한 지배권을 물려받은 유일한 존재예요. 인간은 끊임없이 자연을 통제하고 이 지상의 사물들을 지배해 왔죠. 대다수의 사람들은, 인간과 신의 관계가 그러하듯, 기계를 창조한 우리가 기계에 대해 지배권을 가져야 한다고 생각해요. 그런데 우리는 신이 단순한 창조주가 아니라는 사실을 망각하는 것 같아요. 신은 그 자체로 전지전능하고 진리이지만 인간은 그렇지 않죠. 더 나아가 신은 시간에 속박받지 않는 존재라는 점에서도, 신이 인간에 대해 갖는 권력의 질서를 우리가 만든 창조물에 똑같이 적용하는 것은 옳지 않다는 생각이 드네요.

지배와 종속이라는 관계를 벗어던질 수만 있다면 기계와 파트너십을 맺는 일은 그리 어렵지 않을 거예요. 오히려 우리가 두려워해야 하는 건, 자연을 인간의 지배 대상으로만 보는 것, 우리가 만든 기계는 단순히 우리의 말을 그대로 이행해야만 하는 종속된 객체여야 한다는 발상, 이런 것들이 아닐까요?

우리는 약속 시간을 맞추는 아주 간단한 일조차 시계라는 기계의 도움을 받고 있어요. 만약 시계가 너무 비싼 것이라면 내 맘대로 할 수 없을 수도 있죠. 때로 그 시계가 지위를 과시하는 수단이 되기도 하니까요. 이런 경우엔 내가 그 시계에 종속될 수도 있을 거예요. 물론 우리를 종속시키는 건 그 시계가 가진 교환가치겠지만요. 교환가치에 굴종하는 것은 두려워하지 않는 인간이 왜 기계에 굴종하는 건 그리 두려워하는 걸까요? 파트너십이라고 할 때 우리가 기대하는 건 자신과 상대방이 서로를 보호할 수 있다는 믿음이에요. 이런 점에서 기계는 인간보다 더 믿을 만한 상대일 수도 있지 않을까요?

기계의 도움을 두려워 말라 : 도구로서의 인공지능

————

"인간과 기계가 서로 친구가 된다고? 그게 정말 가능한 일이긴 해?"

대부분의 사람들이 이런 질문을 떠올릴 거라는 생각이 드네요. 사람들은 인간과 기계를 대척점에 놓고 생각하는 경향이 있으니까요. 특히 '자연스러운 게 좋은 것이다.'라는 발상을 가진 사람들이라면 더 그럴 거예요. 로봇은 왠지 자연스러운 것과는 거리가 멀게 느껴지잖아요.

그런데 '자연의 이치를 거스르면 안 된다.'는 이 생각을 인간은 이미 몇 천 년 전부터 거스르고 있었어요. 우리는 '호모 파베르 Homo Faber', 도구를 만드는 인간으로 정의되니까요. 우리가 일상생활에서 사용하는 무수한 도구들이야말로 인간이 자연적이지 못하다는 명백한 증거예요. 우리는 '자연적이다'는 말을 '인간적이다'는 말과 동일시하지만 그것만큼 잘못된 편견도 없어요. '인간적이다'는 말의 진정한 속뜻이 '인위적이다'는 것이니까 그 자체로 이미 자연에 반한다는 의미를 갖고 있는 거죠. '자연적'이라는 말은 오히려 '동물적'이라는 말과 일맥상통하는 측면이 있어서, '인간적'이라는 건 결국 동물들이 결코 따라하지 못하는 것, 바로 인간만이 할 수 있는 것들을 의미해요.

인간은 인위적인 도구를 만들고 발전시키며 자연의 지배에 체계적으로 대항해 온 유일한 생명체예요. 도구라고 하면 우리는 흔히 물리적인 실체를 떠올리지만 그렇지 않은 것들도 있어요. 인간의 정교한 언어는 그 자체로 우리가 약속한 기호에 따라 만들어진 도구죠. 우리는 그 언어를 기초로 법과 제도를 만들었어요. 21세기가 되자 인간은 단순한 도구를 넘어 학습이 가능한 기계까지 만들어 냈죠. 알고 보면 이 모든 것이 우리가 만들어 낸 도구예요. 결국 우리가 두려워하는, 제2 기계 시대를 대표하는 로봇, 인공지능, 가상현실 등은 모두 '인간적인' 활동의 산물인 것이죠.

이렇게 자연의 섭리를 거스르며 끊임없이 도구를 만들어 온 인간을 두고 영국의 철학자 앤디 클락은, 인간은 그 자체로 '내추럴-본 사이보그'라고 말했어요. 클락은 참으로 흥미로운 분야를 연구하는 철학자예요. 어떻게 해야 이분이 하는 일을 잘 설명할 수 있을까요? 이렇게 시작해 보죠. 철학 중에 마음(정신)과 뇌(신체)의 관계를 연구하는 분야가 있어요. 혹자는 이를 '수반Supervenience 이론'이라 부르기도 하는데, 미국 브라운 대학교 김재권 석좌교수가 '심신수반론'을 창시했다고 알려져 있죠. 상당히 어렵고 복잡한 이 분야를 딱 잘라 말하는 게 상당히 부담스럽긴 하지만, 이 분야의 핵심 논쟁은 '마음의 장소가 두개골 안인가, 아니면 밖에도 존재할 수 있는가?'로 요약할 수 있어요. 이 논쟁에서 클락은 마음이 두개골 안에만 머무르지 않고 세계로 확장된다고 주장하는 대표적인 철학자예요. 1998년 그는 '확장된 마음the extended mind'이란 혁신적인 개념을 들고나왔죠. 클락은 인간의 마음이 자신과 외부 세계를 연결시키는 데 탁월한 능력을 가지고 있다고 봐요. 그렇다면 도대체 어떻게 그런 일이 가능할까요?

클락이 직접 든 사례는 아니지만, 이 글을 읽고 있는 독자들 중 많은 분들이 해당될 만한 가장 흔한 사례를 들어 볼게요. 혹시, 지금 안경이나 콘택트렌즈를 사용하고 있나요? 저도 안경을 쓰는데, 중학교 때부터 썼으니까 상당히 오랜 시간 제 콧등에 이 물건이 있었네요. 처음엔 참 거추장스럽다고 생각했는데 너무 오랜 기간 사용해서인지 이젠 이 안경이 마치 제 몸의 일부 같다는 생각이 들어요. 안경이 갑자기 사라지거나 하면 마치 제 눈을 잃어버린 것 같죠. 아마 여러분 중에서도 저와 비슷한 경험을 한 분들이 있을 거예요. 클락의 개념을 빌리자면 우리의 '확장된 마음'이 안경을 신체의 일부처럼 인식해서 안경을 잃어버리면 눈을 잃어버린 것 같은 느낌이 드는 거예요. 이걸 조금 달리 생각해 볼까요? 여러분 모두가 알고 있듯이 사이보그란 기계와 결합된 인간을 말해요. 안경을 쓴 사람들은 나쁜 시력을 보정하기 위해 광학렌즈를 눈 위에 장착한, 일종의 기계와 결합된 인간인 것이죠. 알고 보면 인류는 오래전부터 기계의 도움을 받아왔고, 기계와 결합된 인간으로 살아왔다고 클락은 말해요.

이걸 두뇌 쪽으로 옮겨서 생각해 볼까요? 여러분 학교 다닐 때 혹시 수학 좋아했나요? 뭐, 이걸 좋아할 사람들이 얼마나 있을까 싶지만 저는 개인적으로 수학을 아주 싫어했어요. 대학에 가서야 법칙대로 움직이는 이 숫자 놀음이 왜 그리 어렵고 싫었을까 반성하게 되었지만요. 어쨌거나 여러분 대다수가 수학 문제를 초등학교 때부터 고등학교 때까지 열심히 풀었을 거예요. 그런데 수학 문제를 풀 때 이런 잔소리를 한 번쯤은 들었을 걸요. "제발 연습장에 문제 풀이 과정을 꼼꼼히 적어라. 그래야 실수하지 않는다." 종이 위에 풀이 과정을 적는 것을 두고 클락은 우리 두뇌가 자신이 할 일을 외부 세계에 위탁했다고 표현해요. 필기구를 빌어 문제 풀이 과정을 외부에 기록해 둠으로써 두뇌가 져야 할 부담을 덜어 내는 것이죠. 녹음기도 비슷한 방식이에요. 사람들은 기억해 두어야 할 중요한 내용들을 녹음기를 사용해 남겨 두니까요. 우리 두뇌가 지닌 기억의 부정확성을 녹음기라는 기계를 활용해 보완하는 거죠. 그런데 이 녹음기야말로 아날로그를 대표하는 장치 중 하나로, 우리가 인간적이라 부르며 향수를 느끼는 대표적 물건이에요. 두뇌를 보조하던 이 기계는 이제 우리가 매일 쓰는 스마트폰에 기본으로 장착되어 있죠.

이왕 스마트폰 이야기가 나왔으니 좀 더 해볼까요? 여러분의 스마트폰을 열어 보세요. 그리고 기본적으로 장착된 기능만 살펴 보세요. 전화, 인터넷, 나침반, 음성 메모, 연락처, 계산기, 시계, 일반 메모, 알림, 날씨, 동영상까지 찍을 수 있는 카메라, 화상 통화, 이메일 등의 기능이 있죠. 조금만 깊이 생각해 보면 이 모든 기능이 우리 두뇌가 져야 할 부담을 덜어 주고 있다는 걸 알 수 있어요. 여기에 더해 나의 두뇌와 다른 사람의 두뇌를 네트워크를 통해 실시간으로 연결시켜 주기도 하죠. 인터넷에 접속하면 수많은 질문에 대한 답을 찾을 수 있고, 심지어 세계의 모든 유명 도서관을 방문할 수도 있어요. 소위 정보의 바다로 갈 수 있는 거죠.

많은 사람들이 정보사회를 다양하게 정의하지만, 저는 정보사회의 본질이 나의 두뇌가 다른 사람들의 두뇌와, 혹은 두뇌를 보조하는 기계와 실시간으로 연결되는 것이라고 생각해요. 스마트폰이 그런 세계를 만드는 데 가장 직접적인 기여를 한 거죠.

혹시 스마트폰을 집에 놓고 와서 하루 종일 스마트폰 없이 생활해 본 경험이 있나요? 그 하루가 어땠나요? 그건 단순히 불편한 정도가 아니었을 거예요. 이전이라면 두개골 안에 기록해 두어야 할 것들이 이젠 모두 스마트폰에 담겨 있으니까요. 생각해 보면 이제 스마트폰은 기계라기보다는 우리의 보조 두뇌에 가까워요. 더군다나 스마트폰에는 다른 이들과 실시간으로 만날 수 있는, 또 다른 세계로 들어갈 수 있는 모든 플랫폼이 있죠. 친구들과의 모임을 한번 생각해 보세요. 친구들이 앞에 앉아 있는데도 먼 곳에 있는 다른 사람들을 향해 끊임없이 메시지를 보내고 소통하잖아요. 심지어는 서로 마주 앉아서 문자로 대화하기도 하고요. 그런 소통의 플랫폼을 집에다 두고 온 거예요. 스마트폰 없이 보내야 하는 하루는 마치 더 넓은 세계에 접근할 수 있는 통로를 상실한, 그런 하루가 되어버리는 거죠.

클락의 '확장된 마음'의 방식으로 생각해 본다면 이런 일은 스마트폰이 사실상 우리 신체의 일부가 되었기 때문에 발생하는 일이에요. 클락에 의하면 핀란드에선 젊은이들이 휴대폰을 'kanny'라고 부른다고 해요. 핀란드어로 kanny는 손의 확장이라는 뜻으로, 휴대폰을 손의 일부, 신체의 일부로 인식한다는 의미죠. 결국 신체의 일부가 된 스마트폰을 통해 우리는 타인에게로 가는 수많은 플랫폼들과 연결되니, 그 수많은 플랫폼 또한 내 신체의 일부로 볼 수 있는 거예요.

　너무 과도한 해석이라고요? 여러분 혹시 '노동가치설'이라는 말 들어 보셨나요? '나의 손에서 나온 노동은 나의 것이기에, 내가 어떤 대상에 노동을 부여할 때 그것 또한 나의 것이 된다.'는 주장이에요. 근대 이후 우리가 살고 있는 세계를 지배하고 있는 발상이죠. 서구 사회에선 존 로크John Locke로부터 시작해 아담 스미스Adam Smith, 칼 마르크스Karl Heinrich Marx까지 이어지는, 자본주의와 공산주의가 사실상 서로 공유하고 있는 발상이기도 하죠. 이를 바탕으로 보자면 노동은 결국 내 손, 내 신체의 연장인 거예요. 노동가치설은 '노동을 통한 사물의 신체화'를 인정하는 거예요. 자유주의자들이 재산을 생명 및 신체와 동등한 위치에 놓는 것 역시 이런 신체화를 통해 가능한 거죠. 이렇게 보면 우리 인간은 세상의 많은 것들을 끊임없이 신체화하려 시도해 오고 있었던 거예요. 그게 지금의 자본주의를 만들어 낸 것이고요.
　이런 근거를 보면 클락이 내세우는 '인간은 태어날 때부터 사이보그다.'라는 주장, 설득력이 있지 않나요? 이런 기준에서 본다면 기계와 긍정적인 파트너십을 맺는 일은 우리 인간이 지닌 특성 중 하나가 아닐까 해요. 결국 인공지능도 인간이 발명해 낸 기계이고 우리 신체의 일부로 확장될 수 있는 도구라고 생각한다면 무작정 거부하거나 겁낼 필요가 없는 거죠.

인공지능 시대, 새로운 윤리가 필요하다

———

만약 인간이 기계와 긍정적인 파트너십을 맺을 수 있다면, 이제 이 파트너십이 맺어지는 환경에 대해 살펴볼 가치도 있을 거예요. 이를 위해 제1 기계 시대로 잠시 돌아가 볼까요?

제1 기계 시대에 벌어진 기계파괴운동의 직접적인 원인은 단순한 두려움의 결과가 아니라 기계의 도입과 함께 발생한 임금 삭감과 노동자들의 권리 제한에 있었다는 걸 앞에서 이미 말씀드렸어요. 기억이 나죠?

1차 산업혁명 시기에 발생했던 이런 문제들을 앞서 근대화된 사회들은 세 가지 방식으로 해결했어요.

첫째, 폭발적인 생산력의 증가를 바탕으로 노동자들에게 안정적인 일자리를 제공하고 임금을 올려 주었다.
둘째, '노동 3권'을 보장함으로써 노동자들의 권리를 보호했다.
셋째, 국가가 사회보험의 형식을 통해 노동자들에게 안정적인 생활을 장기적으로 보장했다.

물론 이 모든 해결책이 만들어지기까지 노동자들의 치열한 투쟁이 있었다는 사실을 명확히 해 두어야겠군요. 그 어떤 것도 저절로 이루어진 건 없었어요. 하지만 결과적으로 제1 기계 시대는 노동자들의 지속적인 요구에 자본과 국가가 반응하여, 정규직을 중심으로 노동자들의 권리를 보호하며 사회보장제도까지 갖추게 되었던 거예요. '함께하는 노동'과 '서로를 보호'하는 시스템은 이렇게 지어졌던 거죠.

하지만 4차 산업혁명에 들어서며 우리가 목격하고 있는 것은 제1 기계 시대가 만들어 놓은 세 가지 해법 모두가 그 유효성을 잃고 있는 현실이에요. 제1 기계 시대의 해법이 만들어 놓은 보호망은 소수의 노동자들만이, 소수의 인간만이 특권의 형식으로 누리고 있을 뿐이죠. 제2 기계 시대의 인간들은 '각자를 위한 노동'으로 내몰리며 '서로를 위한 보호'라는 체계를 상실하고 있어요. 그렇다면 어떻게 이런 일이 일어나게 된 걸까요? 자, 다음 장으로 넘어갈 준비가 되었나요?

제3 장

21세기,
자본은 어떻게
변화하고 있는가

기술혁신이 만든 지구적 시장의 도래와
자본의 변신에 대하여

"구글, 애플, 페이스북, 아마존. 이들 기업은 신과 사랑과 섹스와 소비를 상징하는 '네 명의 기사'일까, 아니면 『요한계시록』에 나오는 바로 그 네 명의 기사(선과 악의 최후 대결에 대해 서술한 『요한계시록』에서 흰 말을 탄 기사는 질병, 붉은 말을 탄 기사는 전쟁, 검은 말을 탄 기사는 기근, 푸른 말을 탄 기사는 죽음을 각각 상징한다)일까? 두 질문 모두 답은 '그렇다.'이다."

_스콧 갤러웨이Scott Galloway, 『플랫폼 제국의 미래The Four : The Hidden DNA of Amazon, Apple, Facebook, and Google』 중에서

3장을 시작하며

우리는 제2장을 마무리하며 제2 기계 시대의 인간들이 위험에 처해 있다고, 그 이유가 제1 기계 시대가 만들어 놓은 '서로를 위한 보호'라는 체계가 허물어져 버렸기 때문이라고 했어요. 그래서 이렇게 물었죠. "어떻게 이런 일이 일어나게 된 걸까?" 이에 대한 답을 알려면 거대한 전환을 겪은 자본주의에 대한 역사적 이해가 있어야 해요.

이런 주제 아래 이번 장에서 살펴보게 될 질문은 다음과 같아요.

- 제1 기계 시대는 '서로를 위한 보호'라는 사회안전망을 어떻게 만들었나?
- 그 안전망이 내려앉게 된 배경으로 지목되는 지구화란 무엇인가?
- 지구화에 기술의 발전은 어떻게 기여했나?
- 지구화와 함께 자본은 어떻게 변했는가?
- 플랫폼 공유 경제는 새로운 형식의 소유인가 아니면 새로운 형식의 약탈인가?

서로를 위한 보호가 가능했던 시절 :
'브레튼우즈 체제'

———

제1 기계 시대에 이뤄졌던 '서로를 위한 보호'를 상징하는 경제 체제가 있었어요. 제2차 세계대전이 종식되며 구축된 것으로 '브레튼우즈 체제Bretton Woods System'라 불리죠. 지금은 사실상 해체되어 버렸지만 현존하는 많은 국제기구들이 이 체제의 유산이라 해도 과언은 아니에요. 이 체제를 구축한 사람은 바로 여러분도 잘 알고 있는 영국의 경제학자 존 메이너드 케인스John Maynard Keynes에요.

그렇다면 이 체제가 구축된 배경부터 알아볼까요? 19세기 말에 이르면서 제1 기계 시대는 폭발적인 생산력으로 그 어느 때보다 풍요로운 세상을 만들어 냈어요. 그 시대를 프랑스에서는 '벨 에포크Belle Époque'라 불러요. '좋은 시대'라는 뜻이죠. 얼마나 좋았으면 이름을 이렇게 붙였을까요? 당시 파리는 풍요로움이 넘치는 장소였고 문화와 트렌드의 심장이었죠. 이런 풍요는 대서양 건너 미국에도 넘쳐 나고 있었어요. 남북전쟁이 종식된 19세기 말 미국에선 자본주의가 폭발적으로 성장하고 있었거든요. 여러분, 마크 트웨인Mark Twain이란 미국 작가 아시죠? 1873년 마크 트웨인은 이 시대를 배경으로 소설 한 편을 발표해요. 제목이 『도금시대 : 오늘날 이야기The Gilded Age: A Tale of Today』였어요. 자기가 살고 있던 시대를 금빛으로 찬란한 시대라 불렀던 거예요. 제목만 봐도 이 시대가 어땠는지 감이 오죠?

그런데 '도금을 한 시대'라는 표현에서 알 수 있듯이, 이 시대는 겉으로만 번지르르했어요. 제1 기계 시대의 엄청난 생산력은 소수의 사람들에게만 혜택을 주고 있었거든요. 정작 생산 활동을 하던 노동자들에겐 충분한 보상이 주어지지 않았어요. 소위 생산수단을 가지고 있던 자본이 이익의 대부분을 가져가고 있었기 때문에 대다수의 사람들은 여전히 빈곤에 시달리고 있었죠. 이렇듯 '벨 에포크' 혹은 '도금시대'는 소수의 사람에게만 금빛의 세계였던 거예요. 가장 풍요로우면서 가장 불평등했던 시대였던 거죠.

이 금빛의 시대를 끝낸 건 1차 세계대전과 연이은 공황 그리고 다시 찾아온 두 번째 세계대전이었어요. 두 차례의 세계대전은 모든 것을 동원하는 총력전으로 이어졌고, 국가는 전쟁에 필요한 물자를 확보하기 위해 부자들에게 80~90%에 이르는 세금을 부과했어요. 제1 기계 시대에 축적된 부는 전쟁 자원을 확보한다는 이유로 국가의 통제하에 놓이게 되었죠. 돌아보면 프랑스의 경제학자 토마 피케티Thomas Piketty가 『21세기 자본Capital in the Twenty-First Century』(2013)에서 명확하게 밝히고 있듯, 제1 기계 시대의 불평등 문제를 정리해 준 건 두 번의 세계대전이었죠.

두 번의 세계대전과 그 사이에 몰아닥친 공황으로 인해 많은 사람들의 삶이 피폐해졌어요. 상황이 너무 심각해지자 1942년 '사회보험과 연계된 서비스들Social Insurance and Allied Services'이란 제목이 붙은, 소위 『베버리지 보고서Beveridge Report』가 발간되기도 했죠. 세계대전으로 인해 평범한 사람들의 삶이 피폐해지자 영국 노동조합총연맹은 정부에 대책을 마련해 달라고 요청했어요. 여기에 화답해 영국 정부가 힘겨운 시기를 겪고 있는 사람들에게 '요람에서 무덤까지' 인간다운 삶을 보장하겠다는 약속을 담아 보고서를 발간했던 거예요. 이 보고서는 궁핍, 질병, 무지, 불결, 나태 등을 맞서 싸워야 할 '다섯 가지 악'으로 규정하고, 이를 물리치기 위해 '완전고용', '무상 의료', '가족수당'까지 보장하며 국가가 국민들을 보호하겠다고 약속했어요. 전쟁터에서 많은 사람들이 전사하는 바람에 노동력 확보에 비상이 걸려 있던 자본 역시 반대할 이유가 없었죠. 건강한 노동력을 지속적으로 확보하는 것은 자본에게도 무척이나 중요한 일이었으니까요. 국가 역시 국부를 다시 축적하려면 자본이 필요로 하는 노동력을 안정적으로 공급할 필요가 있었고요.

전쟁이 끝나자 이런 목적을 달성하기 위해 세계적인 차원에서 새로운 경제체제가 구축되었는데, 이때 중심 역할을 했던 이가 바로 케인스였죠. 이 체제를 '브레튼우즈'라고 부르는 이유는, 이 새로운 경제 질서가 미국 뉴햄프셔의 작은 마을, 브레튼우즈에서 만들어졌기 때문이에요. 이 지점에서 누군가는 이렇게 물을 수 있을 것 같아요. 왜 이 체제를 세계적인 차원에서 구축해야만 했을까? 그 이유는 전쟁으로 인해 피해를 입은 게 영국만이 아니었기 때문이에요. 세계대전이란 말에서 알 수 있듯 거의 모든 유럽 국가들이 비슷한 처지에 놓여 있었기에 이 상황을 극복하기 위해 상호 협력할 준비가 되어 있었던 거예요. 그렇다면 왜 국가 간의 협력이 필요했던 걸까요?

'통제된 자본주의controlled capitalism'[1]로 불리는 이 체제가 겉으로 직접 표방하지는 않았지만 내적으로 지향했던 바를 한마디로 표현한다면, '자본에 국적을 붙이는 것'이었어요. 그렇다면 왜 자본에 국적을 붙이는 일이 중요했던 걸까요? 그건 케인스가 구축했던 체제가 내수 중심의 총수요 정책이었기 때문이에요. 국가가 상품에 대한 수요를 꾸준히 창출해 낸다는 게 이 정책의 핵심이었죠. 이를 추진하기 위해 국가는 많은 돈이 필요했는데 이를 위해선 정확한 세수稅收를 지속적으로 확보해야 했어요. 근데 이 일은 세수의 근원인 자본의 흐름을 정확히 파악해야만 가능한 일이었죠. 그래서 각국 정부는 자본에 국적을 붙이기로 결정했고, 이를 위해 국가 간의 상호 협력이 필요했던 거예요.

이 정책을 추진하기 위해선 베스트팔렌 조약Peace of Westphalia[2] 이후 형성되어 가던 '민족국가'만큼 적합한 단위가 없었어요. 이런 까닭에, A라는 기업과 B라는 기업의 무역마찰은 해당 기업이 아니라 그 기업이 속해 있는 국가가 해결해야 할 일처럼 여겨졌죠. 결국 케인스의 발상은 1970년대 초반까지 세계 경제 질서 속에서 제대로 작동했고, 이 체제와 함께 민족국가 역시 번성을 누릴 수 있었어요. 이 시스템이 소위 '통제된 자본주의'라 불린 건 국가가

---

1 Manfred B. Steger, 『Globalization』(3rd ed), Oxford University Press, 2013, pp.38~39.

2 근대 민족국가 체제의 형성에 가장 크게 기여한 조약으로 1648년에 체결되었다. 이 조약은 유럽에서 벌어졌던 30년 전쟁을 끝냈으며 각 국가 간에 끊임없이 이어지던 종교 갈등을 사실상 종식시켰다. 이 조약에 명시된, '각국의 국교 결정에 간섭할 수 없다.'는 불간섭 원칙은 이후 국가 간 불간섭의 원칙으로 굳어졌으며, 민족국가 간의 관계를 정립하는 데 있어 가장 중요한 원칙이 되었다.

자본의 흐름을 파악하고 통제할 수 있었기 때문이에요. 일부 학자들은 이 시기를 자본주의의 진정한 황금기로 보기도 하는데, 국적이라는 꼬리표를 단 자본이 이윤을 벌어들이면 그 혜택이 소속 국가의 노동자들에게 소득으로, 사회보험으로 돌아갔기 때문이에요.

이렇게 통제된 자본주의 아래 탄생한 '서로를 위한 보호' 시스템은 적어도 서구 사회에서는 보편적인 것이 되어 갔죠. 그리고 이 체제가 민주주의와 결합하며 '복지국가'는 민주주의의 가장 중요한 요소로 자리 잡았어요. 이렇듯 제1 기계 시대의 '서로를 위한 보호' 시스템이 각 국가에 견고하게 자리 잡자, 복지체제 없는 민주주의란 더 이상 불가능하다는 신념이 일반화되는 상황에까지 이르게 되었던 거예요.

그런데 평범한 시민이라면 누구나 원하고 필요로 하는 이런 보호막이 왜 무너지게 되었을까요? 다음에 살펴볼 주제는 바로 이거예요.

신자유주의, 세계를 하나의 시장으로 만들다 : 지구적 시장의 도래

―――

'서로를 위한 보호'라는 체제에 균열이 생기기 시작한 직접적인 계기는 1970년대 무렵 몰아친 인플레이션과 '오일 쇼크에

shock'[1] 때문이었어요. 하지만 균열의 조짐은 이미 그전부터 서서히 보이고 있었죠. 1960년대에 접어들자 전후 높은 성장률을 보였던 국가들에서 경제성장률이 낮아지고 실업이 증가하는 현상이 나타났어요. 이에 대한 치유책으로 많은 국가들이 경기 부양을 위해 통화를 많이 발행하기 시작했죠. 국가가 돈을 풀기 시작한 거예요. 여러분들이 한 번쯤은 들어 보았을 소위 '양적 완화' 정책이 시행되었던 거죠. 특히 미국이 자국의 경기를 부양하기 위해 1971년 '금본위제'[2]를 폐기하자 달러 가치가 떨어져 버린 게 너무 컸어요. 결국 다른 국가들도 달러에 비해 자국 통화의 가치가 상승하는 걸 막기 위해 돈을 풀기 시작했죠.

그런데 바로 이때 오일 쇼크로 불리는 에너지 위기까지 겹쳤던 거예요. 당시 석유수출국기구(OPEC) 회원 국가들이 자신들도 선진국을 따라잡을 실질적인 기회를 달라고 요구하며 에너지를 무기로 썼던 게 화근이었어요. 통화가 너무 많이 풀린 데다 유가의 상승으로 덩달아 원자재 가격까지 상승하며 불황 속에 인플레이션까지 동시에 나타나는 '스태그플레이션stagflation'이 세계 경제를 강타했죠. 게다가 산업사회에서 포스트산업사회로 이행 중이던 서방의 경제 선진국들은 국내에서 소비하지 못하는 잉여 생산물을 내다 팔 곳이 필요했어요. 자본의 입장에서 보면 국가가 충

---

1 1973년의 아랍 산유국들의 석유 무기화 정책과 1978년의 이란 혁명 이후 벌어진, 두 차례에 걸친 석유 공급 부족과 석유 가격 폭등으로 세계 경제가 큰 혼란과 어려움을 겪은 일을 말한다.
2 일정량의 금을 기준으로 화폐의 가치를 정하는 제도.

분한 수요를 만들어 내지 못하는 가운데, 남아도는 잉여 생산물을 다른 곳에서 처분해야 하는 시기가 도래했던 거예요. 과거에는 국가 간의 경계가 자본도 이익을 볼 수 있는 안전망의 역할을 했다면 이제는 자본이 이윤을 극대화하는 데 방해 요소가 되어 버린 거죠.

이제 자본은 더 많은 이윤을 얻기 위해 세계 경제에 새로운 질서를 세워야 했어요. 1970년대부터 본격화되기 시작한 '신자유주의'라는 이데올로기는 이런 배경에서 등장한 거예요. 신자유주의는 경제 영역에서 국가 간 장벽의 높이를 낮추어 자본이 활동할 수 있는 '시장'이란 무대를 전 지구적 차원으로 넓혀야 한다는 발상을 담고 있어요. 아담 스미스도 『국부론The Wealth of Nations』(1776)에서 '시장은 크면 클수록 좋다.'라고 말했어요. 교환할 수 있는 대상과 사람들이 많아질수록 시장이 힘을 발휘한다는 거죠. 아담 스미스가 상상한 것이라고 할 수는 없지만, 신자유주의자들은 인간이 만들 수 있는 '가장 큰 시장', 바로 '지구적 시장global market'을 건설하기 시작했던 거예요.

신자유주의가 요구하고 실행한 이런 발상을 우리는 '경제적 지구화'라고 표현해요. 이 지구화를 '세계화' 혹은 원래 용어 그대로 '글로벌라이제이션globalization'이라 부르기도 하죠. 여기서 우리가 유의해야 할 것 두 가지를 잠시 짚어 볼게요.

첫째, '지구화'와 '경제적 지구화'를 동일시해서는 안 된다는 거예요. 지구화는 정치, 경제, 문화, 군사 등 삶의 다양한 영역에서 세계가 연결되고 상호 의존하는 현상이에요. 그리고 각각의 영역에는 고유한 작동 원리가 있죠. 각 영역이 온전히 독자적으로 움직이지도 않지만 그렇다고 같은 원칙 아래 움직이는 것도 아니라는 것을 기억해야 해요. 경제적 지구화는 이 지구화라는 현상의 한 영역일 뿐이죠. 다만 경제 영역의 힘이 너무 세기 때문에 우리가 자꾸 지구화와 경제적 지구화를 같은 것으로 생각하는 경향이 있어요.

두 번째, 우리나라에서 '세계화'는 우리의 것을 밖으로 널리 알린다는 의미로 쓰이는데요, 이건 지구화와 사실상 전혀 다른 의미예요. 예를 들어 우리 입장에서 볼 때 한류는 우리의 것이 밖으로 퍼져 나가는 세계화의 일부이지만, 밖에 있는 사람들이 볼 때는 '한류와 자신이 연결되는 현상'으로서 문화적 지구화 현상인 거예요.

1980년대 신자유주의 질서라는 이름 아래 지구화를 주도한 미국과 영국은, 경제 영역에서 모든 개인과 국가가 서로 의존하며 연결되는 지구화를 요구했어요. 그러면서 이런 경제적 지구화가 자신들뿐만 아니라 모든 국가와 사람 들에게 이익이 될 것이라고 약속했죠. 신자유주의가 자본의 부당한 요구를 담은 정치 이데올로기라고 생각했던 유럽의 좌파들은 '더 왼쪽' 노선을 주장하며 맞섰지만 영국을 필두로 모두 실패하고 말았죠. 점점 막강해진 자본은 자신들이 국적을 초월해 점점 더 강해질수록 국가도 같이 강해진다는 논리를 내세웠고, 이제 개인들도 국가의 보호라는 우산에서 벗어나 자신의 삶을 스스로 책임져야 한다고 주장하기 시작했어요. 복지국가가 확장되며 국가가 져야 하는 재정적

부담이 늘어나고 있던 상황에서 이런 주장은 정말 강력한 것이었죠. 그리고 자본은 개인들을 향해서도, 국가에게 사회보장을 요구하는 대신 시장에서 판매하는 보험에 가입하라고, 그러면 국가가 제공하는 서비스보다 훨씬 더 양질의 서비스를 받게 될 거라고 설득했죠. 뒤에 좀 더 자세히 설명하게 되겠지만, 평범한 사람들이 자신들에게 불리한 이런 주장을 받아들이는 현상이 벌어져요. 그러니 유럽의 좌파들이 주장했던, '더 왼쪽' 노선 전략이 먹힐 수가 없었던 거죠.

이렇게 영국 총리 대처와 미국 대통령 레이건이 앞장서 초석을 놓은 신자유주의라는 새로운 경제 질서는 '워싱턴 컨센서스 Washington Consensus'[1]라 불리며 더 이상 거스를 수 없는 대세가 되어버렸어요. 이런 흐름 앞에 좌파들조차 '제3의 길', '신노동당', '신중도노선' 등 중도 개혁 노선을 내걸었죠.[2]

1995년 세계무역기구(WTO)의 창설은 이 새로운 경제 질서가 '지구적 시장'을 통해 마침내 전 세계에 도래했다는 선언이나 다름없었죠. 이렇게 '지구적 무역 질서'를 장악한 미국과 유럽의 경제 선진국들은 국제통화기금(IMF)과 세계은행(WB)을 활용해 '지구적 금융 질서'마저 손에 넣어 버렸어요. 앞에서 지구적 시장 질

---

1 미국과 국제 금융 자본이 미국식 시장경제 체제를 개발도상국의 발전 모델로 삼게 한 합의. 미국 행정부와 국제통화기금, 세계은행 등 워싱턴에 있는 정책 결정자들의 논의를 거쳐 정립되었으며, 정부 규모 축소, 관세 인하, 시장 자유화와 개방, 민영화 등을 주요 내용으로 하고 있다.
2 Colin Crouch, 『Post-democracy』, Polity Press, 2004, pp.66~68.

서의 특징은 경제 영역에서 민족국가의 담벼락을 치워 버린 것이라 했죠. 근데 이 지구적 시장은 그 이전에 존재했던 '세계 시장world market'과는 전혀 다른 거예요. 이 둘 사이의 차이를 이해해야만 세계 시장으로부터 지구적 시장으로의 이행이라는 거대한 전환을 이해할 수 있어요. 잠시 둘 사이의 차이를 짚어 볼게요.

우선 세계 시장부터 살펴볼까요?

세계 시장의 중심은 '민족국가national state'라는 단위예요. 민족국가는 '하나의 민족이 하나의 국가를 만든다.'는, 베네딕트 앤더슨Benedict Anderson의 표현을 빌자면 근대에 만들어진 '상상의 공동체imagined community'예요. 명확하게 그어진 영토 내에 존재하는 사람들이 '민족'이라는 가치 아래 집단 간 차이를 무시하고 모이는 거죠. 구성원들 간에 어떤 차이가 있든 상관없이 한국 민족, 중국 민족, 일본 민족이라는 가치 아래 모두가 하나로 통합된 공동체로 살아가는 거예요. 그래서 민족국가를 규정할 때 명확하게 그어진 영토가 아주 중요한 요소가 되죠. 결국, '국경'이 스스로의 정체성을 규정하는 데 가장 핵심이 되는 거예요. 정치도, 민족도, 문화도 국경을 기준으로, 영토 중심적으로 형성된 정체성을 갖게 되는 거죠.

세계 시장은 바로 이런 발상 아래 건설된 체제예요. 그런데 이 체제는 민족국가가 자급자족적으로 존재한다는 전제 아래 움직여요. 이런 점에서 세계 시장은 앞에서 살펴본 '내수 중심'의 브레튼우즈 체제와 긴밀한 친화력을 지니고 있죠. 민족국가를 단위로 자급자족을 전제로 하기 때문에 이 세계 시장에서 유일하게 의미를 갖는 행위자는 민족국가뿐이에요.

이에 반해 지구적 시장, 즉 글로벌 마켓은 시장이 전 지구적 차원의 상호의존적인 행위자들로 연결되어 있어요. 역사적으로 보면 'world'를 대체한 'global'이란 용어는 1960년경에야 사람들 사이에 쓰이기 시작했어요. 세계가 상호의존적이 되는 과정이란 뜻을 담은 '글로벌라이제이션'이란 용어가 처음 등장한 건 1959년이었고, 1961년에야 사전에 수록되었죠. 관련해서 세계가 상호의존적이 될 때 생겨나는 사회적 조건을 의미하는 'globality,' 우리말로 '지구성' 정도로 번역되는 이 용어는 1980년대에 들어와서야 쓰이기 시작했어요. 역사를 보면 'global'이란 용어 자체가 새로운 시대를 설명하기 위해 새롭게 쓰이기 시작했다는 것을 알 수 있죠.[1]

이 글로벌 마켓의 특징은 민족국가 외에도 유의미한 또 다른 다수의 행위자들이 존재한다는 점이에요. 여러분도 다 아는 행위자죠.

첫째, 국제기구예요. 세계무역기구, 국제통화기금, 세계은행 등은 워싱턴 컨센서스 체제의 핵심 기구죠. 국경을 넘어 적용될 수 있는 무역 및 금융 규칙들을 정해 실행에 옮기고 이를 위반하는 국가들을 규제하는 역할을 해요. 예를 들어, 무역에선 동일 수입 품목에 대한 동일 과세, 회원국 간 관세 차별 금지, 국내 상품과 수입 상품 간의 차별 금지 같은 규정들이 세계무역기구를 통해 규제되고, 금융 부분에 있어선 노동시장 유연화, 긴축 재정 유지, 공공부문에 대한 지출 제한 등과 같은 조치들이 돈을 대출해 간 국가에서

---

1 Jan Aart Scholte, 「Defining Globlaization」 『The World Economy』, 2008, pp.1472~1473.

실행되며 국제통화기금과 세계은행이 이를 감독하죠.

둘째, '초국적 기업transnational corporations'이에요. 지금은 '글로벌 기업'이라 부르기도 하죠. 초국적 기업은 한때 '다국적 기업multinational corporations'이라 불렸어요. 이름에서 알 수 있듯 몇 개의 국적을 지닌 기업이니 이때만 해도 여전히 자본에 국적이 있었다는 표시죠. 그런데 지금은 '초국적'이라 불려요. '초국적'이란 표현에서도 알 수 있듯이 요즘 자본은 과거에 달고 있던 국적이라는 꼬리표를 완전히 떼 버리고 국경을 넘나들며 활동하고 있죠. 우리 일상에서 친숙한 초국적 기업들의 예를 들어 보면 나이키Nike, 애플, 페이스북, 구글, 삼성 등이 있어요. 다국적 기업에서 초국적 기업으로 바뀐 이 호칭의 변화야말로 지구화 현상의 속도와 힘을 그대로 보여 주고 있다는 생각이 들어요.

이제 초국적 기업은 그 규모 면에서 한 국가보다 더 큰 영향력을 가진 존재가 되어 가고 있어요. 2011년 『이코노미스트The Economist』지는 세계에서 가장 많은 사람들을 고용한 단일 조직 순위를 발표했는데, '월마트Wal-mart'가 210만 명, 맥도날드가 170만 명으로 각각 3위와 4위를 차지했어요. 1위는 320만 명을 고용한 미국 국방부, 2위가 230만 명의 중국 인민해방군이었죠.[1] 일개 사기업의 고용 규모가 두 강대국의 군대 규모 바로 다음 순위인 거예요. 또 다른 예를 볼까요? 월마트의 한 해 매출액은 아르헨티

---

1 「Who are the world's biggest employers?」, 『The Economist』, 2011. 9. 2.

나의 한 해 국내총생산GDP보다 커요. 양자의 단위가 달라 직접 비교하는 건 의미가 없지만 초국적 기업의 규모가 얼마나 큰지 직관적으로 알 수 있는 예죠.

2000년대 이후 대다수의 학자들은 공통적으로 초국적 기업을 지구적 불평등을 심화시키는 주범들 중 하나로 지적해요. 이유가 뭘까요? 문제는 이 초국적 기업들이 국가의 경계를 넘어 정치적으로 '통제할 수 없는 흐름들의 공간uncontrolled space of flows'에서 작동하고 있기 때문이에요.[1] 그 이유는 다음에 더 자세히 설명할게요.

요약하면, 세계 시장의 행위자가 민족국가라는 단위라면, 국가의 경계를 허물고 있는 지구적 시장은 새로운 두 행위자, 강력한 국제기구와 초국적 기업을 낳았어요. 그리고 이제 초국적 기업은 국가와 동등한, 어떤 측면에선 국가보다 훨씬 더 강력한 경제적 행위자로 등장했죠. 개별 국가는 세계무역기구가 만들어 낸 경제 질서 아래서 더 이상 국내 상품과 수입 상품을 차별할 수 없고, 노동 등과 관련된 국내 정책은 초국적 기업들의 눈치를 봐야 하는 신세가 되어 버렸죠. 세계통화기금이나 세계은행의 지원을 받으려면 워싱턴 컨센서스라는 획일적 처방이 담긴 '경제 구조 조정 프로그램'을 예외 없이 받아들여야 하고요. 이 프로그램은 각 국가의 경제적 맥락을 전혀 고려하지 않고 적용되는, 일종의 패키지식 프로그램이에요. 왜 국가의 맥락을 고려하지 않느냐고요?

---

1 Zygmunt Bauman & Carlo Bordoni, 『*State of Crisis*』, London: Polity, 2014, pp.11~12.

이유는 간단해요. 동일한 원칙들로 경제 질서를 세워야 '통합된' 지구적 시장이 구축될 수 있으니까요. 국가는 달라도 같은 원칙을 무차별적으로 작동시키고자 하는 그들의 의도를, 한 국가가 경제적으로 어려움에 처했을 때, 한 국가가 경제 개발에 돈이 필요할 때를 이용해 강압적으로 요구했던 거죠. 우리나라 역시 1997년 금융위기 때 국제통화기금이 부여한 이 구조 조정 프로그램을 일방적으로 받아들일 수밖에 없었어요. 어떤 이들은 그 당시 행해진 '노동시장의 유연화', 다른 말로 대량 해고와 무분별한 비정규직의 확대 때문에 정부를 원망하기도 했지만, 우리 정부로서는 선택의 여지가 없었던 거였어요. 우리나라에서 평생 고용 제도는 이렇게 사라졌던 거예요.

이런 지구적 시장 질서를 워싱턴 컨센서스라 부르는 이유는, 이런 동일한 원칙을 고집하는 국제금융기구와 세계은행의 본부가 바로 워싱턴에 있기 때문이에요. 모든 개인들과 국가들의 상호의존성을 전제로 하는, 지구적 시장을 향한 거대한 전환은 이렇게 일어났던 거죠. 이게 흔히들 말하는 '신자유주의' 탄생의 역사적 배경이에요.

'누가', '왜' 복지국가를 걷어차 버렸나?

———

자급자족적 경제에서 상호의존적 경제로의 전환, 세계 시장에서 지구적 시장으로의 전환은 자본이 국적의 꼬리표를 떼는 계기가 되었어요. 자본이 자신이 태어난 영토를 버리고 다른 곳으로 이전할 수 있다는 것은 복지국가에겐 커다란 타격이었죠. 이들에게 많은 세금을 부과할 경우 세금을 덜 내는 곳으로 보금자리를 옮겨 버릴 가능성이 생긴 거니까요. 근데 가능성만이 아니었어요. 실제 미국의 사례를 볼까요? 2005년 기준으로 세계 500대 기업 중 176개가 미국 영토에 헤드쿼터headquarter라 불리는 '본부'를 두고 있었어요. 이 본부들의 위치가 중요한 이유는 본부가 있는 곳에 많은 세금을 내기 때문이에요. 그런데 이 숫자가 2010년엔 139개로 줄어들어요.[1] 5년 사이에 기업의 순위가 바뀐 것도 있겠지만 일부 기업이 미국 영토를 떠나 버린 게 문제였어요. 5년 사이에 최대 37개의 기업이 영토를 떠나 버린 상황이니 국가가 자본을 통제하는 일은 점점 어려워졌죠.

하지만 1980년대 이후 복지국가의 쇠퇴, 제1 기계 시대가 만든 서로를 위한 보호 체계의 약화를 '국가가 자본에 대한 통제력을 잃었다.'는 이 하나의 요소만으론 설명할 수 없어요. 여러 전문가들이 지적하듯이 이 쇠퇴는 여러 요소들이 얽혀 들어 '중층 결정'된 것이니까요. 그럼에도 이 쇠퇴를 설명하는 가장 중요한 요소를 짚어 내라고 한다면 우선 산업사회에서 포스트산업사회(소비사회)로의 이행을 들 수 있겠네요. 이 시기에 일어난 제조업, 즉 생산이

---

1 Steger, 『Globalization』.

중심이 된 사회로부터 서비스업, 즉 소비가 중심이 된 사회로의 급속하고도 거대한 이행은 엄청난 사회변동을 동반했어요.[1]

더불어 서구 사회에서는 산업사회가 쇠퇴하면서 생산의 중심 역할을 하던 노동자 계급 역시 쇠퇴했죠. 무엇보다 산업구조가 바뀌면서 노동계급이 분화되어 전통적인 노동계급을 구성하는 숫자 그 자체가 줄어들었어요. 예를 들어, '경제협력개발기구(OECD)' 회원국 노동자들의 노동조합 가입률이 1980년대 초반엔 50%가 넘었는데 2010년 이후엔 30%대 중반으로 하락했죠.[2] 우리나라 같은 경우에도 1987년부터 1988년 사이 노동조합 조직률이 거의 20%에 이르렀지만 2000년대에 들어와선 9~11% 안팎을 유지하고 있어요.[3] 우리나라의 경우 다른 국가들에 비해 노동자들의 정치적 영향력이 크지 않았는데 그 역할이 더 축소되어 버린 거죠.

사회에서 영향력을 발휘하는 집단의 구성원 숫자가 줄어들면 어떻게 될까요? 자연스럽게 그 집단이 가진 정치적 영향력 역시 줄어들게 되겠죠. 노동자 계급의 수가 감소함에 따라 복지 정책과 민주주의 차원에서 중심축을 이루던 그들의 정치적 영향력 역시

1 이 변동에 대한 분석은 주로 Crouch, 『Post-democracy』 3장과 Bauman, 『Work, Consumerism and the New Poor』 3장을 참고했다.

2 Jelle Visser, 「ICTWSS: Database on Institutional Characteristics of Trade Unions, Wage Setting, State Intervention and Social Pacts in 34 countries between 1960 and 2012」, Amsterdam: Amsterdam Institute for Advanced Labour Studies, 2013. 남윤민, 「서구 산업 국가들의 노동조합은 왜 쇠퇴하고 있는가?: 세계화와 국내 요인의 영향력 비교와 그 변화」, 『국제정치논총』 58(4), 8~9쪽에서 재인용.

3 방하남, 「한국의 사회동향 2009-노동」, 『한국의 사회동향 2009』, 통계개발원, p.130.

쇠퇴를 겪었어요. 경제적인 역할의 축소가 정치적인 역할의 약화로 이어졌던 거예요. 더 심각한 문제는 이런 구조적 변동으로 인해 국가와 자본이 '복지'라는 대의 아래 협력할 수 있었던 중요한 요소가 사라져 버렸단 점이에요. 산업사회는 노동력으로 투입할 수 있는 안정적이고 건강한 구성원이 늘 필요하죠. 결국 자본 역시 복지라는 대의를 지지해야만 하는 실질적 이유가 있었던 거예요.

그러나 지구화의 확산 아래 운영되는 포스트산업사회에선 상황이 완전히 바뀌어 버렸어요. 국가의 경계 '밖'에 값싼 노동력이 '늘' 대기하고 있기 때문이에요. 국가 간의 경계가 허물어져 버렸기 때문에 가능한 일이죠. 자본이 값싼 노동력을 국가 밖, 즉 해외에서 손쉽게 얻을 수 있게 되었으니 국내 노동자들을 보호할 필요가 사라져 버린 거죠. 이제 복지국가에서 보호하고자 했던 산업시대의 주요 노동력들은 소비시대의 자본에겐 더 이상 필수적이지도 매력적이지도 않은 자원으로 전락해 버렸어요.

이런 사회구조의 변동을 이해하면, 자본과 국가가 '지구적 시장'의 형성에 서로 합의하게 된 이유도 자연스럽게 이해할 수 있어요. 이런 배경에서 시작된 신자유주의는 경제적 지구화가 모두에게 이익을 줄 것이라 약속하며 자신의 이데올로기를 강화해 나갔어요.[1] 더하여 '시장이 정부보다 더 효율적이다.'는 말로 정부가 담당하고 있던 공공산업, 교통, 통신, 의료, 교육, 전기, 수도 분야

---

1 Steger, 『*Globalization*』, pp.111~112.

등을 민영화하라고 요구했죠. 복지부동의 관료들이 운영하는 공공산업은 비효율적일 뿐만 아니라 부패의 원천이라며, 민간이 운영하게 되면 이런 문제들이 사라지게 될 것이라는 논리를 펴기도 했고요. 만약 민영화를 할 수 없다면 민간에 위탁이라도 해야 한다는 게 하나의 통합된 시장을 원했던 이들의 일관된 주장이었어요. 그리고 지금 여러분은 이 모든 주장이 현실화된 세상에 살고 있는 거예요. 그 결과는 여러분 모두가 알다시피 복지국가의 쇠퇴로 나타났어요. 서구 사회와 우리나라의 다른 점은, 우리의 경우엔 복지국가의 경험 없이 바로 민영화와 민간 위탁의 시대로 넘어갔다는 거죠.

그런데 이런 현실을 마주하며 우리가 던져야 할 또 다른 중요한 질문이 있어요. '지구화 시대에 벌어진 복지국가의 쇠퇴가 국가와 자본의 결탁만으로 가능했던 것일까?' 폴란드 출신의 세계적인 사회학자 지그문트 바우만Zygmunt Bauman이 지적하듯, 오히려 우리가 던져야 할 더 핵심적인 질문은 '어떻게 복지국가의 쇠퇴를 주도하는 신자유주의적 논리들이 순식간에 커다란 저항 없이 사람들에게 받아들여질 수 있었는가?'가 아닐까 해요.[1] 이 과정에서 커다란 저항이 없었다는 사실은 복지국가의 수혜자들이 국가와 자본의 주장에 명시적 혹은 암묵적으로 동의했다는 것을 의미하니까요.

---

1 Bauman, 『*Work, Consumerism and the New Poor*』, p.51.

그렇다면 어떻게 이런 일이 가능했을까요? 영국 출신의 사회 이론가 데이비드 하비David Harvey의 용어를 빌리자면, 사람들이 '올바른 이해good sense'가 아닌 '공유된 이해common sense'를 통해 자신들에게 불리한 주장에 스스로 동의하게 된 이유는 무엇일까요?[1] 영국의 사회학자 콜린 크라우치Colin Crouch의 지적처럼, 사회·경제적 안정을 보장받을 수 있는 시민권을 '상품화'하는 데 왜 복지국가의 수혜자들이 동조했던 것일까요?[2] 더 극적으로 독일의 정치학자 클라우스 오페Claus Offe가 던진 질문처럼, 어떻게 "복지국가에 반대하는 민주주의Democracy Against the Welfare State"[3]라는 아이러니가 탄생할 수 있었던 것일까요? 이 책을 통해 우리가 묻고 있는 질문으로 바꾸자면, 어떻게 제1 기계 시대를 거쳐 온 사람들이 자신들이 어렵게 구축해 놓은 '서로를 위한 보호'라는 체계를 약화시키는 데 스스로 동의했던 걸까요?

이와 관련해선 다양한 설명이 가능할 거예요. 실제 몇 가지 설명이 존재하죠. 예를 들어, 평범한 사람들이 너무 지나친 세금을 내는 데 지쳤다는 주장이 있어요. 너무 많은 세금 부담에서 벗어나고자 복지 해체에 동의했다는 거예요. 복지 혜택을 덜 받는 사람일수록 더 많은 세금을 내야 하는 상황이니 어느 정도 설득력

---

1 David Harvey, 『*A Brief History of Neoliberalism*』, Oxford University Press, 2005, p.40.

2 Crouch, 『*Post-democracy*』, pp.78~103.

3 Claus Offe, 「Democracy against the welfare state?: Structural foundations of neoconservative political opportunities」, 『*Political Theory*』 15 (4): 501~537(1987) 참조.

있는 주장이라 할 수 있죠. 하지만 여러분과 함께 주목해 보고자
하는 설명은 '복지국가의 수혜를 받고 자라난 세대, 특히 만족스
러운 삶을 사는 다수 중산층의 자신감'이 그 주요한 요인이라는
바우만의 분석이에요. 바우만은 과거 산업사회에 살았던 복지국
가 초기의 중산층들은 빈곤하지 않았음에도 국가가 사회적 약자
들에게 안전망을 제공하는 데 동의했다는 사실에 주목해요. 그렇
다면 왜 이 시기의 풍요로운 중산층들이 복지국가를 지지했던 걸
까요? 이들이 요즘 사람들보다 훨씬 더 이타적이었기 때문일까
요? 여기에 대해 바우만은 이렇게 말해요.

> "여러 가지 요인이 있을 수 있지만, 이렇게 행동했던 진정
> 한 이유는 '자신감의 부족lack of self-confidence' 때문이었다. 그
> 럭저럭 지금껏 자립을 유지했다 하더라도 그 행운이 영원
> 히 지속될지 어떻게 알 수 있겠는가? 그들을 둘러싼 세계는
> 그 어떤 번영이라도 공평하지 않고, 고르지 못하며, 황폐해
> 질 수 있는 것이었다. (…) 안전함이란 개인의 성실한 노력
> 이 부릴 수 있는 마법보다 더 강력하고 믿을 만한 토대를 필
> 요로 하는 것 아닌가? 이는 매우 타당한 의문이었고 그 답
> 은 오로지 하나였다." [1]

이런 바우만의 분석은 자유주의 분배이론의 고전이라 할 수

---

1 Bauman, 『*Work, Consumerism and the New Poor*』 p.56.

있는 존 롤스John Rawls의 『정의론*A Theory of Justice*』(1971)과 거의 유사해요. 합리적인 인간이라면 미래의 전망에 대한 정확한 정보가 없을 때 최소한의 안전망을 확보하고 그 안전망을 극대화할 것이라고 생각하는 거죠. 이를 최소의 극대화, '맥시민의 원칙maximin principle'이라 부르죠.

하지만 복지국가의 혜택을 받고 자라난 새로운 세대들은 부모 세대들과 다르게 생각했어요. 풍요의 시대와 사회적 안전망을 경험한 적이 없던 부모 세대들은 자립을 했다고 해도 그 성공이 얼마나 지탱될 수 있을지에 대해 확신이 없었죠. 아무런 보호망 없이 두 차례 커다란 전쟁을 경험한 세대로서 이들이 느끼는 불안감은 충분히 이해할 만한 것이었어요. 반면 부모 세대가 어렵게 마련한 복지국가에서 '사회의 보호'를 받으며 자라나 늘 자기 확신에 차 있던 새로운 세대에게 이런 불안과 자신감의 결여는 찾아보기 어려운 것이었어요. 복지국가가 만들어 낸 새로운 세대는 자신들이 입었던 복지의 혜택이 오늘날의 자신들을 만들었다는 사실에 대해 망각하기 시작했던 거예요.

바우만은 '차별철폐조치affirmative action'를 통해 사회적 성공을 이룬 이들이 거꾸로 '차별철폐조치'의 철폐에 앞장서는 현상을 그 예로 들어요.[1] 여러분 혹시 워드 코넬리Ward Connerly라는 이름을 들어 본 적이 있는지요? 코넬리는 '역차별을 철폐하자.'는 주장으로 미국 주의회에 당선된 최초의 민주당 의원이었어요. 여기서 주

---

1 Bauman, 같은 책, pp.59~62.

목해야 할 건 그가 공화당도 아닌 민주당 의원이란 점이죠. 심지어 코넬리는 아프리카계 미국인인데도 '차별철폐조치 폐지 운동'으로 유명해졌죠. 그는 차별철폐조치가 성공을 위해 노력한 많은 아프리카계 미국인들의 성공을 평가절하한다고 주장했어요. 이런 주장에 아프리카계 미국인 중산계급들이 동조했던 거예요. 이런 주장을 향해 바우만은 뉴욕대학 로스쿨의 통계조사 자료를 근거로 반박하죠. "미국 로스쿨에 입학한 전체 흑인 학생 3,435명 가운데 시험 성적만으로 입학할 수 있었던 학생은 687명뿐이었다." 현실이 이런데도, 성공한 다수의 아프리카계 미국인 중산계급들이 어이없게 차별철폐조치 폐지에 동조했던 거예요.

그렇다면 왜 이런 현상이 나타나는 걸까요? 그 이유는 우리들 대다수가 자신이 이룬 성공을 오로지 자기 노력만으로 얻었다고 믿고 싶어 하기 때문이에요. 앞선 차별철폐조치의 사례처럼 말이죠. 이런 생각을 바탕으로 결국 자신의 성공을 만들어 준 사다리를 다음 세대들이 쓸 수 없게 걷어차 버리는 역설적 현상이 나타난 거예요. 바우만은 이처럼 복지국가가 만들어 낸, 자신감에 넘치는 세대가 복지의 힘을 평가절하하고 자신의 노력과 재능만으로, 국가의 도움 없이도, 시장을 통해 충분히 자신을 보호할 수 있다고 믿는 일이 일어났다고 분석하죠. 이런 바우만의 분석은 복지국가의 수혜자들이 스스로 복지의 축소에 동의하게 된 주요 원인을 잘 설명하고 있어요.

영국의 신노동당이 당헌 제4조 "육체노동자나 정신노동자가 충분한 근로의 대가와 가장 공정한 분배를 보장받으려면 생산·분배·교환 수단의 공동소유라는 바탕 위에서 모든 산업과 서비스를 대중이 관리하고 통제하는 체제가 확립돼야 한다."는 국유화 조항을 폐지하며 등장했을 때, '블레어리즘blairism'이라 불리며 폭발적인 호응을 받았던 사실만 봐도 알 수 있죠. 당시 영국 총리였던 토니 블레어Tony Blair에 대한 열광은 복지국가의 수혜자들이 '국가의 보호에서 벗어난다면 모든 이들이 더 많은 이익을 얻을 것'이라는 신자유주의 이데올로기를 스스로 받아들일 준비가 되어 있었다는 걸 보여 주는 명확한 사례예요. 이런 자발적 동조가 있었기에, 신자유주의 이데올로기는 단순히 강력한 이데올로기가 아니라 당대의 전 지구를 움켜쥔 '지구적 헤게모니hegemony'[1]로 발전할 수 있었던 거예요.

신자유주의 시대의 윤리 : 네 삶은 네가 책임져야 한다!

———

모든 사람들이 혜택을 누릴 것이라는 약속을 담은 '지구적 시

---

1 우두머리의 자리에서 전체를 이끌거나 주동할 수 있는 권력. 헤게모니는 일종의 이데올로기로서 그 핵심은 자발적 동의다. 예를 들어 '기업이 살아야 노동자도 산다.'는 논리에 많은 사람들이 자발적으로 동조한다. 자발적 동의로 만들어진 이데올로기일수록 그 지배적 지위를 견고하게 지속시킬 수 있다.

장'은 이렇게 도래했어요. 그럼 정말 그들의 말대로 모든 사람들이 혜택을 누렸냐고요? 이 이야기는 다음 장에서 할 기회가 있을 거예요. 지금은 이 거대한 시장과 함께 지구적으로 확산된, 여러분에게 너무 익숙한 '지배 윤리'에 대해 이야기해 보려 해요. 어떤 윤리냐고요? "네 삶은 네가 책임지는 것이다." 이거예요. 누군가는 이렇게 곧장 반문할 수도 있겠네요. 내 삶은 당연히 내가 책임지는 것 아니냐고요. 그렇다면 저는 이렇게 되묻고 싶어요. 왜 산업화 시대, 즉 제1 기계 시대의 사람들은 모든 사람들이 안전하게 지낼 수 있는 '사회복지'라는 보호 체계를 만들고 싶어 했던 걸까요?' 답은 명확하죠. '삶에는 때로 자기 스스로 책임질 수 없는 순간이 온다.'는 현실을 받아들였기 때문이었어요. 이때를 대비해 서로를 보호할 수 있는 튼튼한 집을 지으려 했던 거죠.

멀리까지 가고 싶진 않지만, 근대국가의 기원 자체가 사실 '내 생명을, 내 신체를, 내 재산을 스스로의 힘만으론 지켜 낼 수 없다.'는 현실을 받아들인 결과였어요. 여러분 혹시 '사회계약론'이라고 들어 보았나요? 아마 여러분 대다수가 한 번쯤은 들어 보았을 거라 생각해요. 바로 이 사회계약론이 이런 현실에 바탕을 둔 이론이에요. 제1 기계 시대가 구축한 복지국가는 어떻게 보면 가장 완성된 형태의 사회계약이었죠. 근대는 인류의 진보에 대한 믿음의 시대라고 할 수 있어요. 진보에 대한 이런 믿음은 인간의 삶이 계속 나아질 것이라는 희망을 담고 있었지요.[1] 이런 희망 속에는 우

---

1 Zygmunt Bauman & Carlo Bordoni, 『State of Crisis』 4장 참조.

리가 서로를 보호할 것이라는 믿음 또한 담겨 있었던 거예요.

단단한 자물쇠처럼 보이던 이 계약을 풀기 위한 패스워드가 바로 '내 삶은 내가 책임진다.'는 윤리의 지구적 확산이었어요. 그렇다면 어떻게 이런 믿음이 탄생했냐고요? 물론 그 중심에 신자유주의라는 이데올로기가 있었죠. 일말의 과장도 없이, 신자유주의는 진정으로 복지국가가 모든 악의 근원이라고 말해요. 더 놀라운 점은 이런 발상이 좌파들의 생각에도 스며들어 있다는 점이죠. 토니 블레어가 속한 '신노동당'의 지침서라고 할 수 있는 『제3의 길The Third Way』의 한 대목을 들여다볼까요?

> "복지국가는 '그것의 예정된 수혜자, 즉 취약하고 불리한
> 입장에 처해 있는 불행한 사람들에게 엄청나게 파멸적인
> 해악을 끼친다. (…) 남성과 여성 개개인의 진취적 자립정신
> 을 마비시키고 우리 자유 사회의 기반 바로 그 밑에 위험하
> 고도 폭발적인 분개심을 설치해 놓는다."[1]

복지야말로 개인들이 스스로 책임지며 살아가려는 도덕적 가치를 타락시킨다는 주장이, 영국 노동당의 지침서에 이렇게 버젓이 자리 잡고 있었던 거죠. 심지어 '우리 자유 사회의 기반 아래 깔린 폭발적인 분개심'이라니, 신자유주의가 복지에 대해 품고 있는 적대감이 고스란히 드러나는 구절이에요. 그렇다면 이제 국가

---

[1] Anthony Giddens, 『*The Third Way: The Renewal of Social Democracy*』, Polity, 1998, 1장 참조.

대신 어떤 존재가 개인을 도와줄까요? 신자유주의자들은 그 존재가 바로 성장이라는 열매가 끊임없이 조달되는 '시장'이라고 말해요. 안정적으로 시장 안에서 살게 해 주기만 하면 국가가 개인에게 해 줘야 할 일은 다했다는 거죠.

아무런 도움 없이 시장 안에서 살다 보면 능력 있는 자들은 더 부유해지고 그렇지 못한 자들은 가난해지는 게 당연한 순리죠. 시장주의자들에게 불평등은 결코 중요한 문제가 아니에요. 그럼 가난에서 벗어날 길이 없냐고요? 있어요. 시장주의자들은 여러분에게 이렇게 말해요. '너무나 명확한 길이 있다. 열심히 일하면 된다.' 이게 바로 시장주의자들이 말하는 진취적 자립정신이에요. 이런 발상이 신자유주의를 출발시킨 '대처리즘Thatcherism'에 고스란히 묻어 있어요.

그런데 놀라운 건 세계 곳곳에서 신자유주의에 반대하던 좌파들이 이 정신을 물려받았다는 거예요. 그 실체가 바로 '제3의 길'이었죠. '제3의 길'은 좌파와 우파를 아우르는 중도파 입장에서 제시한 경제·사회정책을 일컫는 용어예요. 영국의 신노동당에서 권력을 잡았던 토니 블레어를 위해 앤서니 기든스Anthony Giddens라는 유명한 사회학자가 만들었던 정책의 틀이 바로 이 '제3의 길'에 담겨 있어요. 블레어는 노동당의 당수였음에도 노동자들을 보호하고자 했던 케인스식 처방에 의심을 품고 있었죠. 그는 오히려 시장주의자들이 내세우던 '경쟁'과 '부'를 더 중요한 요소로 보았어요. 그러면서 평범한 사람들에게 이렇게 말했죠. '네 삶을 스스로 책임질 수 있는 능력을 길러라.', '복지 혜택을 받고 싶다면 일하고 싶다는 의지를 노동으로 증명하라.' 실제로 이들이 어떻게 말했는지 기든스의『제3의 길』에 나오는 한 구절을 살펴볼까요?

"정부, 기업, 노동시장에서 '책임 있는 위험 부담자들'로 이루어진 사회를 개발하기 위해, 사회민주주의자들은 복지국가에 수반되는 위험성과 안전 사이의 관계를 변화시켜야만 한다. (…) 국민들은 잘못된 일이 일어났을 경우 국가의 보호가 필요하지만 스스로도 인생에서 주요한 전환기를 통과할 수 있는 물질적, 도덕적 능력이 필요하다. (…) 불평등의 확대는 구조적 변화가 불러일으킨 것이므로 해결하기 쉽지 않다. 사회민주주의자들은 무엇이 평등인가를 다시 생각해야 할 뿐만 아니라 과거에 종종 불평등에 집착했던 강박관념으로부터 벗어나야 한다."[1]

이 구절은 좀 길지만 함께 읽어 볼 가치가 있어요. 이 문장들 속에 담긴 요점은 세 가지로 요약할 수 있어요. 첫째, 복지국가와 시민들 사이의 관계 전환이 필요하다. 둘째, 어려운 일이 닥쳤을 때 국가보다는 개인이 가진 물질적, 도덕적 능력에 기대야 한다. 특히 이 부분에 유의해야 해요. 과거 복지국가는 구성원들이 위험에 닥쳤을 때 전적으로 보호해 주었지만 이제는 이 보호망에 더 이상 의지해서는 안 된다는 점을 아주 그럴듯하게 묘사하고

---

1 Giddens, 『*The Third Way: The Renewal of Social Democracy*』 p.100.

있는 거죠. 셋째, 이런 과정에서 생겨나는 불평등은 구조적 문제이니 해결하기 어렵다. 그러니 불평등에 집착하지 마라. 놀랍지 않나요? 그런데 더 놀라운 건 이어지는 구절들이에요.

> "정부는 '평생교육'을 강조하고, 개인들이 어린 나이에 시작해서 일생 동안 지속할 수 있는 교육 프로그램을 개발해야만 한다. 직업을 바꾸는 데 특별한 기술 훈련이 많이 필요하긴 하지만, 더 중요한 것은 상황을 인식하고 정서적으로 받아들이는 능력을 개발하는 것이다."[1]

요즘 사회는 평생교육을 엄청나게 강조하죠? 과거에는 대학 공부가 교육의 끝이었다면, 이제는 스스로 평생교육을 받으며 세상을 헤쳐 나갈 기술과 지혜를 습득하라는 거예요. 이를 위해 정부가 해야 할 일은, 자신의 삶은 스스로 책임져야 한다는 사실을 사람들이 순순히 받아들이도록 만드는 것이라 규정하고 있는 것이죠.

이후 영국의 복지 정책은 소위 '일하는 자들의 복지'로 옮겨 가게 돼요. 근데 이 일하는 자들의 복지라는 게 참 역설적이에요. 일할 능력이 있는 사람과 그렇지 못한 사람, 누가 더 복지가 필요할까요? 더 나아가 복지에 근로라는 조건이 붙으면, 위기에 처한 사람들은 복지 혜택을 받기 위해서라도 부당한 노동조건을 받아들여야 할 수도 있어요. 혹시 켄 로치 감독의 「나, 다니엘 블레이

---

1 Giddens, 같은 책, p.101.

크I, Daniel Blake」(2016)라는 영국 영화를 봤나요? 그 영화가 바로 이런 이야기를 담고 있어요. 아픈 노동자가 일할 수 없음을 증명해야 하는 상황과, 증명하지 못했을 때 맞게 되는 한계상황을 적나라하게 드러내고 있지요.

그래봤자 남의 나라 이야기 아니냐고요? 과연 그럴까요? 지금 우리나라의 복지 시스템이 바로 이 '제3의 길' 모델과 연계되어 만들어졌다는 걸 알고 있나요? 현재 우리나라 복지 체계는 김대중 대통령이 내세웠던 '생산적 복지'라는 발상 아래 지어졌어요. 제3의 길을 조금 변형시킨 이 정책 역시 '일을 통한 복지 구현'이라고 해서, 일하는 자들을 위한 복지 모델이죠. 그래서 무엇보다 자활과 자립이 강조돼요. 차이가 있다면 우리는 복지국가를 경험하지 못한 상태에서 처음으로 복지 시스템을 짓기 위해 이 모델을 도입했다면, 서양의 경우엔 이 모델이 복지국가를 해체하는 데 쓰였다는 점이에요. 하지만 우리 역시 이 시스템을 도입한 지 20년이 넘었으니 변화가 필요한데 사실상 변함없이 그대로 유지되고 있지요. 도입할 때는 두 나라의 맥락이 달랐지만 시간이 지나며 같은 맥락으로 수렴하고 있는 상황인 거죠.

'자기 인생은 자신이 책임지는 것이다.'는 윤리에 담긴 핵심적 발상을 한마디로 정리해 볼까요? '삶이 위험에 처했을 때 국가에 요구하기보다는 스스로 그 위기를 넘어서야 한다.' 결국 국가가 보호의 책임을 개인에게 떠넘기는 거죠. 실제로 이 윤리가 작동하며 국가는 원래 맡고 있던 보호의 기능을 제공하지 않으면서 국가의 권리만을 주장하는, 바우만의 표현을 빌자면 '국가 없는 국가주의'만 남는 상황에 이르게 되었어요. 특히 이 윤리와 함께 성장한 세대, 유럽에서는 Y세대, 미국에서는 밀레니엄 세대에 해당하는 이들은 자신들의 삶이 대공황 이후 그 어느 세대보다 더 어려운 상황에 처했음에도 국가에 아무것도 요구하지 않는, 역사적으로는 거의 없었던 기이한 일이 일어났던 거예요.

실제 2019년『월스트리트저널』은, 미국에서 가장 많이 교육받은 밀레니얼 세대(1981~1996년 출생자)가 아이러니하게도 대공황 이후 가장 가난한 세대가 되었다고 보도했죠. 이 세대는 자산 면에선 X세대(1965~1980년 출생자)보다 40%, 베이비부머 세대(1946~1964년 출생자)보다 20% 적고, 임금 또한 X세대에 비해 18%, 베이비부머 세대보다 27% 더 적다고 해요.『밀레니얼은 왜 가난한가Total Propaganda』(2007)의 저자 헬렌 레이저Helen Razer 같은 경우엔 아예 대놓고 밀레니얼 세대가 지난 100년 동안 가장 가난한 세대라고 단언하죠. 우리 사회 역시 크게 다르지 않다는 건 여러분도 아실 거예요. 이미 2016년부터 통계청 등에서 나온 여러 자료들이 지금의 20~30대들이 부모보다 가난한 첫 세대가 될 것이라 말하고 있으니까요.

그런데 대다수의 개인들은 세상이 이렇게 변한 이유를 알지 못한 채, 자신의 삶은 자신이 책임지는 것이라는 윤리를 당연한 것으로 받아들이고 있어요. 이제 개인의 실패는 사회구조적 문제라기보다 개인의 능력 탓이고, 더 이상 국가가 개입할 문제가 아니라 개인이 온전히 책임져야 할 일이 되어 버렸죠. '개인들이 더 넓은 시장에 들어가 스스로 진취적이고 자립적으로 살도록 하라.'는 지구적 시장의 이데올로기는 이렇게 도래했어요. 결과적으로 개인들은 '자기 책임'의 윤리를 내면화한 채 아무런 보호 장비 없이 지구적 시장에 내던져지고 말았던 거예요.

'포노 사피엔스'의 등장 : 스마트폰이 인류를 바꾸다

지구적 시장으로 개인들이 통합되는 데 가장 큰 기여를 한 윤리가 '자기 책임'이었다면, 한편에서 개인들에게 가장 많은 영향을 미쳤던 것은 스마트폰의 등장이었어요. 왜 스마트폰이냐고요? 스마트폰이야말로 국가 간 국경을 무력화시킨 대표적인 기술일 뿐만 아니라, 이 세계가 하나로 연결되어 있다는 사실을 모든 개인들에게 매일매일 확인시켜 주는 물건이기 때문이에요.

휴대폰이 전화 기능을 중심으로 한다면, 스마트폰의 핵심은 컴퓨터 기능이죠. 우리가 스티브 잡스를 위대하다고 평가하는 건 '손에 들고 다니는 컴퓨터'를 상상했을 뿐만 아니라 현실화했기 때문이고 더 나아가 이 스마트폰이 세계를 바꾸어 놓았기 때문이에요.

스마트폰이 사실상 처음 선보인 해는 2007년이었어요. 그러니까 15년도 채 되지 않았네요. 2007년 1월 9일, 미국 샌프란시스코의 맥월드 연단에서 당시 애플의 최고경영자였던 잡스가 작고 검은 물체 하나를 꺼내 들었어요. 최초의 아이폰이 선보이던 순간이었죠. 이 장면은 너무나 유명해서 아직도 회자되고 있죠. 잡스는 이렇게 말했어요. "자, 아이팟·전화·인터넷, 아이팟·전화·인터넷…. 아시겠습니까? 이제 이 기기들은 각자 다른 것들이 아닙니다. 바로 이 하나의 기기 '아이폰'에 다 들어가 있습니다."

당시 저는 뉴욕에서 박사 과정을 하고 있었는데요, 소호의 애플 스토어 앞에 아이폰을 구입하려고 사람들이 줄 서 있던 모습을 잊을 수가 없네요. 그때는 스마트폰이 어떤 물건인지 제대로 이해하지 못해서 왜 저렇게 줄까지 서서 사려고 하나 의아해했던 기억이 나요. 이 기계에 미쳐 있던 한 멕시코 친구는 이 물건이 세계를 바꾸어 놓을 거라고, 이 물건이 진화를 시작하면 우리 삶이 송두리째 바뀔 거라며 흥분하더군요. 저는 여전히 그 친구가 왜 그러는지 이해하질 못했죠.

"이제 이 작은 물건이 국경을 무력화시킬 거라고!"

"무슨 말이야?"

"생각해 봐, 네 손에 컴퓨터가 들려 있는 거라고. 우리가 컴퓨터에서 하는 모든 일들을 이 작은 폰으로 곧 다 할 수 있게 될 거라니까. 그러면 어떤 일이 일어날까? 전 세계 사람들이 이제 네트워크 위에서 다 연결되는 거야. 모든 사람들이, 언제 어디에 있든, 서로에게 닿을 수 있는 세계가 오는 거야. 두고 봐! 이게 세상을 뒤집어 놓을 거야."

하지만 당시에 전 '컴퓨터보다 비싸잖아! 이 비싼 기계를 사람들이 모두 손에 들고 다닌다고? 그게 말이 돼? 그런 일은 없을 거야.' 이렇게 생각했었죠. 물론 제가 완전히 틀렸다는 사실을 알게 되는 데에는 많은 시간이 걸리지 않았어요. 어느새 제 손 위에도 스마트폰이 놓여 있었고, 전화 대신 스마트폰을 이용해 친구들과 메신저로 이야기하고 영상통화로 얼굴을 마주 보는 시대가 도래했어요. 현재 스마트폰은 시간과 공간을 압축하며 지구상의 모든 사람들을 '분리되어 있지만 연결된 하나'로 만들어 내는 데 가장 중요한 역할을 하고 있죠.

스마트폰이 등장한 지 채 10년이 되지 않은 2015년, 영국에서 발행되는 『이코노미스트』지에 「스마트폰 행성Planet of the phones」이란 기사가 실려요. "스마트폰은 어디에나 있고, 중독되며, 변혁적이다."라는 부제를 달고 있었죠. 이 기사는, 2020년엔 인류의 80%가 스마트폰을 소유하게 될 것이라고, 많은 사람들이 스마트폰이 없을 때 불안을 느끼는 '노모바일폰포비아No mobile-phone phobia'를 겪게 될 것이라고, 스마트폰이 산업 전체를 바꾸어 놓을 것이라고, 더 나아가 보다 나은 민주주의를 만드는 데도 기여하게 될 것이라고, 변화는 시작되었고, 더 이상 스마트폰 없이 살 수 없는 새로운 인류 '포노 사피엔스Phono Sapiens'가 탄생했다고 선언하죠.[1] 이제

---

1 「Planet of the phones」, 『*The Economist*』, 2015. 2. 26.

사람을 뜻하는 '호모'의 시대가 아니라 '스마트폰과 결합된 인류'라는 의미를 가진 '포노'의 시대가 시작되었다고 말이죠.

지금 이 책을 보고 있는 여러분 곁에도 스마트폰이 있을 거예요. 폰의 잠금장치를 풀고 들어가 보세요. 그리고 스마트폰에 깔려 있는 '어플리케이션(앱)'의 종류를 보세요. 우리 생활과 밀접한 수많은 어플리케이션들이 보일 거예요. '스마트폰이 삶의 일부가 되었다.'는 현실을 바로 확인할 수 있죠. 또한 우리는 이 똑똑한 기계에 설치된 통신 플랫폼들을 이용해 지구 반대편에 있는 친구와 실시간으로 문자, 사진, 동영상 등을 주고받고, 얼굴을 보며 통화할 수도 있어요. '지구는 하나다.'라는 사실을 이보다 더 현실적으로 여러분에게 알려 주는 기술이 또 있을까요?

자본의 본질을 바꾸다 : 플랫폼 자본의 등장

아마도 대다수가 인정할 수밖에 없을 거예요, 스마트폰이 이제 우리 몸의 일부가 되었다는 사실을. 스마트폰이야말로 손에 들고 다니는 '뇌'이며, 스마트폰의 각종 앱이 제공하는 플랫폼은 우리 몸과 긴밀히 연결되어 있다는 사실을 말이죠. 스마트폰이 없으면 몸의 일부가 사라진 것 같은 느낌이 드는 것도요. 누군가는 이걸 '중독'이라고 하지만, 중독이라 하기에 스마트폰은 우리 신체와 너무 가깝고, 우리 뇌의 너무 많은 기능을 대체하고 있으며, 우리 삶의 너무 많은 부분에 녹아들어 있어요. 예를 들어, '나는 자연을 즐기고 있어.'라는 사실을 스마트폰으로 자랑하는 시대니까요.

그런데 이 스마트폰이 지닌, 우리를 '언제, 어디에서나 서로 연결해 주는 힘'이 자본주의의 본질까지 바꾸어 놓는 일이 일어났어요. 바로 '가파(GAFA)'로 대표되는 플랫폼 자본의 성장이에요. 가파는 구글, 애플, 페이스북, 아마존이라는 4개의 초국적 플랫폼을 지칭하는 약자예요. 이런 플랫폼 자본주의의 성장을 제일 쉽게 이해할 수 있는 예는 검색엔진이에요. 구글이나 '네이버', '다음'과 같은 것들로, 질문을 하면 필요한 정보를 제공해 주는 기업들이죠. 재미있는 건 사람들이 하는 질문에 대한 답을 이 기업들이 하는 게 아니라는 점이에요. 답을 하는 건 바로 '우리'예요. 우리가 질문하고, 우리가 답하는 건데, 이 기업들은 둘 사이를 연결만 시켜 주고 거기에 광고를 덧붙여 수익을 얻죠. 이제 구글은 세계의 모든 정보를 거의 장악하고 있는 듯 보여요. 구글에는 매일 35억 개의 질문이 쏟아진다는데요, 이 정보를 구글이 모두 축적하게 되는 거죠. 더불어 구글이 소유한 '유튜브YouTube'에도 매일 헤아릴 수 없이 많은 동영상들이 올라와 엄청난 양의 정보가 쌓여 가고 있죠. 사정이 이렇다 보니 구글은 이제 새로운 지식의 신으로 등극했어요. 이제 구글이나 네이버 같은 검색 매체들은, 개인들이 인터넷에서 검색하는 내용들에 대한 데이터와 인공지능 알고리즘을 활용해 우리가 좋아할 만한 물건, 비디오 영상 등을 미리 알려 줘요. 이런 기능을 활용하는 건 검색 매체뿐만이 아니에요. 이런 알고리즘에 가장 최적화된 플랫폼 서비스가 바로 '넷플릭스Netflix'예요. 넷플릭스에 접속하면 '당신이 좋아할 만한 영화'의 리스트를 쭉 뽑아서 우리 앞에 보여 주죠.

플랫폼 자본의 또 다른 대표적 형식은 '소셜미디어Social Media'라 불리는 산업이에요. '트위터twitter', 페이스북과 같은 것들이죠. 흥미로운 점은 트위터도, 페이스북도 유형은 미디어 기업인데 어떤 콘텐츠도 스스로 만들어 내지 않는다는 거예요. 기업은 연결을 위한 플랫폼만을 제공할 뿐, 사용자들이 콘텐츠를 채워 넣고 있죠. 이런 노동을 '부불노동不拂勞動', 쉽게 말해 임금을 지급하지 않는 노동이라고 해요. 페이스북에 글을 올린다고 해서 우리가 돈을 받진 않으니까요. 소셜미디어는 이런 부불노동에 개인들이 검색한 내용을 연결시켜 사용자들의 취향에 맞는 광고를 붙이는 형태로 돈을 벌죠. 소셜미디어를 하다 보면 자신이 다른 곳에서 검색한 내용들이 광고로 들어와 있는 걸 본 적이 있을 거예요. 재주는 곰이 넘고 돈은 다른 놈이 번다는 말이 있죠. 여러분이 재주를 넘기 위해 소셜미디어에 접속하면 이 기업들은 여러분의 게시글 옆에 광고를 붙여 돈을 버는 거예요. 2020년 기준으로 24억 9,800만 명이 페이스북을 이용하고 있어요. 사용자 한 명당 하루 평균 40분 정도 이용한다고 하니, 이 기업이 얼마나 많은 수익을 올리고 있을지 짐작이 가죠?

또 하나의 대표적 플랫폼 자본은 쇼핑과 관련이 있어요. 미국의 아마존과 중국의 '알리바바Alibaba' 같은 업체는 세계에서 가장 큰 유통업자들이죠. 이 플랫폼 덕분에 수많은 사람들이 쇼핑을 위해 오프라인 매장에 직접 가는 수고를 덜 수 있게 됐어요. 매장 없는 유통 업체가 등장한 거죠. 역설적으로, 오프라인 매장을 없애 버림으로써 전 세계에 걸쳐 가장 큰 매장을 가지게 된 거예요. 그 규모는 너무 막대한데요, 아마존의 경우 "월마트, 타겟, 메이시스, 크로거, 노드스트롬, 티파니앤코, 코치, 윌리엄스소노마, 테스코, 이케아, 까르푸, 갭 등과 같은 기업들의 시가 총액을 모두 합한 것보다 커졌다."[1]고 하네요. 다시 생각해도 놀랍지 않나요? '유통 매장을 없애 버림으로써 거꾸로 가장 큰 매장을 만든다.'는 발상 말이죠. 아마존은 이런 발상으로 해마다 20%가 넘는 성장을 기록했는데요, 2018년 아마존의 설립자 제프 베이조스Jeff Bezos는 드디어 빌 게이츠Bill Gates를 밀어내고 세계 1위의 부자가 되었어요.[2]

또 다른 플랫폼은 소위 '공유 경제'라 불리는 산업에 들어와 있어요. 공유 경제란 원래 화폐로 교환되는 '상업 경제'의 대척점에서 만들어진 개념이에요. 이 공유 경제의 핵심은 교환의 매개가 화폐가 아닌 인간관계 자체 혹은 인간관계가 주는 만족감이죠. 이런 발상이 상업적 분야로 확대되며 등장한 게 우리가 알고 있는 우버, 에어비앤비 같은 플랫폼이에요. 이 기업들은 여러분에

1 스콧 갤러웨이, 『플랫폼 제국의 미래』, 비즈니스북스, 2018.
2 「세계 최고 갑부는 제프 베이조스, 한국은?」, 『중앙일보』, 2018. 3. 8.

게 말해요. '여러분, 차가 있다면 놀리지 말고 다른 사람과 나눠 쓰세요.', '여러분, 빈방이 있다면 놀리지 말고 다른 사람들에게 대여하세요.' 여기서 핵심적인 발상은 '유휴 자산', 즉 놀고 있는 차나 방이 있다면 그걸 약간의 돈을 받고 공유하라는 거죠. 이때 기업이 하는 역할은 그저 공급자와 사용자를 서로 연결해 주는 것뿐이에요. 그 대가로 플랫폼 이용자들이 내는 수수료를 이윤으로 챙기는 거죠. 세계에서 가장 큰 택시 회사가 된 우버도, 세계에서 가장 큰 숙박업체가 된 에어비앤비도 이런 공유 경제라는 발상 위에 세워졌어요. 돌이켜 보면 이런 공유 플랫폼의 등장은 정말 놀라운 일이었어요. 여러분이 어떤 도시를 방문하든 우버 앱을 통해 택시 서비스를 이용할 수 있고, 에어비앤비 앱을 통해 좀 더 싼 가격으로 숙박 시설을 구할 수 있게 되었으니까요.

이 모든 것이 스마트폰 때문에 가능해진 일이죠. 왜 앞에서 스마트폰을 그렇게 열심히 이야기했는지 이제 이해가 됐을 거예요. 스마트폰엔 구글로, 페이스북으로, 아마존으로, 우버로, 에어비앤비로 가는 플랫폼이 모두 들어 있어요. 스마트폰을 손에 집어 들고 잠금 장치를 해제하는 순간 우리 모두는 세계와 연결될 수 있는 거예요. 스마트폰을 가진 어마어마한 수의 이용자들을 바탕으로 이 플랫폼 기업들은 세계에서 가장 큰, 초국적 기업으로 성장할 수 있었죠. 플랫폼을 활용하는 자본과 그 플랫폼을 사용하는 평범한 우리들이 자본주의의 모습을 바꾸어 놓았던 거예요.

누구나 생산수단을 소유할 수 있는 세상?

그런데 이 플랫폼 자본주의라는 게 참 신기해요. 2015년 톰 굿윈Tom Goodwin이라는 미래전략가가 흥미로운 이야기를 하죠. '자본의 모습이 변했다.' 무슨 말이냐고요. 전통적으로 자본이란 말은 '생산수단을 소유하고 있다.'는 뜻을 지니고 있어요. 반면 노동자는 '생산수단 대신 노동력을 소유하고 있는 사람.'이라는 뜻이죠. 이 정의에 따르면 자본가와 노동자를 구분하는 가장 중요한 기준은 생산수단의 유무예요. 노동자는 노동력만을 가지고 있기 때문에 때로는 자본가의 억압과 착취를 견뎌야 하고, 자본가는 생산수단을 갖고 있기에 노동자에게 부당한 권력을 행사할 수도 있죠. 굿윈에 따르면, '생산수단을 소유하고 있는 자본'이라는 이 전통적인 생각이 플랫폼 자본주의의 등장으로 인해 무의미해지고 있다는 거예요.

앞에서 한 차례 언급했지만, 세계에서 제일 큰 택시 회사인 우버는 단 한 대의 차량도 소유하고 있지 않고, 세계에서 제일 큰 숙박업체라고 하는 에어비앤비는 부동산을 단 한 채도 가지고 있지 않아요. 세계 최대 미디어기업인 페이스북은 콘텐츠를 만들지 않고, 세계에게 가장 큰 소매업체 중 하나인 알리바바에는 상품을 쌓아 두는 창고나 물품 목록이 없어요. 자본이 생산수단을 온전히 소유하고 있지 않거나, 생산수단을 스스로 만들어 내지 않는 구조죠.

이런 일은 특히 공유 경제라고 부르는 부분에서 더 확연히 나타나는데, 택시, 숙박업 말고도 배달, 청소, 온라인에서 이뤄지는 단순 노동 등과 같은 분야에서 명백히 드러나고 있어요. 예를 들어 볼까요? 택시 회사는 운전자들에게 차량이라는 생산수단을 제공하죠. 더불어 차량을 유지 관리하는 비용도 부담해요. 하지만 우버에서 일하려면 차량을 소유하고 있어야 해요. 이 말은 차량을 유지 관리하는 비용도 운전자, 바로 노동자들이 부담해야 한다는 거죠. 에어비앤비도 마찬가지예요. 방을 제공하려면 방을 소유하고 있어야만 하죠. 배달 일도 똑같아요. 배달을 하려는 사람은 차량이나 오토바이를 가지고 있어야 하고, 그 유지 비용도 스스로 부담해야 해요.

온라인 노동도 마찬가지예요. 온라인에서 단순 노동이라도 하려면 컴퓨터라는 장비를 가지고 있어야 하죠. 이전엔 이 모든 게 자본이 부담하던 비용이었는데 말이죠. 그런데 이 모든 비용을 공유 경제라는 이름 아래 노동자들이 부담하고 있는 거예요. 페이스북도 사실상 콘텐츠 만드는 일을 이용자에게 맡김으로써 콘텐츠를 생산하는 사람들을 직접 고용할 필요가 없어진 거죠. 한마디로 자본이 더 이상 생산수단을 소유하지 않는 현상이 나타나고 있어요. 이건 결국 자본이 노동자에게 이렇게 말하고 있는 것과 같아요. '생산수단의 소유 권리를 너에게 주마. 그러니 이제 관련 비용도 스스로 부담해라!' 생산수단의 이전이 아주 놀라운 방식으로, 순식간에 일어난 거죠.

이게 다가 아니에요. 공유 플랫폼 자본의 논리를 차용한 수많은 기업들은 노동자들에게 이렇게 말해요.

"여러분은 자신의 유휴 자산을 다른 사람들과 나눠 쓰는 일을 '부업'으로 하고 있습니다. 게다가 여러분은 저와 계약을 맺은 '독립 사업자'입니다. 여러분은 이제 노동자가 아니라 사장님이란 뜻이죠. 독립 사업자라면 여러분을 보호하는 일은 여러분 스스로가 해야 합니다. 그러니 고용 보험, 의료보험, 산재보험 등과 같은 모든 사회 보장 비용은 여러분이 알아서 처리하셔야 합니다."

이런 말은 제1 기계 시대가 맺은 '서로를 위한 보호'라는 약속을 기업이 더 이상 지키지 않겠다는 선언이나 다름없어요. 어떻게 그럴 수가 있느냐고요?

이렇게 시작해 볼까요? 앞에서 공유 플랫폼은 노동자들을 부업으로 일하는 독립 사업자로 여긴다고 했어요. 새로운 플랫폼 자본에게 '부업'과 '독립 사업자'는 마법의 단어예요. 이를 통해 '4대 보험'으로 상징되는, 기업이 고용자들에게 제공해야 할 보호의 의무에서 간편하게 벗어날 수 있거든요. 플랫폼 분야의 종사자들은 일터에서 노동자로 일하지만 법적으로는 '독립 사업자' 즉, 사장님이에요. 반면 자신들은 중간에서 단순히 수수료(최대 20~30%)만 챙기는, 노동을 중개하는 업체에 불과하다는 게 이 공유 플랫폼 업체들의 주장이죠.

그런데, '유휴자산', '부업', '독립 사업자'라는 이 마법의 단어들은 단지 노동자들을 보호하던 전통적인 사회보장 혜택을 빼앗는 것에 그치지 않아요. 플랫폼에서 일하는 이들이 마땅히 누려야 할 '노동자'라는 지위를 '사업자'라는 말 뒤에 교묘히 숨겨서, 이들이 노동조합 등을 만들어 행사할 수 있는 '노동 3권'까지 박탈해 버려요. 각자 모두 사장님들인데 무슨 노동 3권의 보호가 필요하냐는 거죠. 이처럼 공유 경제가 채택한 용어들은 종사자들이 노동자로서 연대의 감성과 행동을 공유할 수 없도록 사전에 차단해 버리죠. 공유 경제의 플랫폼에서 실제로 공유되고 있는 건 '건당', '분당', '시간당'처럼 짧은 시간만 사용할 노동력이 필요한 이들과 '별점의 감시 아래 경쟁하며 상시 대기하고 있는 노동력'이라는, 수요와 공급의 만남뿐이에요. 간단히 말해 보호가 필요한 곳에선 독립 사업자로, 작업이 필요한 곳에선 노동자로 남게 되는 거죠. 켄 로치Ken Loach 감독의 영화,「미안해요, 리키Sorry We Missed You」(2019)는 이런 상황을 아주 적나라하게 보여 주고 있어요.

여러분, 생각해 보세요. 전통적인 산업구조라면 별점에 감시당하는 사장님들이라는 이미지는 잘 떠오르지 않을 거예요. 오히려 감시는 사용자가 비용을 들여 노동자에게 행하던 권력이었죠. 그런데 공유 플랫폼은 이 감시 비용마저 소비자들에게 떠넘겨요. 소비자들의 반응을 통해 더 정확한 정보를 제공한다는 명목으로 자신들이 부담해야 할 감시 비용을 소비자들한테 떠넘기는 거죠. 정말 놀랍고 창의적이지 않나요? 그래서일까요? 최근에 플랫폼 자본과 관련된 책들은 이런 현실을 제목만으로도 아주 명료하게 알려 주고 있어요. 『공유 경제는 공유하지 않는다 *Hustle and Gig: Struggling and Surviving in the Sharing Economy*』(알렉산드리아 J. 래브넬,

UnivofCaliforniaPr, 2019), 『배달의민족은 배달하지 않는다』(박정훈, 빨간소금, 2020). 이 책들만 봐도 사실상 국내외에서 비슷한 일들이 일어나고 있다는 걸 알 수 있죠.

세계적으로 플랫폼 노동의 규모에 대한 정확한 통계는 존재하지 않아요. 주요국의 경우 생산 가능 인구의 10% 정도로 추정할 뿐이죠. 분당, 건당, 시간당 일하는 이들의 유동적인 노동 지위를 고려해 볼 때 정확한 통계가 잡히지 않는 건 당연한 것일지도 몰라요. 우리나라의 경우에도 추정치만 있어요. 2020년 국세청의 보고에 따르면 2014년부터 2018년 사이, 정확히 뭘 하는지 알 수 없는 불안정한 '비임금 노동자'가 213만 명 더 늘어나 613만 명에 이른다고 해요. 플랫폼 종사자들은 이 사이 '어딘가에' 자리 잡고 있을 거예요. 이들의 수익은 직종별로 차이가 있지만 대체로 연간 기준 800만~1,400만 원대였어요. 2020년 12월, 일자리위원회가 내놓은 실태 조사에 따르면, 플랫폼 종사자가 약 179만 명에 이른다고 하네요. 물론 이것도 정확한 수치는 아니에요.

공유 경제를 내세우며 등장한 플랫폼 자본은 부업으로 유휴 자산을 활용할 수 있다고 광고했었죠. 하지만 국내외 통계를 보면 적게는 절반, 많게는 75%에 이르는 플랫폼 종사자들이 자신의 일을 부업이 아니라 생업으로 삼고 있는 게 현실이에요. 중개업체들이 부업이라 말하는 공유 경제가, 다수의 종사자에겐 보호 없이 고립된 생계 그 자체가 되어버린 거예요.

『플랫폼 제국의 미래』에서 스콧 갤러웨이는 이렇게 물어요. "구글, 애플, 페이스북, 아마존. 이들 기업은 신과 사랑과 섹스와 소비를 상징하는 '네 명의 기사'일까, 아니면『요한계시록』에 나오는, 각각 질병, 전쟁, 기근, 죽음을 상징하는 바로 그 네 명의 기사일까?" 그리곤 두 질문 모두를 향해 "그렇다."는 대답을 내놓아요.

그의 글을 읽으며 이런 질문이 떠올랐어요. '공유 경제'라는 기치를 내건 플랫폼 자본은 '자유로운 부업, 유휴 자산, 독립 사업자, 더 많은 소득'이라는 새로운 삶의 방식을 만들어 내는 기사들일까, 아니면 별점의 감시 아래 매일 전쟁을 치르듯 살아가는 대기 노동자들과 아무런 보호 없이 질병과 빈곤에 시달리는 그들의 삶을 상징하는 기사들일까?'

요약하자면, 세계 시장에서 글로벌 시장으로의 거대한 전환, 복지가 길러 낸 자신감 넘치는 세대들이 역설적으로 복지국가 대신 시장 체제를 선택한 것, 내 삶은 내가 책임진다는 자기 책임 윤리의 확산, 스마트폰 인류의 등장과 함께 성장한 플랫폼 자본주의 그리고 플랫폼 자본으로의 변신이 양산해 낸 불안정한 비임금 노동자 등 연쇄적이면서도 복합적인 요인들이 제1 기계 시대가 만들어 낸 '서로를 위한 보호 체계'를 무너뜨린 원인이 되었던 거예요.

다음 장에선 이런 변화가 어떻게 불평등의 세계로 귀결될 수밖에 없었는지 살펴볼까 해요. 더 나아가 이게 왜 민주주의에 문제가 되는지, 민주주의는 이런 상황을 통제할 힘을 갖고 있는지도 살펴볼 거예요. 과연 민주주의는 이런 문제들을 해결할 힘을 가지고 있을까요?

제4 장

소수의 부자가
모든 걸 가진다

디지털 시대,
지구적 시장이 만들어 낸 불평등

"각 집단에서 디지털 기술은 승자의 경제적 이득을 증가시키는 한편, 경제적으로 중요성이 떨어지는 사람에게는 보상을 훨씬 적게 해 주는 경향이 있다. (…) 생산성과 총소득이 경제 전체로 볼 때 증가해 왔다는 (…) 이 자그마한 희소식은 그러나 뒤처진 사람들에겐 별다른 위로가 되지 않는다. 이익이 아무리 크다 해도 그것이 상대적으로 소수의 승자 집단에게만 집중되고 나머지 대다수의 사람들은 전보다 열악해지는 상황이 벌어졌기 때문이다."

_에릭 브린욜프슨, 앤드루 맥아피, 『제2의 기계 시대』 중에서

4장을 시작하며

제2 기계 시대가 만들어 낸 21세기형 자본주의를 향해 수많은 사람들이 강력한 비판을 퍼붓고 있어요. 새로운 자본주의가 그 어느 때보다 극소수의 승자와 엘리트만을 위해 작동한다는 것이 비판의 핵심이에요. 자본주의의 가장 중요한 파트너로서 균형과 견제 역할을 해야 할 민주주의마저 소수의 승자들을 위한 정치체 제로 타락해 버렸다는 비판을 받고 있죠. 그렇다면 왜 새로운 자본주의는 이런 비판에 직면해 있는 걸까요? 왜 민주주의 역시 똑같은 비판을 받고 있는 걸까요?

이에 답하기 위해 다음과 같은 순서로 살펴보려 해요.

첫째, 왜 상위 1%에게 혜택이 집중되는 것일까? 이 질문에 대한 답은 당연히 혜택에서 소외된, 중산층 이하에 속하는 다수의 삶이 개선되지 않는 것과 관련이 있어요.

둘째, 왜 평등을 중심으로 만들어진 민주주의가 이런 양극화 문제에 적극적으로 대응하지 않는 것일까? 관련해서 포 스트민주주의를 집중적으로 살펴보게 될 거예요.

셋째, 민주주의가 적극적으로 양극화 문제에 대응하지 않을 때 어떤 일이 생겨나는가? 이와 관련해선 전 세계에 만연한 포퓰리즘populism 운동, 특히 그 가운데 서 있는 '트럼 프 현상'을 중심으로 살펴볼 거예요.

점점 더 양극화되는 세상

이야기를 어떻게 시작해야 할까요? 이렇게 시작해 보는 게 좋겠네요. 신자유주의 질서가 지구적 시장을 형성할 때 약속한 게 있었다고 했죠. '지구적 시장이 모든 국가와 사람들에게 이익을 줄 것이다.' 우선 이 약속이 정말 지켜졌는지부터 살펴볼 필요가 있을 것 같아요. 노벨 경제학상을 받은 앵거스 디턴Angus Deaton은 수상작인 『위대한 탈출The Great Escape』(2013)에서 흥미로운 이야기를 해요. '20세기는 사람들이 빈곤으로부터 탈출한 위대한 시기였다. 세계적 수준에서 불평등은 서서히 감소하고 있다.' 이런 주장만 보면 지구적 시장이 약속한 바가 실현된 듯 보여요. 그런데 그 속 내용을 들여다보면 다른 일이 일어나고 있다고 그는 지적하죠. '그럼에도 국가 간 불평등은 증가했고, 국가 내부에서도 불평등이 증가하고 있다.' 아주 모순된 주장처럼 보이지 않나요? 이에 대해 그는 이렇게 설명해요.

> "주요 원인은 세계에서 가장 큰 두 국가, 중국과 인도의 성장 때문이었다. 최근 두 국가의 경제가 성장하면서 10억 명 이상의 삶이 완전히 바뀌었다. (…) 그러나 10억 명 정도가 아직도 끔찍한 가난 속에서 산다. 많은 사람들이 탈출했지만 많은 사람들이 뒤처져 있다."[1]

---

1 앵거스 디턴, 『위대한 탈출』 한국경제신문사, 2015, 33쪽.

세부적으로 볼 때 국가 간의 불평등이 심해지고 대다수의 국가에서 불평등이 심화되었음에도 전 세계적으로 불평등이 줄어든 것처럼 보이는 이유는 중국과 인도 때문이라는 거예요. 이 거대한 인구를 가진 두 국가의 성장 때문에 이 두 국가 밖의 사람들에겐 적용되지 않는, 왜곡된 통계가 나오고 있다는 거죠.

그럼 지구적 시장의 약속이 정말 실현되었는지 볼까요? 우선 '지구적 시장은 모든 국가에게 도움이 되었는가?'라는 질문부터 살펴보죠. 앞서 언급한 디턴 같은 경우엔 국가 간의 격차가 더 커졌다고 말하고 있어요.[1] 그런데 디턴은 한 국가가 지구적 시장에서 얼마나 많은 이익을 얻었느냐가 평범한 사람들의 삶이 개선되는 것과 서로 관련이 없을 수도 있다고 말해요. 1975년 이후 미국의 예를 들면서 말이죠. 미국은 엄청난 이익을 얻었지만, 그 이익이 상위 1%에게 집중되었다고 말하죠.[2] 세계화로부터 국가가 이득을 얻고 있느냐 아니냐는 불평등의 개선과 아무 관련이 없을 수도 있다는 거예요.

이와 관련해 우리는 다음과 같은 의미 있는 질문 두 가지를 추론해 낼 수 있어요.

첫째, 지구적 시장을 추진한 혹은 주도한 국가들에서 모든 사람들이 수혜를 입었는가?

---

1 앵거스 디턴, 같은 책, 336쪽.   2 앵거스 디턴, 같은 책, 5장 참조.

둘째, 지구적 시장에 참여한 모든 국가의 모든 사람들이 수혜
　　를 입었는가?'

　그럼 첫 번째 질문에서 시작해 볼까요?

　지구적 시장이 형성되기 이전에는 언제나 국가와 국가 간의
빈부격차가 문제였어요. 대부분의 부유한 국가에선 '서로를 위한
보호체제'가 작동되고 있었기 때문에 이들 국가에선 빈곤이 심각
한 문제로 받아들여지지 않았죠. 하지만 아이러니하게도 '자기 삶
은 자신이 책임진다.'는 윤리가 지배하는 지구적 시장에선 경제적
으로 발전된 국가에서도 빈곤이 사회적 문제가 되는 현상이 나타
났어요. 우리가 흔히 쓰고 있는 '1 대 99 사회'라는 말은 지구적 시
장이 만들어 내고 있는 국내적 불평등을 지칭하는 극단적인 용어
인데, 이 단어가 부유한 국가들에서도 사용되는 걸 보면 이제 불
평등은 전 지구적 현상이 된 거죠. 예를 들어 2011년 미국에서 일
어난 대규모 시위 '월스트리트를 점령하라'는 국가의 보호 없이
불평등한 현실 속에 내쳐진 사람들이 시작했던 운동이에요. 2018
년 미국 하버드 대학교에서 발간된 『세계불평등보고서 2018』을
보면, 1978년 미국에서 상위 0.1%가 차지하던 자산은 국가 전체
자산의 7% 정도였는데 2012년엔 22%로 증가한 것을 볼 수 있죠.
소득 측면에서 봐도, 1980년부터 2014년까지 국민소득은 61%가
늘었지만 하위 50%의 소득은 대략 1만 6,500달러에서 정체되어
그 혜택에서 소외되었음을 확인할 수 있어요.[1] 이런 상황에서 시
작된 '점령 운동'은 세계 곳곳으로 퍼져 나가며 전 지구적 저항을

일으키는 씨앗이 되었죠. 같은 해 스페인에서도 중산층과 청년들이 부동산 버블과 45%에 육박하는 청년 실업률을 겪으며 '인디그나도스Indignados, 분노한 사람들' 운동을 펼치기 위해 거리로 뛰쳐나왔죠. 상황이 이러니, 첫 번째 질문 '지구적 시장을 추진한 혹은 주도한 국가들에서 모든 사람들이 수혜를 입었는가?'에 대한 답은 '아니오.'겠네요.

이제 두 번째 질문 '지구적 시장에 참여한 모든 국가의 모든 사람들이 수혜를 입었는가?'에 답해 볼까요?

『세계불평등보고서 2018』을 보면, "중국의 빠른 성장에도 불구하고, 글로벌 차원의 소득 불평등은 1980년 이후 급속히 증가했다."고 보고하고 있어요.[2] 1980년 이후 글로벌 소득 증가액에서 혜택을 본 이들은 주로 상위 1%이며, 상위 1.1~50% 사이에 있는 이들의 소득은 아주 조금 늘거나 아예 늘어나지 않았고, 하위 50%는 그 혜택에서 완전히 소외되었다고 밝히고 있어요. 사실상 지구적 차원에서 극단적인 양극화가 일어나고 있다는 거죠. 그러니 두 번째 질문에 대한 답도 역시 '아니오.'겠네요.

그런데 이런 극단적 양극화에 가장 많은 영향을 끼친 것 중 하나가 바로 디지털 기술의 폭발적인 성장이었어요.

---

1 『세계불평등보고서 2018』 제2부 4장, 제4부 3장 참고.
2 『세계불평등보고서 2018』 '간추리기' 참고.

디지털 디바이드 :
기술의 혜택은 평등하게 분배되지 않는다

———

'디지털 디바이드digital divide'라는 표현, 자주 들어 보았을 거예요. 이 용어는 디지털 기술을 쓸 수 있는 사람과 그렇지 못한 사람들이 분리되어 있다는 것 이상의 의미를 담고 있어요. 세상이 디지털로 바뀌었다면 그 디지털 기술에 접근할 수 있는 사람들이 훨씬 더 나은 삶을 누릴 수 있다는 건 상식을 가진 사람이라면 모두 이해할 수 있는 내용이에요. 문제는 이 디지털 기술이 우리가 생각하는 것보다 훨씬 더 빨리 발전하고 있다는 데 있어요. 대다수의 사람들이 디지털 기술의 발전 속도를 따라잡지 못할 수도 있다는 거니까요. 다시 말해 기술이 빨리 발전하면 할수록 뒤처지는 사람들이 많아진다는 거죠. 특히 디지털 기술은 정보와 연관되어 있기 때문에 단순히 디지털 기술을 이해하고 이용할 줄 아는 걸 넘어 정보를 이해하고 활용할 줄 알아야 하죠. 이 점을 이해한다면 디지털 기술이 그 혜택을 모든 이들에게 골고루 배분하지 않는다는 것도 쉽게 이해할 수 있을 거예요.

디지털 기술이 가진 또 하나의 역설은, 이 기술이 발전하면 발전할수록 이 분야에 필요한 사람들의 숫자가 줄어든다는 거예요. 특히 복잡한 연산이나 계산의 반복적 수행을 필요로 하는 직종, 복잡한 규칙을 가지고 있지만 일정한 패턴을 지니고 있는 직종 등이 여기에 해당해요. 고소득 직종이라면 '주식 분석가'나 '법률가' 같은 경우가 여기에 해당하고, 열심히 일하기만 한다면 중산층 정도의 소득을 누릴 수 있었던 공장 숙련공도 여기에 속해요.

디지털 기술 초기에는 이 기술에 대한 적절한 교육을 받으면 할 일이 아주 많아질 거라고 했어요. 하지만 적절한 교육을 받더라도 할 일이 없을 수도 있다는 게 우리가 당면한 제2 기계 시대의 현실이에요. 만약 그 적절한 교육이 개인의 능력을 '평범한' 수준에 이르게 하는 것이라면, 그런 교육은 최악의 것이 될지도 몰라요. 지금 우린 그런 시대에 살고 있는 거예요. 디지털 기술의 발전이 전에 없던 풍요를 만들어 내고 있지만, 전에 없던 격차 또한 만들어 내고 있는 게 현실인 거죠.[1]

특히 디지털 기술의 발전은 사회계층 구조의 정점에 서 있는 사람들에게 더 많은 혜택을 주는 경향이 있어요. 예를 들어 볼까요? 우리도 마찬가지지만 미국에선 개인들이 해마다 소득 신고를 해야 해요. 스스로 할 수도 있지만 2~3백 달러 정도를 내고 세무사에게 맡기면 자신이 하는 것보다 연말정산에서 더 많은 환급금을 받을 수 있어서 많은 이들이 이용하죠. 그런데 '터보택스TurboTax'라는, 세무 업무를 대행해 주는 소프트웨어 프로그램이 2000년에 나왔어요. 49달러를 내고 간단한 정보만 입력하면 다 알아서 처리해 주니 당연히 폭발적인 인기를 누렸죠. 저도 미국 유학 시절 이 프로그램을 이용해 소득 신고를 했어요. 이 프로그램 덕분에 수백만 명이 행복해졌지만 수많은 세무사들이 직업을

---

1 에릭 브린욜프슨, 앤드루 맥아피, 『제2의 기계 시대』, 27~28쪽.

잃거나 수입이 줄었죠. 반면, 이 프로그램을 개발한 마이클 치프만Michael A. Chipman은 엄청난 돈을 벌었어요.

터보택스의 사례는 디지털 기술의 특성을 명백하게 보여 주고 있어요. 첫째, 저비용으로 가치 있는 일을 모두가 동일하게 수행하도록 할 수 있다. 둘째, 이로 인해 사회는 풍요로워지지만 이전에 가치 있는 일을 수행하던 사람들의 일자리가 줄어들 수 있으며, 일자리가 줄어든 만큼 절약된 비용은 소수의 사람이 독점하게 된다. 디지털 기술이 불평등을 확대하고 심화시키는 이유가 바로 이거예요.

지구적 시장의 중심에 자리 잡은 미국은 이런 디지털 기술의 불균형한 분배로부터 가장 영향을 많이 받고 있는 국가예요. 2014년 당시 미국 연방준비제도이사회 의장이었던 재닛 옐런Janet Louise Yellen은 "미국의 '소득과 부의 불평등'이 100년 만에 가장 높은 수준에 도달했으며, 19세기 이래 가장 오랜 기간, 지속적으로 심화되고 있다."고 경고하기도 했죠.[1] 앞서 보았듯 『세계불평등보고서 2018』에 따르면 미국은 선진국 중에 가장 높은 소득 불평등과 자산 불평등을 기록하고 있어요. 2014년을 기준으로 미국 성인 인구 중, 소득 상위 1%가 국민소득에서 차지하는 몫(20.2%)은 소득 하위 50%의 몫(12.5%)보다 훨씬 많아요.[2] 두 집단 간의 격차

---

1 「미국 소득·부 불평등, 100년 만에 최고 수준」, 『한겨레』, 2014. 10. 19.
2 『세계불평등보고서 2018』, 122쪽.

는 거의 두 배에 이르죠. 이어서 이 보고서는 이렇게 말해요.

"미국 성인 1인당 평균 세전 실질 국민소득은 1980년 이후 60% 증가했지만 하위 50%의 소득은 약 1만 6,500달러에서 정체되고 있다. 하위 50%의 세후 현금 소득 또한 정체되었는데, 이 집단은 그리 많지 않은 세후 소득 증가액의 대부분을 늘어난 의료 지출로 소진해 버렸다. (반면) 미국의 상위 계층의 소득은 크게 늘었다. 1980년대와 1990년대에 상위 계층의 소득이 급격히 증가한 것은 노동 소득이 늘어난 데 따른 것이지만, 2000년 이후에는 자본 소득이 증가한 결과였다."[1]

이런 통계는 정확하게 1980년대 이후 즉 지구적 시장이 만들어진 이후, 이 지구적 시장의 중심에 있는 디지털 기술이 그 이익을 어떻게 분배했는지 명확히 보여 주고 있어요. 제2 기계 시대는 사람들을 이 기술을 활용할 수 있는 계층과 그렇지 못한 계층으로 나누고, 기술을 활용할 수 있는 계층 중에서도 소수에게만 그 이익을 집중시키는 경향을 보여요. 미국의 사례만 가지고 상황을 너무 과장하고 있는 것 아니냐고요?

그럼 디지털 기술과 함께 성장하고 있는 대표적인 국가, 우리나라의 소득 불평등을 볼까요? 우리나라의 소득 불평등과 관련

---

1 『세계불평등보고서 2018』, 122쪽.

해서는 연구마다 다른 결과들을 내놓고 있어요. 어떤 연구는 불평등이 감소했다, 어떤 연구는 심해지고 있다고 말하죠.[1] 그렇다면 이런 엇갈린 결과와 상관없이 지금 이뤄지고 있는 소득 분배가 받아들일 만한 수준인지 살펴보도록 하죠. 2019년 국세청은 '2017 귀속연도 통합소득(근로소득과 종합소득) 천분위 자료'를 국회에 제출했어요. 천분위 단위로 만들어졌기 때문에 0.1%까지 파악할 수 있는 자료였죠. 이 자료에 따르면 "근로소득과 사업소득, 금융·임대 소득 등을 합친 통합소득 기준으로 상위 0.1%에 속하는 2만 2,000여 명이 하위 27%에 속하는 629만 5,000명의 소득을 모두 합친 것만큼 버는 것"으로 나타났어요.[2] 이들의 소득을 중간 계층과 비교하면, 상위 0.1%의 1인당 평균 소득은 14억 7,400만 원이었던 반면 중위 소득은 2,301만 원으로, 상위 0.1%가 중위 소득의 64배를 벌었어요. 소득이 가장 적은 계층이 아니라, 소득 수준에서 딱 가운데 즉, 50%에 해당하는 이보다 64배를 더 벌었다는 거예요. 어떤가요? 여러분의 입장에서는 받아들일 만한 수치인가요?

이런 소득 불평등은 또 다른 의미에서 매우 중요해요. 소득 불평등이 자산 불평등으로 이어지기 때문이죠. 소득에서 쓰고 남는 돈이 있어야 투자를 해서 자산을 마련할 수 있지 않겠어요? 쉽

---

1 이성균, 신희주, 김창환, 「한국 사회 가구 소득과 자산의 불평등: 연구 성과와 과제」, 『경제와 사회』 2020년 가을호, 62쪽.

2 「통합소득 상위 0.1% 2만2천 명, 하위 27% 629만5천 명만큼 번다」, 『연합뉴스』, 2019. 10. 17.

게 말해 저축할 수 있는 돈이 있어야 하는 거죠. 1년에 15억 원 가까이 버는 사람이라면 최소한 10억 원 정도는 투자할 여유가 있을 거예요. 근데 앞서 본 중위 소득, 한 해에 2,301만 원 정도 버는 걸로는 평생 투자라는 걸 할 수 없겠죠. 소득은 크게 '일해서 버는 소득'과 '투자해서 버는 소득', 즉 노동 소득과 자본 소득으로 나뉘는데 이 중 자본 소득이 커지면 자산 불평등이 심화돼요. 노동 소득이 일정 규모의 자산을 만들어 내면, 이 자산이 각종 투자의 형태로 불로소득을 만들어 내니까 부의 불평등이 점점 더 심화되는 구조가 만들어지는 거예요. 물론 노동 소득 대신 유산을 물려받아 일정 규모의 자산이 만들어지는 경우도 있죠. 토마 피케티는 『21세기 자본론』에서 자본 소득이 자식에게 세습되는 현상이 당대 불평등의 원인이라고 말하죠. 제2 기계 시대에 나타나고 있는 전형적인 불평등은 이렇게 만들어지고 있어요.

기술의 발전이 만들어 낸 '울트라리치'들

———

우리나라에서 연봉을 제일 많이 받는 월급쟁이는 누구일까요? 정답은 삼성전자 종합기술원의 권오현 회장이에요. '초격차', 아무도 따라오지 못할 만큼 기술의 차이를 벌린다는 개념으로 삼성의 기술혁신을 이끌고 있는 인물이죠. 2017년 그가 받은 연봉은 243억 8,100만 원이었다는군요. 월급으로 계산하면 20

억 3,175만 원, 하루에 6,680만 원을 번 셈이에요. 상상이 잘 가지 않네요. 연봉만으로 이런 돈을 벌었다는 게 말이죠. 2014년에서 2018년까지 상장 기업 등기 임원의 보수를 분석해 보니 여기서도 권오현 회장이 1등이었다고 하는데, 5년간 연평균 124억 9,100만 원을 받았다고 해요.[1]

그런데 지구상엔 이보다 훨씬 많은 돈을 버는 사람들이 있어요. 243억 원쯤이야 소위 껌 값에 불과한 사람들이죠. 우리 돈으로 치면 '조' 단위의 자산을 소유하고 있는 사람들, 이른바 '슈퍼리치super rich'라 불리는 이들이에요. 20세기 말까지만 하더라도 부자들을 '리치rich'라고 불렀어요. '백만장자'라고도 하는데 요즘 환율로 우리 돈 12억 원 정도가 그 기준이었죠. 그 뒤를 이어 '천만장자'들이 나타났고요. 근데 21세기에 들어서며 이 천만장자도 대적할 수 없는 사람들, 이른바 '억만장자'들이 나오기 시작한 거예요. 이들을 부를 수 있는 새로운 용어가 필요했죠. 그렇게 탄생한 단어가 바로 슈퍼리치예요. 지금은 사전에도 수록되어 있는데, 2000년대 초반에 만들어진 문서 프로그램들은 이를 '없는 용어', '잘못된 용어'로 인식하는 경우가 많아요.

이제 어느 정도 이름 있는 경제지라면 모두 슈퍼리치 섹션을 따로 두고 이들과 관련된 보도를 하고 있어요. 근데 슈퍼리치라

---

1 「최근 5년간 보수 1~3위, 권오현 624억·정몽구 582억·이웅열 534억」, 『위클리비즈』, 2019. 12. 6.

고 하면 이 말만으로는 감이 잘 안 오죠? 이 사람들이 얼마나 많은 부를 소유하고 있는지 알 수 있는 가장 쉬운 방법은 '슈퍼맨'을 떠올려 보는 거예요. 인간man 앞에 슈퍼super라는 접두어를 붙여 보세요. 영화에서 슈퍼맨은 외계에서 온 존재죠. 원래 이 지구에는 없던, 그런 존재예요. 음속보다 빨리 하늘을 날아다니고 어려움에 처한 사람들을 구해 내죠. 짝사랑하는 여인 '로이스'를 구하기 위해 지구의 회전 방향을 바꿀 수 있는 능력까지 가지고 있어요. 슈퍼리치들이 바로 그런 존재예요. 이전에는 지구에 존재하지 않았던 사람들, 인류가 탄생한 이래 가장 많은 부를 소유하고 있는 사람들, 이 세계가 움직이는 방향을 좌지우지할 수 있는 사람들. 요즘 세상을 시끄럽게 만들고 있는 트럼프 역시 이 슈퍼리치 중 한 명이죠.

그럼 이들이 얼마나 부자냐고요? 2018년부터 2020년까지 세계 최고 부자 자리를 지키고 있는 사람은 아마존의 창립자 제프 베이조스예요. 2019년에 이혼을 하며 그는 자신이 가진 아마존 지분의 25%를 전 부인에게 넘겼어요. 이 액수가 얼마쯤 될까요? 대략 375억 달러, 우리 돈으로 40조 6,000억 원 정도예요.[1] 이게 얼마나 큰 규모냐고요? 뭐랑 비교해 볼까요? 이해하기 쉽게 서울시 예산과 비교해 보는 게 좋을 것 같네요. 2019년 서울시가 서울시의회에 제출한 예산 규모는 39조 5,282억 원이었어요. 예산안보다 더 많이 책정되는 경우는 거의 없으니 1년 동안 최대 이

---

1 「베이조스 '40조짜리' 이혼, 부인 단숨에 세계 여성 갑부 4위」, 『중앙일보』, 2019. 4. 5.

정도 쓰겠다는 거죠. 1,000만 명이 사는 도시의 한 해 예산이 40
조 원이 채 안 되는데, 한 명의 슈퍼리치가 이혼하며 위자료로 넘
긴 돈이 이보다 더 큰 거예요. 근데 이 돈이 베이조스가 가진 자
산의 25%라는 점을 잊어서는 안 돼요. 결국 계산해 보면 베이조
스는 160조 원이 넘는 자산을 가지고 있는 거예요. '슈퍼리치'라
는 존재, 이제 조금 감이 오나요? 그래서일까요, 최근에는 이들을
부르는 용어가 또 생겼어요. '울트라리치ultrarich'. 이 정도면 이들은
이제 우리의 이해를 완전히 벗어난 느낌이 드네요.

이 슈퍼리치들의 세계를 자세히 살펴보면 제2 기계 시대가 지
금의 자산 형성에 어떤 영향을 줬는지 좀 더 쉽게 이해할 수 있어
요. 이를 위해서 『포브스』의 자료[1]를 활용해 볼까 해요. 『포브스』
에서는 매년 세계에서 가장 부유한 사람들의 명단을 작성하고, 이
들이 가진 자산이 어떻게 변화하고 있는지 알 수 있는 자료들을
제공하고 있어요. 심지어 이들 중 누가 제일 연장자인지, 누가 제
일 연소자인지, 여성 부자는 누구인지, 산업별로는 어떤지, 국가
별로는 어떤지 등을 다 들여다볼 수 있죠. 2019년 자료를 같이 볼
까요? 미리 일러둘 것은 이 순위가 계속 업데이트되고 있어 살펴
보는 시점마다 내용이 조금 다를 수 있다는 점이에요.

---

1 「Billionaires: The Richest People in the World」, 『*Forbes*』, 2019. 3. 5.

1위	제프 베이조스	1,277억 달러(아마존, 미국)
2위	빌 게이츠	1,126억 달러(마이크로소프트, 미국)
3위	베르나르 아르노와 그의 가족	1,052억 달러(루이비통, 프랑스)
4위	워런 버핏	900억 달러(버크셔 해서웨이(초국적 지주회사), 미국)
5위	마크 저커버그	778억 달러(페이스북, 미국)
6위	아만시오 오르테가	770억 달러(자라, 스페인)
7위	래리 앨리슨	689억 달러(소프트웨어, 미국)
8위	카를로스 슬림 엘루	677억 달러(텔레콤, 멕시코)
9위	래리 페이지	665억 달러(알파벳(구글), 미국)
10위	세르게이 브린	641억 달러(알파벳(구글), 미국)

　이 명단은 지금까지 우리가 살펴보았던 패턴을 정확하게 보여주고 있어요. 첫째, 모든 사람들이 초국적 기업의 운영자이거나 그 기업에서 핵심적인 역할을 하고 있다. 둘째, 디지털 기술이 부의 중심이 되었다. 1위부터 10위까지 디지털 기술과 관련 있는 산업에 종사하는 이들이 7명이에요. 제프 베이조스, 빌 게이츠, 마크 저커버그, 래리 앨리슨, 카를로스 슬림 엘루, 래리 페이지, 세르게이 브린 등 7명 모두 새로운 기술의 수혜자들이죠. 셋째, 디지털 기술을 제외하면 탈산업사회를 주도하는 소비산업에 부가 집중되고 있다. 루이비통과 자라의 소유자인 베르나르 아르노와 아만시오 오르테가가 바로 여기에 해당하죠. 나머지 1명은 우리가 너무나 잘 알고 있는 세계적인 투자가 워런 버핏인데 그 또한 초국적 투자회사에 해당하죠. 위의 리스트를 보면 대부분의 부자들이 미국 출신인데 이는 혁신 기술이 대개 미국에서 개발되었기 때문이에요.

　그 이후의 순위를 살펴봐도 마찬가지예요. 디지털 기술 관련

산업이거나 소비 상품을 생산하는 초국적 기업을 소유한 이들이 순위를 차지하고 있죠. 부의 규모로 세계에선 18위, 중국에선 1위를 차지한 '텐센트Tencent'의 CEO 마 후아텡Ma Huateng 역시 클라우드 컴퓨팅 산업에서 부를 축적했고, 세계 20위, 중국에선 2위인 잭 마(마윈)Jack Ma, 역시 '이커머스e-commerce'를 이끌고 있어요. 일본의 부자 1위는 222억 달러로 세계 41위를 기록한 야나이 다다시柳井正인데 여러분이 잘 알고 있는 '유니클로UNIQLO'를 소유하고 있죠. 우리나라 역시 마찬가지예요. 세계 61위로 우리나라에서 가장 많은 자산을 가지고 있던 고故 이건희 회장은 삼성전자를, 세계 270위에 랭크된 '넥슨NEXON'의 김정주 회장은 온라인 게임 산업을 이끌고 있죠. 삼성의 경우 이건희, 이재용 부자의 자산을 합치면 259억 달러 정도가 되는데, 31조 원 정도의 자산을 두 사람이 가지고 있는 거예요. 삼성가家 전체로 넓히면 훨씬 커지겠죠. 이제 새로운 시대에 부가 분배되는 패턴이 보이나요?

이들의 부의 규모를 보면 '울트라리치'라고 부르는 게 맞는 것 같아요. 울트라리치들의 세계를 살펴본 이유는 새로운 기술이 어떻게 소득과 부를 분배하는지 여러분께 좀 더 명확하게 보여 주고 싶었기 때문이에요. 앞으로 이런 경향은 더 강해질 거고, 디지털 기업의 경우엔 그 독점적 지위가 더 강화될 거예요. 디지털 기술은 한번 만들어지면 그 이전의 기술보다 훨씬 독점하기가 쉬워지거든요. 예를 들어, 마이크로소프트, 구글, 페이스북, 아마존, 애플, 삼성 같은 기업들을 생각해 보세요.

디지털 기술이 이렇게 독점적 경향을 띠는 건 정보가 만드는 네트워크 효과 즉, 더 많은 사람이 사용하면 사용할수록 더 큰 효용을 가지기 때문이에요. 네이버와 카카오톡을 떠올리면 금세 이해가 될 거예요. 네이버는 2018년을 기준으로 우리나라에서 이뤄지는 전체 검색량의 75.2%를 차지하고 있어요.[1] 사실상 독점 체제나 다름없죠. 2018년 기준으로 카카오톡은 한국 메신저 시장의 95% 이상을 장악하고 있어요.[2] 이런 사례에서 알 수 있듯 디지털 분야는 전형적인 '승자독식' 시장이에요. 많은 사람들이 모아 주는 정보는 '독점'을 만들어 내고 소비자의 기호를 더 잘 파악할 수 있도록 해 계속해서 독점을 유지해 나가죠. 이런 까닭에 디지털 업계에서는 후발 주자들이 앞서가는 업체를 따라잡는 건 상당히 어려운 일이라 할 수 있어요. 이런 경향을 고려하면, 또 다른 혁신적인 기술이 나오기 전까지 기존의 강자들이 선두 자리를 한동안 굳건하게 지킬 거라고 예상할 수 있죠.

부유해진 국가, 가난해진 정부

여러 지표들을 보면 디지털 기술의 성장이 기업만 부유하게

---

1 「검색포털 점유율 1위는 '네이버', 검색 결과 만족도는?」, 『중앙일보』, 2018. 3. 13.
2 「카카오톡, 메신저 사용시간 점유율 94.4%, 10대선 하락」, 『경향신문』, 2018. 6. 27.

만들어 준 건 아니에요. 슈퍼리치들 그리고 울트라리치들이 국적을 가지고 있는 이상, 그들이 가지고 있는 부는 그들이 속한 국가의 부 중 일부가 되는 것이니까요. 이들의 자산이 증가한다는 건 국가 전체의 자산도 증가한다는 거죠. 이들 덕분에 국가도 부유해지는 거예요. 우리는 국가가 부유해지면 그 국가의 정부도 부유해질 거라고 자연스럽게 유추하는 경향이 있어요. 하지만 현실에선 정반대의 현상이 일어났어요. 여러 지표들은, 국가의 전체 부가 늘어나도 정부는 점점 더 가난해지고 있다고 말하고 있거든요.

그렇다면 어떻게 이런 일이 일어난 걸까요?

국가 전체의 자산은 크게 민간 부문과 공공 부문으로 나눌 수 있어요. 이 둘의 상대적 크기를 살펴보면 이에 대한 답을 구할 수 있죠. 『세계불평등보고서 2018』에 따르면 "1970년 대부분의 선진국에서 국민소득의 200~350%를 차지하던 민간 순자산이 400~700%로 증가했다."고 나와요. 2008년의 금융 위기나 일본과 스페인이 겪었던 자산 가격 거품 붕괴의 영향을 제외하고도 그렇다고 하네요. 심지어 사회주의 국가였던 러시아나 여전히 사회주의 국가인 중국에서도 민간 자산이 폭발적으로 증가하고 있어요. 반대로 전체 공공 자산에서 공공 부채를 제외하고 남는 값인 공공 순자산은 1980년대 이후 모든 국가에서 감소하는 현상을 보이고 있죠. 미국과 영국의 공공 순자산은 마이너스로 돌입했어요. 이 말은 정부가 가진 빚이 정부가 소유한 자산보다 많다는 뜻이에요. 정부가 빚더미 위에 올라앉아 있다면 불평등을 줄이는 정책을 시행하는 데 제약을 받게 돼요. 복지는 거대한 규모의 비용이 들어가는 사업이기 때문이죠.

국가는 부유해졌는데 정부는 왜 가난해진 것일까요? 원인은 여러 가지가 있지만 가장 중요한 건 공공 부문의 부가 민간 부문으로 대거 이전되는 현상 때문이에요. 다른 말로는 '민영화'라 부르죠. 많은 국가에서 전기, 교통, 의료, 교육 등과 같은 대규모 산업이 민간 부문으로 넘어간 거예요. 이런 국가 기간산업을 민간이 차지하며 많은 이익을 창출해 낸 거죠. 2000년대 들어 민영화는 대부분의 국가에서 일종의 트렌드였어요.

지구적 시장은, 시민이라면 누구나 낮은 비용으로 기초적 생활이 가능해야 한다는 발상 아래 성립된 공공 부문 산업을 공격해 왔어요. '왜 전기, 교통, 의료, 교육, 수도 등과 같은 산업은 이익을 따지지 말아야 하는가? 왜 복지 부문은 상업성을 따지지 말아야 하는가?'[1] 그런데 이런 주장이 먹혀들어 간 거예요.

흥미로운 건, 기업들이 돈이 되지 않는 공공사업 분야에 대해서는 이런 주장을 전혀 하지 않았다는 거예요. 기업의 입장에서 보았을 때 이런 사업은 전혀 이익이 되지 않는 사람들을 위한, 콜린 크라우치의 표현을 빌자면 "오직 가난하고 정치적으로 거의 영향력이 없는 사람들만 이용하는 서비스"이기 때문이에요.[2] 이윤 추구만이 목적인 민간 기업에서는 쳐다볼 가치도 없는 거였

---

1 Crouch, 『Post-democracy』   2 Crouch, 같은 책.

죠. 상황을 더 악화시키는 건, 정부가 돈이 안 되는, '잔여화'된 이런 공공사업을 민간에게 넘기면 원래는 '권리'였던 것이 '벌칙'으로 전락한다는 점이에요. 취업 알선 사업이 대표적이죠. 민간 기업이 알선한 곳에 취직하지 않으면 실업 급여가 박탈되는 상황이 벌어지기도 하는데, 이런 경우 실업 급여가 더 이상 권리가 아니라 처벌의 도구로 전락하는 거예요. 공공 사업을 민영화한다는 건 이렇게 민간 기업에 지나친 특권을 부여하게 되는 부분도 있어요.

실제 우리나라에서도 철도, 의료, 공항, 수도 분야의 민영화가 추진된 적도 있지만 시민들의 격렬한 반대에 부딪혀 실현되지 못했죠. 정말 다행이었어요. 하지만 생각보다 많은 산업들이 민영화되었어요. 한국담배인삼공사가 KT&G로, 한국전기통신공사가 KT로, 한국중공업이 두산중공업으로, 포항제철이 포스코로, 대한송유관공사와 고속도로관리공단도 같은 이름으로 민영화되었어요. 최근 우리나라에서 민영화에 대해 부정적 의견이 늘어난 건 민영화된 기업들이 그 효율성을 제대로 보여 주지 못했기 때문이죠. 우리 생활과 아주 밀접한 사례 하나를 들어 볼까요? 여러분 모두 KT라는 통신 기업을 잘 알고 있을 거예요. KT는 2002년에 민영화한 이후 2014년까지 9조 원에 이르는 엄청난 당기순이익을 냈어요. 그런데 그 이익을 어떻게 낸 줄 아세요? 세 차례에 걸친 사상 최대의 인적 구조 조정을 통해서였어요. 직원들을 잘랐다는 거죠. 그리곤 이렇게 벌어들인 돈(수익의 평균 50%)을 주로 외국인들이 주축인 주주들에게 배당했어요. 실제 금액을 보면 총

배당금 4조 9,000억 원 중 외국인 주주가 가져간 돈은 2조 9,000억 원에 달해요. 결과적으로 우리나라 사람들의 일자리를 줄여 챙긴 이익을 외국인들이 가져간 거예요. 이 기간 동안 KT 이사회의 의장은 모두 3차례에 걸쳐 미국인, 미국 국적의 한국계가 맡았어요. KT의 사례에서 볼 수 있듯이, 결국 민영화를 통해 기업의 공공성은 사라지고 오로지 이윤이 지배하는 결과만 남는 거죠.[1] 이건 하나의 사례에 불과해요. 많은 전문가들이 우리나라에서는 '민영화=실패'라는 공식이 만들어졌다고 할 정도니까요.

이건 우리나라뿐만 아니라 세계 대부분의 국가에서 나타나는 현상이기도 해요. 민영화된 대부분의 기업들이 이익을 얻는 방식이란 게, 지속적인 투자는 기피하면서 이용 요금만 올리는 식이에요. 민영화를 추진하는 이들이 내세우는 대표적인 주장은 공공이 운영할 때보다 서비스의 질이 향상될 거라는 거예요. 그런데 여러분도 잘 아시다시피, 기업이 비용을 절감하는 제일 쉬운 방법은 고용 인원을 줄이는 것과 시설 투자를 최소화하는 거예요. 근데 생각해 보세요. 직원 수가 줄고 지속적인 투자가 이루어지지 않는데 그 기업이 제공하는 서비스의 질이 향상되겠어요? 국가가 적자를 감수하면서까지 공항이나 철도 같은 기간산업을 운영했던 이유는 어느 정도 손해를 감수해야만 서비스의 질이 계속 유지될 수 있기 때문이에요. 만일 철도가 민영화된다면, 기업은 이

---

1 「12년 후⋯, 실패한 민영화 KT」, 『뉴스타파』, 2014. 6. 27.

윤이 되는 노선만 남기고 그렇지 않은 노선은 당연히 없애 버릴 거예요. 그렇게 되면 결국 소외된 지역에 사는 이들은 더욱더 소외되는 현상이 나타나겠죠.

여기서 '왜 민영화된 기업이 시설 투자를 소홀히 하죠?'라고 물을 수도 있겠네요. 그건 단기적 이익을 노리는 민간 주주들 때문이에요. 순이익이 발생할 때마다 민간 주주들에게 배당을 많이 하게 되면 자연스럽게 미래를 위한 시설 투자의 몫은 줄어들 수밖에 없어요. 민간 주주들은 한 기업의 장기적 미래보다는 단기적으로 자신이 얻을 수 있는 수익에 집중하죠. 만약 자신이 투자하고 있는 기업에서 이익을 다 취했다고 생각하면 자금을 빼서 다른 곳에 투자하면 그만이니까요. 특히 이런 민간 주주들이 앞서 KT의 사례에서 보듯이 해외 투자자라고 생각해 보세요. 호주에 사는 민간 투자자가 장기적 비전을 가지고 한국의 기간 시설이 제공하는 서비스 질에 대해 깊이 생각할 필요가 있을까요? 그러니 시설 투자에 소홀해질 수밖에 없는 거죠.

공공 부문의 자산이 민간 부문으로 이전될 때, 정부가 가난해진다는 것 외에 또 다른 문제가 있어요. 바로 정부의 대응 능력 상실이에요.[1] 시나리오를 하나 써 볼까요? 먼저, 전기 산업을 정부가 관리하고 있다고 가정해 보죠. 민영화 요구가 거세지자 전기 산업을 민간에게 넘겼어요. 그러사 10년도 채 되지 않아 많은 문

---

1 Crouch, 『*Post-democracy*』 p.165.

제들이 발생해요. 전기는 일상에서 너무 중요한 부분이라 정부가 나서서 문제를 해결하려고 했어요. 이때 정부가 부딪치는 일차적 난관이 있어요. 지난 10년 동안 정부가 이 산업을 운영하지 않은 관계로 이 문제를 다룰 수 있는 전문가가 내부에 남아 있지 않은 거예요. 설사 있다고 해도 지난 10년간 이런 문제를 다뤄 본 적이 없기 때문에 실질적 대응 경험이 전무한 상태죠. 정부가 이 문제를 내부에서 해결할 수 없을 때, 정부가 취할 수 있는 방법은 이 문제를 해결할 또 다른 민간 사업자를 찾는 것밖엔 없어요. 이렇듯 한번 민영화된 산업은 정부가 다시 공공 부문으로 편입시키기가 너무 어렵고, 만약 문제가 발생하면 또 다른 민간 기업에게 맡겨야 하는 악순환에 갇혀 버려요. 결국, 대응 능력을 상실한 정부 아래 다수의 시민들은 고통받고, 일부 민간 기업을 소유한 자들만 이익을 얻게 되겠죠.

정부가 가난해진다는 말은 정부가 운영하던 공공 부문의 사업이 축소된다는 말과 사실상 동의어예요. 이 말을 일반 시민에게 적용하면, 이 서비스들을 이용하는 비용이 비싸진다는 의미죠. 의료 산업이 민영화된다는 말은 개인의 의료 비용이 늘어난다는 뜻이고, 철도가 민영화된다는 말은 개인의 교통비 부담이 더 커진다는 뜻이며, 가스가 민영화된다는 말은 개인이 에너지 비용을 더 지불해야 한다는 뜻이에요. 우리가 그동안 이런 부문에서 질 좋은 서비스를 싸게 이용할 수 있었던 건 정부가 그 손해를 감수했기 때문이죠. 자본주의 사회에 살면서 이윤을 추구하는 민간 기업이 싸고 질 좋은 서비스를 장기적으로 제공할 것이라 기대하는 것, 그 자체가 모순이지 않을까요?

민간은 부유해지는데 정부는 가난해진다는 말은 안정적인 일자리가 사라지고, 전체적인 일자리 수도 줄어든다는 의미예요. 공공 부문 산업이라는 건 그곳에 고용된 사람들이 공무원이거나 공무원과 유사한 지위의 노동자라는 뜻이죠. 민영화를 하면 대다수가 선호하는 이런 안정적인 일자리가 언제든 해고될 수 있는 노동자나 비정규직으로 대체되는 거예요. 일자리의 안전성과 질이 동시에 낮아지는 거죠. 또한 민간 기업은 비용 절감을 위해 고용 인원 자체를 최소화하려 들 테니 안정적이지 않은 일자리조차 그 수가 점점 줄어들 거예요.

이게 바로 국가의 전체 부가 늘어나도 정부는 점점 더 가난해지고, 세상이 풍요로워져도 대다수 사람들의 삶이 팍팍해지는 미스터리의 전말이에요.

점점 더 막강해지는 슈퍼리치들의 영향력

그런데 이렇게 생각하는 사람도 분명 있을 거예요.

'어느 시대나, 어느 시스템에서나, 지금의 슈퍼리치에 해당하는 부유한 소수들이 있었다. 귀족, 왕족, 성직자들처럼 말이다.

재벌이야 옛날에도 있었고, 독과점도 최근에 생긴 게 아니다. 정작 우리가 불평등하다고 느끼는 이유는 이런 슈퍼리치들 때문이 아니라, 중산층의 실질적인 삶의 질이 저하되고 있기 때문이다. 언제든 중산층 밖으로 밀려날 수도 있다는 불안감, 실직이라도 하면 사회적 안전망이 없어 바로 중산층 이하의 삶으로 떨어지는 현실, 예전에 비해 더 어려워진 계층 간 이동, 좀처럼 구하기 힘든 안정적인 일자리, 아무리 적금을 부어도 하늘 높은 줄 모르고 치솟는 집 값, 결혼과 출산을 꿈꿀 수 없게 만드는 현실 때문이다.'

맞아요. 그럴 수 있어요. 저기 다른 행성에 살고 있는 슈퍼리치들은 평범한 우리들과는 아무 상관도 없다고 생각할 수 있어요. 그런데 정말 그럴까요? 많은 사람들이 인류가 전에 없는 풍요의 시대에 살고 있다고 말해요. 그런데도 여러분은 왜 자신의 몫이 얼마일지 고민하는 걸까요? 왜 중산층 안으로 들어가는 일이, 그리고 그 삶을 계속 유지해 나가는 것이 예전보다 더 어려워졌을까요? 왜 많은 이들이 중산층 밖으로 밀려날까 봐 두려워하는 걸까요?

실제로 2015년 NH투자증권의 '100세 시대 연구소'가 한국의 중산층에 속하는 1,128명에게 '당신은 중산층이냐?'고 물었어요. 그런데 놀랍게도 79.1%가 아니라고 답했죠. 기준상으로는 분명 중산층인데, 10명 중 8명이 스스로 중산층이 아니라고 답했던 거예요. 어떻게 이런 일이 일어나게 된 걸까요?

만약 그 이유가 '분배 규칙'을 결정하는 사람들이 슈퍼리치들의 영향 아래 있기 때문이라면, 이들의 존재가 왜 문제인지 여러분이 납득할 수 있을까요? 우리나라처럼 정경유착의 전통이 존재하고, 1987년 민주화 이후 꾸준히 권력이 정치에서 경제로 이동하는 사회에서 슈퍼리치들의 영향력이 점점 더 커지고 있다고 하면, 이들의 존재가 얼마나 심각한 문제인지 여러분이 이해하게 될까요?

여러분 혹시 지난 박근혜 정부 때 진행된 대통령 탄핵 재판 생각나시나요? 당시 삼성이 박근혜, 최순실과 경영 승계 문제를 둘러싸고 430여 억 원에 이르는 뇌물을 주고받은 정황이 드러났죠. 삼성은 최순실의 딸 정유라에게 220억 원을 지원하겠다는 약속과 함께, 박근혜의 비호 아래 최순실이 주인 노릇을 했던 미르재단과 K스포츠재단에 204억 원에 이르는 돈을 출연했어요. 누가 봐도 기업과 권력이 결탁한 대형 정경유착 비리였죠. 그런데 '대통령 박근혜를 파면한다.'는 주문으로 유명해진 탄핵 결정문의 탄핵 사유는 딱 하나, 권력이 '기업의 자유를 침해했다.'는 거였어요.

누구나 다 알고 있는 '박근혜-최순실 게이트'의 핵심인 삼성의 연루 문제는 탄핵 결정의 중요한 사유가 아니었어요. 사실을 언급하는 과정에서 두 차례 언급되었을 뿐이었죠. 오히려 결정문은 실망스럽게도 미르와 K스포츠재단 설립을 두고 내동링의 강압적인 요구 앞에 "기업들이 스스로 결정할 수 있었던 사항은 거의 없었다."(탄핵 결정문 55쪽)고 말하고 있어요. 그리고 45쪽에선 좀 더 구체적으로 "출연 요구를 받은 기업으로서는 이를 수용하지 않을 수 없는 부담과 압박을 느꼈을 것이고, 이에 응하지 않을 경우 기업 운영이나 현안 해결과 관련하여 불이익이 있을지 모른다는 우려 등으로 (⋯) 요구를 거부하기 어려웠을 것"이라며 사실상 기업을 두둔하고 있죠. 우리 모두가 주목했던 대가성 있는 '뇌물죄'와는 거리가 먼 것이었죠. 한마디로 결정문은 처벌받아야 할 기업을 향해 "당신들의 자유가 침해당했다."고 변호하고 있었던 거예요.

이런 힘을 가진 기업이라면, 이런 기업을 소유한 슈퍼리치들이라면, 우리 시대의 분배 규칙을 정하는 데 충분한 영향력을 미칠 수 있지 않을까요? 결국 이들의 막강한 영향력 때문에, 중산층 이하의 사람들이 지구적 시장이 창출하는 거대한 풍요로움의 혜택을 함께 누리고 있지 못한 것은 아닐까요?

포스트민주주의 : 새로운 봉건주의의 도래

지금까지 살펴본 내용을 정리하면 다음과 같아요.

'민간에서 슈퍼리치들이 등장하는 가운데 정부는 점점 더 가난해지고, 중산층 이하의 사람들은 한 사회가 이룩한 풍요로움을 분배하는 과정에서 철저히 소외되고 있다.'

지금부터 어떤 일이 일어나고 있는지 좀 더 자세히 이야기해 보려 해요. 정치에 조금이라도 관심이 있는 분들은 느끼고 있겠지만 최근 많은 사람들이 민주주의에 이상 신호가 왔다고 말해요. 그 대표적인 사례로 세계 곳곳에서 나타나고 있는 '포퓰리즘' 현상을 들곤 하죠. 포퓰리즘의 뜻에 대해선 조금 있다 상세히 설명할 기회가 있을 거예요. 지금 우리가 묻고자 하는 질문은 이거예요. '왜 포퓰리즘이라는 이상 신호가 나타난 것일까?' 거기엔 21세기 디지털 기술 시대가 만들어 놓은 '격차'가 작동하고 있어요.

여러분 혹시 '포스트민주주의'라는 표현을 들어 본 적 있나요? 콜린 크라우치라는 정치사회학자가 2000년에 내놓은 팸플릿 「포스트민주주의에 대처하기Coping with Post-Democracy」에서 처음 썼던 용어죠. 이 내용은 4년 뒤 『포스트민주주의』라는 책으로 발간돼요. 저도 많은 내용을 이 책에서 인용했어요. 크라우치가 설명하고 있는 내용들을 보면 지구적 시장의 등장 이후 민주주의가 어떻게 변화했는지, 현재 어떻게 작동하고 있는지 쉽게 파악할 수 있죠.

크라우치는 포스트민주주의 사회가 우리가 알고 있는 모든 민주주의의 특징을 다 갖춘 곳이라고 말해요. 마치 포스트산업사회가 산업사회의 특성을 모두 내재하고 있듯이, 포스트민주주의 사회도 그렇다는 거죠. 포스트민주주의 사회에도 우리가 민주주의의 꽃이라 부르는 선거가 존재하고, 권력을 잡기 위해 경쟁하는 복수의 정당도 있어요. 또 정치 행위자들 사이에서 활발한 토론이 이뤄지고, 인권을 보호하기 위한 다양한 노력들이 존재하며,

공공 업무 역시 어느 정도 투명성을 확보하고 있죠.[1] 한마디로 민주주의가 갖추어야 할 모든 제도들을 다 갖추고 있고 실제로 작동도 하는 사회예요.

그런데 이 사회가 기존의 민주주의와 결정적으로 다른 점이 있어요. 권력의 중심이 다수의 유권자에서 특권을 추구하는 소규모 정치 엘리트와 부유한 집단으로 옮겨 갔다는 것이죠. 근대 민주주의가 권력을 소수의 왕과 영주들로부터 평범한 사람들에게 옮겨 놓았다면, 포스트민주주의에선 오히려 그 반대 현상이 일어나고 있다고 크라우치는 주장해요. 어떻게 이런 일이 일어난 걸까요?

크라우치는 이런 현상을 정당 모델의 변화를 통해 아주 명확하고 간략하게 보여 줘요.[2] 여러분 모두가 알다시피 지금의 민주주의는 정당정치를 기초로 지어져 있어요. 민주주의 국가에서는 계급, 계층, 이념 등에 따라 뜻을 같이하는 사람들이 정당을 만들고, 이 정당들이 권력을 쟁취하기 위해 유권자들에게 지지를 호소하며 서로 경쟁하죠. 정당을 통해 서로 이해관계를 달리하는 집단이 자기 이익을 제도적 장에서 실현할 수 있는 기회를 갖는 거예요. 달리 말해 정당은 서로 다른 이해관계 때문에 갈등하는 집단 사이의 제도적 조정과 해결이라는 발상 아래 작동하고 있어요. 이 경쟁이 건강하고 치열할수록 성숙한 민주주의가 만들어지는 거죠.

---

1 Crouch, 『*Post-democracy*』, 1장 참조.　　2 Crouch, 같은 책, 4장 참조.

크라우치는 포스트민주주의가 어떻게 작동하는지 설명하기 위해 먼저 민주주의 사회에서 정당이 어떻게 만들어지고 작동하는지부터 설명해요. 같이 그림을 볼까요.

[민주주의 사회의 정당 모델]

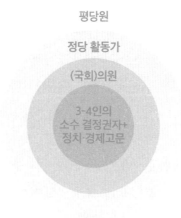

위의 그림을 보면 민주주의 사회의 정당 모델은 동심원의 연쇄 구조로 만들어져 있다는 사실을 금방 알 수 있죠. 첫 번째 동심원 즉, 정중앙에 정당에서 가장 중요한 결정을 내리는 3~4명의 정치 지도자들이 있어요. 정당에서 이들의 중요성은 아무리 강조해도 지나치지 않아요. 혹시 여러분 로베르트 미헬스Robert Michels의 '과두제의 철칙'에 대해 들어 본 적 있나요? 독일의 정치학자이자 사회학자였던 그가 『정당사회학Zur Soziologie des Parteiwesens in der modernen

Demokratie』(1911)이라는 책에서 주장한 내용이에요. '아무리 민주적인 조직이라 할지라도 그 운영상 과두제로 반드시 귀결된다.'는 원리죠. 조직이 커질수록 관료화되는 경향이 나타나고 관료화된 거대 조직에선 몇몇 사람에게 결정권이 위임되는 과두제가 강하게 나타난다는 거예요. 그런 결정권을 가진 이들이 동심원의 정중앙에 자리 잡고 있어요. 그리고 이들 곁에는 정치 고문, 경제 고문 등 이들을 보좌하는 사람들이 함께 머물게 돼요. 이 양자를 합친 그룹이 의사결정에 있어 핵심 라인인 셈이죠.

핵심 동심원을 둘러싼 두 번째 동심원엔 각 당에 속한 의원들이 자리 잡고 있어요. 이들은 중앙에 위치한 의사결정권자들의 말을 충실히 따르죠. 우리나라의 경우엔 가운데 동심원에 있는 정당의 핵심 인물이 의원들에 대해 강력한 통제력을 행사하는데, 그 이유는 공천권을 쥐고 있기 때문이에요. 세 번째 동심원에는 정당에 소속된 활동가들이 자리 잡고 있어요. 정당 활동을 열심히 해서 국회의원도 되고, 능력에 따라선 당 지도부도 될 수 있죠. 우리나라의 경우 정당 활동가로서 성공한 대표적인 인물이 김현미 전 국토교통부 장관이에요. 네 번째 동심원에는 평당원들이 있는데, 우리나라 같은 경우엔 당비를 내는 진성 당원들과 당비를 내지는 않지만 당원으로 등록되어 있는 이들이 여기에 해당하죠. 이 네 번째 동심원 밖에는 당원은 아니지만 그 정당을 지지하는 유권자들이 위치하고 있죠. 이 동심원은 연쇄적으로 맞닿아 있어서 정당을 지지하는 사람이 당원으로, 당원에서 정당 활동가로, 정당 활동가에서 의원으로, 최종적으로 핵심 결정권자가 될 수도 있어요. 이것이 바로 민주주의 사회에서 정당이 만들어지고 작동하는 기본 모델이에요.

그런데 포스트민주주의 사회에서의 정당 구조는 이렇게 연쇄적인 동심원으로 연결되어 있는 게 아니라 하나의 커다란 타원형으로 구성되어 있다고 크라우치는 말해요.

[포스트민주주의 사회의 정당모델]

평당원

정당 활동가

(국회)의원

**3-4인의
소수 결정권자**

유권자

로비스트 + 경제 엘리트
(전직 정치 및   (CEO+
경제 고문)   초국적 자본)

포스트민주주의 사회의 정당을 보면, 기존 모델에서 유일하게 의미 있는 동심원은 정당의 지도부와 정치 및 경제 고문들이 자리 잡고 있는 핵심 동심원뿐이에요. 나머지 동심원들은 거의 무시되는데, 심지어 의원들이 속한 두 번째 동심원도 큰 의미를 지니지 않아요. 의사를 결정하는 데 있어 영향력을 많이 행사하지 못하기 때문이죠.

포스트민주주의 사회의 정당에선 핵심 동심원이 제일 바깥에 있는 일반 유권자와 바로 연결되는 일이 일어나요. 때로는 중앙의 핵심적인 인사들과 바로 연결되는 사람이 평범한 유권자가 아닐 수도 있는데, 그들이 바로 사회에서 막강한 영향력을 행사하고 있는 소수의 부유한 사람들 혹은 강력한 초국적 기업의 CEO들이에요.

여기서 우리가 또 하나 주목해서 봐야 할 집단은, 정중앙의 소수의 정치 엘리트와 동심원 밖의 경제 엘리트 들이 바로 연결될 수 있게 고리 역할을 해 주는 이들이에요. 누가 그런 역할을 할까요? 바로 정당에서 정치를 했거나 고문 역할을 한 경력이 있는 사람들이죠. 이들이 거대 기업에 로비스트로 취직하며 양쪽을 직접 연결해 주는 작업을 맡아요. 정당의 주요 사안을 결정하는 이들이 동심원 밖 슈퍼리치들과 바로 연결되면서 소수의 정치 엘리트와 엄청나게 부유한 이들에게 권력이 집중되는 현상이 나타난다는 게 크라우치의 주장이에요.

그런데 포스트민주주의 사회의 더 중요한 특징은, 정치 결정권자들이 부유한 이들의 이익을 합법적인 절차를 밟아서 실현시켜 준다는 데 있어요. 공공 부문의 민영화가 대표적인 사례죠. 시민의 대표자들이 모인 의회에서, 합법적 절차를 통해, 없던 법을 새로 만들어 가며, 그들의 이익을 보장해 주는 거죠. 정당 지도부에 쉽사리 맞설 수 없는 일반 의원들은 이런 결정을 수동적으로 따를 수밖에 없고, 정당 지도부 자리를 노리는 의원들은 다음번 수혜를 받을 이가 자신이기에 굳이 반대할 이유가 없는 거죠. 또한 정권 교체가 가능한 민주 사회이기에 다른 정당들 역시 자신들이 권력을 잡게 되면 그 수혜를 받게 될 테니 적극적으로 나서서 반대할 이유가 없죠.

결론적으로 포스트민주주의 사회에서 '제도권 정치인들은, 심지어 진보적 정치인들조차 슈퍼리치들의 이익을 견제하고 그들의 부패를 막는 일에 결코 적극적으로 나서지 않는다.'는 게 크라우치의 주장이에요. 실제 2000년대에 접어들며 세계 곳곳에서 많은 사람들이 자신의 목소리를 들어주지 않는 제도권 정치인들에게 좌절감을 느끼기 시작했어요. 영국의 언론인 출신 정치평론가 데이비드 굿하트David Goodhart는 『엘리트가 버린 사람들The Road to Somewhere』(2017)에서 이런 좌절감이 브렉시트Brexit[1]와 트럼프 열풍을 낳았고 결국 '포퓰리즘의 폭발'로 이어졌다고 분석하죠.

21세기에 등장한 포퓰리즘은 '우리가 절박한 처지를 아무리 호소해도 제도권 정치인들은 제대로 살펴봐 주지 않는다.'라는, 1980년대 이후의 오랜 경험을 공유하고 있어요. 그렇기에 포퓰리즘 운동에 가담하는 사람들은 기존의 제도권 정치인들이 장악한

---

1 영국을 뜻하는 'Britain'과 탈퇴를 뜻하는 'exit'의 합성어로, 영국의 유럽연합(EU) 탈퇴를 의미한다.

민주주의는 더 이상 자신들을 위해 일하지 않는다고 생각해요. 이제 이들은 자신들을 대변해 줄 새로운 정치인들이 필요하다고 믿죠. 바로 그 시작점에 오랫동안 아웃사이더로 지낸 정치인, 영국의 제레미 코빈Jeremy Corbyn과 미국의 버니 샌더스Bernie Sanders가 있었어요.

부자가 아닌, 모두를 위한 경제 : 샌더스와 코빈 열풍

———

그렇다면 포퓰리즘이란 무엇일까요?

전통적으로 포퓰리즘이 작동하는 기본 원리는 '소수의 엘리트들이 평범한 사람들의 권력을 빼앗아 갔다. 그 권력을 다시 찾아 돌려주겠다.'는 거예요. 이 시대의 좌파 포퓰리즘은 이 원칙에 따라 충실히 움직여 왔어요. 이들은 권력에서 배제되어 있는 자라면 누구나 연대해야 하는 존재로 여기죠. 반면 우파 포퓰리즘은 '소수의 엘리트'와 '평범한 사람들' 사이에 제3의 집단을 설정해요. 여기엔 이민자, 외국인 노동자, 난민, 여성 등이 포함되죠. 우파 포퓰리즘은 소수의 엘리트들이 자국 내 다수인 '우리, 평범한 사람들' 대신 이 '제3의 집단'에 관심을 더 많이 쏟는다고 주장해요. 이들이 '평범한 우리'보다 더 많은 권리를 누리는 것은 부당하다는 여론을 조장해 지지자들의 분노를 불러일으키는 거예요.

쉽게 말해 사회의 최약층인 '더 배제된 자'를 이용해 평범한 이들로 구성된 '덜 배제된 자'들을 결집하는 방식이죠. 트럼프와 브렉시트가 바로 이런 우파 포퓰리즘의 작동 방식에 기댄 대표적 사례예요.

트럼프와 브렉시트가 '디글로벌라이제이션deglobalization, 탈세계화' 시대를 열어젖히자, 평범한 사람들의 요구에 응답하지 않는 소수 정치 엘리트의 지배를 비판하며 좌파 포퓰리즘을 지지하던 많은 지식인들은 당황할 수밖에 없었어요. 당대 좌파 포퓰리즘의 선봉엔 영국의 제러미 코빈과 미국의 버니 샌더스가 있었거든요. 이들은 세계적으로 확산된 불평등의 현실 앞에 기업이 아닌 '평범한 사람들을 위한 양적 완화'를 외치며 엄청난 지지와 세계적 관심을 불러 모았던, 아웃사이더 출신의 정치인들이었어요. 이들의 영향력이 얼마나 컸는지 '제러미 코빈 신드롬', '샌더스 신드롬'으로 불렸죠. 이 신드롬이 얼마나 강력했는지는 미국의 보수 유대계를 대표하는 언론인 『코멘터리Commentary』의 반응을 보면 쉽게 파악할 수 있어요. 『코멘터리』는 이런 현상을 두고 '대서양 연안 국가의 좌파들 전반에 퍼져 나가고 있는 전염병an epidemic'이라며 원색적인 비판을 가했죠.[1] 그렇다면 그들이 일으킨 신드롬의 내용은 무엇일까요?

---

1 Noah Rothman, 「Democrats' Jeremy Corbyn Syndrome」『Commentary』 2015. 9. 21.

8선의 하원 의원이었던 제레미 코빈은 2015년 9월 노동당의 당대표로 선출되었어요. 그는 노동당에서도 항상 아웃사이더 취급을 받던, 비주류 출신의 강경 좌파 정치인이었죠. 당수로 당선되기 전까지는 영국 정치계에서 특별히 잘 알려진 인물도 아니었어요. 오히려 강경 좌파 이미지로 인해 당 내에서 부정적인 인식이 강했죠. 얼마나 부정적이었냐고요? 코빈 열풍을 목격한 토니 블레어는 영국 일간지 『가디언』에 기고한 글에서 "코빈이 당대표가 되는 것은 노동당의 '절멸'을 의미한다."고 썼어요. 그러면서 코빈을 당대표로 뽑지 말라고 강력하게 호소했죠.[1] 영국 언론의 반응 역시 좋지 않았어요. 『모닝스타 _Morning Star_ 』와 같은 좌파 언론 정도가 예외였죠. 대부분의 반응은 매우 부정적이었어요. 그런 상황에서도 코빈은 당대표 경선을 거쳐 59.5%라는 노동당 역사상 최고의 지지율로 당선되었죠. 이 선거 결과를 '영국의 여름 혁명'이라 부르는 이유가 바로 여기 있었던 거예요.

코빈 역시 부자들을 위한 경제가 아닌 '모두를 위한 경제'를 내세우며 등장했어요. 불평등에 대한 코빈의 정책을 한마디로 요약하면 '서민들을 위한 양적 완화 정책'이라 할 수 있어요. 기업이 어려울 때는 많은 돈을 퍼붓는 정부가, 서민의 어려운 상황을 해결하는 일에는 돈을 아끼며 긴축 재정을 실시하는 건 옳지 않다고 강력하게 주장했죠. 당선 이후 코빈은 노동당 컨퍼런스 기조

---

[1] Tony Blair, 「Even if you hate me, please don't take Labour over the cliff edge」, 『_The Guardian_』, 2015. 8. 13.

연설을 통해 자신이 중점을 두고자 하는 것은 경제적으로 탁월한 정부가 아니라 육아, 건강, 복지, 주택 등과 같은 사회문제를 해결할 수 있는 정책이라고 밝혔지요.[1]

사실 코빈 신드롬은 당시 당대표 선거 과정만 봐도 고스란히 확인할 수 있어요. 누군가는 이렇게 물을 수 있을 것 같아요. "사회주의자인 제레미 코빈이 어떻게 '지구적 시장'에 가장 먼저 순응했던 영국 노동당의 당수가 될 수 있었던 것일까?" 코빈은 2014년 노동당의 당대표 선출 방식의 개혁이 빚어낸 가장 급진적인 성과였어요. 당시 애드 밀리반드Ed Miliband가 이끌고 있던 노동당은 당내 주축 세력인 노동조합의 힘이 강화되는 걸 우려하고 있었죠. 이런 이유로 노동조합의 힘을 약화시키고 중도 노선을 강화하기 위해 3파운드만 내면 누구나 당대표 선거에 참여할 수 있게 하는 개혁을 실시했어요. 그런데 아이러니하게도 '3파운드 선거인단'의 10만 5,600여 표 가운데 83.8%가 코빈을 지지하며 그를 노동당의 당수로 만들어 줬던 거예요. 바뀐 제도 덕분에 당대표 선출 이전 20만 명 수준이던 노동당의 당원 수는 불과 석 달 사이에 32만 명을 넘어섰죠. 이런 움직임을 바탕으로 코빈은 1994년 토니 블레어가 삭제해 버린 당헌 4조 '생산수단의 국유화 조항'의 복원을 내세우며 노동당 혁신을 주도할 수 있었어요.

---

1 Labour Press, 「Speech by Jeremy Corbyn to Labour Party Annual Conference 2015」 (http://press.labour.org.uk/post/130135691169/speech-by-jeremy-corbyn-to-labour-party-annual).

이와 비슷하게 미국에선 샌더스 열풍이 몰아닥쳤어요. 샌더스는 2016년 미국 대통령 선거에서 민주당 경선에 참가하며 신드롬을 일으켰죠. 이 열풍이 놀라웠던 이유는 샌더스가 미국에서는 찾아보기 힘든 최장수 무소속 상원 의원이자 자칭 사회주의자이기 때문이에요. 미국에서 정치를 하며 사회주의를 내세운다는 건 정말 거의 불가능에 가까운 일이거든요. 당시 샌더스는 미국 사회가 그 어느 때보다 불평등한 상태라고 외쳤어요. 샌더스는 "소득 최상위에 속하는 15명이 지난 2년간 증식한 자산이, 소득 하위 40%에 속하는 모든 사람들의 자산을 합친 것보다 크다.", "내가 과격하다고? 월마트의 소유주 월튼가의 자산이 가장 가난한 1억 3,000만 명의 재산을 모두 합친 것보다 크다는 것, 이런 미국의 현실이 지나치게 과격한 것이다!"라는 말을 거침없이 내뱉으며, 심각한 수준의 불평등을 해소하기 위해선 제도 개혁을 통해 극소수의 슈퍼리치들에게 편중된 부를 중산층과 빈곤층에게 재분배해야 한다고 주장했죠. 샌더스는 슈퍼리치들이 슈퍼팩SuperPAC[1]을 통해 제공하는 선거 자금을 거부하며 소액 기부만으로 대통령 후보 캠페인에 나섰죠. 그의 이런 행보에 미국의 중산층, 특히 교육받은 청년들이 폭발적인 반응을 보였어요. 비록 당내 경선에서 힐러리에게 지기는 했지만 대선 후보 경선이 본격적으로 시작된

---

1 Political Action Committee의 약자로, 우리말로는 '정치행동위원회'로 불린다. 특정 정치인이나 법안 등을 지지하거나 반대하는 활동을 하는 단체로서, 특정 정치인이나 정당에 직접 자금을 대주는 방식만 아니라면 제한 없이 선거 관련 자금을 모으거나 쓸 수 있다. 이렇게 모은 자금을 활용해 이들은 특정 후보나 정당 또는 정책을 지지하거나 반대하는 광고를 내보낸다. 주로 막대한 자금력을 보유한 슈퍼리치들이 운영한다.

2016년 1월 한 달 동안 소액 기부로 2,000만 달러를 모으는 등 샌더스 열풍은 정말 엄청 났었죠.[1]

그렇다면, 이 두 신드롬의 공통점은 무엇일까요? 우선 샌더스와 코빈 모두 잘 알려지지 않은 비주류 정치인 출신이라는 점이에요. 샌더스의 경우 양당 체제인 미국에서 매우 드문 무소속 의원이었기에 미국 정치계에서 어느 정도 존재감이 있었지만, 코빈의 경우엔 8선 하원 의원임에도 국내외적으로 거의 알려지지 않은 정치인이었어요. 제 지인 중에 영국 정치에 정통한 전공자가 있는데, 그분 역시 코빈을 모를 정도였죠. 하지만 이 두 인물은 정치를 하는 동안 변함없이 사회적 약자들을 위한 정책을 지지하고 늘 이들의 편에 서 있었다는 공통점을 가지고 있어요. 이것이 스스로를 사회적 약자라고 느끼는 이들이 믿음을 갖고 지지를 보낸 배경이었죠.

또 하나의 공통점은 이들의 주요 지지층이 중산층, 특히 중산층 가정의 청년 세대들이라는 것이에요. 당시 샌더스의 지지층은 미국에서 정치적 무관심으로 악명 높은 18~29세 사이의 청년들이었어요.[2] 이들이 소셜 미디어나 작은 오프라인 모임을 통해 활발하게 활동하며 샌더스의 선거 캠페인을 적극적으로 알렸던 거

1 Matea Gold, 「Bernie Sanders's campaign brings in jaw-dropping $20 million in January」 『The Washington Post』 2016. 1. 31.

2 Adam Gabbatt, 「Millennials 'heart' Bernie Sanders: why the young and hip are #FeelingtheBern」 『The Guardian』 2015. 8. 20.

예요. 코빈의 지지층 역시 25세 이하의 청년층이었어요.[1] 이 청년 세대의 영향력은 당대표 선거에서 고스란히 드러났죠.[2]

그렇다면 왜 중산층의 청년 세대들이 이들을 열광적으로 지지했던 걸까요? 이 과정에는 우선 신자유주의의 영향으로 높아진 교육비와 높은 실업률이라는 중요한 요소가 자리 잡고 있었어요. 교육 분야에도 도입된 지구적 시장의 영향으로 교육에 투자해야 하는 비용이 엄청나게 늘어났던 거죠. 이 때문에 학자금 대출로 학교를 다닌 많은 학생들이 졸업하는 순간 엄청난 규모의 빚을 떠안게 되었어요. 구체적 수치를 보면, 2015년 대학을 졸업한 미국의 사회 초년생들은 평균 3만 5,000달러 이상의 빚을 떠안아야 했죠. 1995년의 1만 2,000달러와 비교하면 3배에 해당하는 액수죠.[3]

그러나 이들을 기다리고 있던 건 실업과 비정규직이라는 이중고였어요. 2015년 영국의 청년 실업률은 14.4%로 평균 실업률 5.7%의 3배였고, 이는 지난 20년을 통틀어 최악의 수치였죠.[4] 세계은행의 통계에 따르면, 2014년을 기준으로 미국은 14%, 프랑스

---

1 Lucy Sherriff, 「Meet The Young People Backing Jeremy Corbyn」 『The Huffington Post UK』 2015. 9. 16.

2 「가장 붉은 장미가 써낸 드라마」 『한겨레21』 2015. 9. 22.

3 Jeffrey Sparshott, 「Congratulations, Class of 2015. You're the Most Indebted Ever(For Now)」 『The Wall Street Journal』 2015. 5. 8.

4 Daniel Boffey, 「Youth unemployment rate is worst for 20 years, compared with overall figure」 『The Guardian』 2015. 2. 22.

는 23.9%, 이탈리아는 44.1%에 달하는 청년 실업률을 기록했고, 경제 위기를 겪고 있던 그리스와 스페인은 각각 53.9%와 57.9%를 기록했어요.[1] 당시 각국의 평균 실업률을 보면 미국 6.2%, 프랑스 9.9%, 이탈리아 12.5%로 청년 실업률이 평균 실업률보다 훨씬 높게 나타났죠.[2] 직업을 구한다 해도 비정규직이 많아 안정성이 보장되지 않는다는 점은 또 다른 함정이었어요. 평균 실업률과 청년 실업률의 비교에서도 금방 드러나듯 결국 중산층의 청년 세대들은 부모 세대가 수용한 지구적 시장의 가장 직접적인 피해자가 되었던 거예요.

샌더스와 코빈이 일으킨 열풍에서 우리가 가장 주목해야 할 것은 지구화 과정에서 생겨난 피해의 당사자로서 중산층 청년 세대들이 정치적으로 결집했다는 점이었어요. 이런 정치적 결집은 세부적으로 볼 때 두 가지 커다란 의미가 있어요.

첫째, 지구화를 주도한 두 국가, 미국과 영국에서 일어난 정치적 결집이라는 점. 바로 지구적 시장의 핵심부에서 일어난 저항이라는 점.
둘째, 이런 저항이, 자신들을 대표할 정치인을 스스로 선택해

---

1 The World Bank, 「Unemployment, youth total(% of total labor force ages 15~24) (modeled ILO estimate)」(http://data.worldbank.org/indicator/SL.UEM.1524.ZS).

2 The World Bank, 「Unemployment, total(% of total labor force)」(http://data.worldbank.org/indicator/SL.UEM.TOTL.ZS).

대통령과 수상을 만들기 위한 제도권 운동으로 표출되었다는 점.

가장 효과적인 변화는 제도권을 공략할 때 일어난다는 것, 그리고 가장 강력한 제도권 공략법은 풀뿌리 운동이 제도권의 변화를 추구할 때 이루어진다는 것을 보여준 최초의 시도였죠. 이 당시 영국과 미국에서 우리가 목격했던 변화의 중요성은 풀뿌리 운동이 제도권의 변화를 주도하고 있다는 점이었어요. 이런 풀뿌리 운동이 더욱 반가웠던 이유는, 전통적인 노동계급이 해체된 후 주권자의 공백이라는 위기에 빠져 있는 포스트민주주의 시대에, 그 빈자리를 채울 새로운 주권자의 도래를 의미하는 것일 수도 있기 때문이었죠.

백래시, 트럼프의 등장과 우파 포퓰리즘의 지배

그런데 문제는 영국에서도 미국에서도, 코빈과 샌더스가 권력을 잡지 못했다는 데 있어요. 특히 미국 대선의 결과는 정말 실망스러웠죠. '미국 우선주의'를 내세우며 공화당 내 17명의 다른 후보를 물리치고 대통령 후보로 나선 포퓰리스트 도널드 트럼프가 당선이 되었거든요. 이후 세계는 포퓰리즘의 도가니에, 특히 트럼프처럼 인종차별적이고, 여성혐오적이며, 이민자 배척적인,

'프로토 파시즘proto-fascism'[1]에 가까운 극우 포퓰리즘에 빠져들었어요. 통계를 보면 2018년을 기준으로 유럽연합 28개 회원국 중 22개 국가에서 포퓰리즘을 표방한 정치 세력이 정권을 잡거나 약진했죠. 이탈리아, 그리스, 체코, 헝가리, 폴란드에선 심지어 이들이 권력을 잡았고, 16개국에선 연립정부[2]에 참여하고 있는 상황이에요. 같은 해, 남미에서 가장 큰 경제력을 지닌 브라질에선 '열대의 트럼프'로 불리는 자이르 보우소나루Jair Messias Bolsonaro가 당선되었죠. 2020년 1월엔 영국이 '브렉시트'란 이름으로 유럽연합과 공식적으로 결별했는데, 이 역시 '극우 포퓰리즘'의 결과였어요. 스페인을 제외한다면 사실상 지금은 '우파 포퓰리즘'의 시대라 할 수 있어요.

역설적이지만, 트럼프가 만들어 낸 이런 '백래시backlash'[3] 현상은 지구적 시장이 정치를 어떻게 엉망으로 만들 수 있는지 보여주는 대표적인 사례였죠. 트럼프야말로 우리가 슈퍼리치라고 부르던 인물 중 하나니까요. 대통령에 당선될 당시 트럼프는 45억 달러, 우리 돈으로 5조 4,000억 원이 넘는 재산을 소유하고 있었어요. 이런 트럼프가 '미국 우선주의'를 외치며 어려운 처지에 놓인 미국의 서민들에게 이렇게 호소했죠. '기존의 정치인들은 모

---

1 헨리 지루Henry A. Giroux가 『신자유주의의 테러리즘Against the Terror of Neoliberalism: Politics Beyond the Age of Greed』(2008)에서 사용한 용어로, 미국에서 나타나고 있는 반동적 모더니즘, 극단적 복음주의, 시민과 외국인들을 잠재적 테러리스트로 간주하는 극우들의 권위주의 등을 기존의 파시즘과 구별하기 위해 썼다.

2 둘 이상의 정당이나 단체의 연합으로 세워진 정부.

3 사회 변화 등에 대한 대중의 반발.

두 돈에 물들어 부패했다. 돈이 필요한 그들은 아무리 호소해도 평범한 사람들, 빈곤한 사람들의 요구를 수용해 주지 않는다. 오히려 그들은 인도주의자인척 굴며 미국에서 어려움을 겪고 있는 이들이 아니라 불법 이민자들에게 더 온정을 베풀고 있다. 나는 다르다. 나는 내가 부자라 부패할 이유가 없다. 나는 국경 밖에서 온 이들이 여러분의 삶을 갉아먹고 있다는 걸 알고 있는 아웃사이더다. 이제 아웃사이더만이 세상을 바꿀 수 있다. 나를 뽑아야만 한다.'

당시 주요 언론이 발표한 트럼프의 당선 확률은 고작 9%. 그럼에도 트럼프가 힐러리를 물리칠 수 있었던 이유는 무엇이었을까요? 이후 많은 전문가들이 그 이유로 꼽은 건, 많은 이들이 힐러리 역시 기성 정치인들의 일부, 다시 말해 아무리 말해도 결국은 평범한 사람들의 요구를 들어주지 않는 세력이라고 보았다는 거였어요. 크라우치의 표현을 빌자면, 힐러리 역시 포스트민주주의를 만든 소수 엘리트 정치인의 일부라는 거죠.

트럼프의 당선은 역사의 '역설적인' 한 장면이었어요. 슈퍼리치들과 그들과 결탁한 소수 정치 엘리트들에게 질려 버린 사람들이 그 문제를 해결하기 위해 '슈퍼리치'에게 권력을 맡긴 거니까요. 더더욱 불행한 일은 통계적으로 중산층에 속하는 사람들이 트럼프와 같은 이들을 지지하게 되었다는 거예요. 이 점을 이해하는 게 중요해요. 다음 장에서 살펴보게 되겠지만 너무 빈곤한 사람들은 먹고 사는 문제에 얽매여 정치에 관심을 가질 여유가 없어요. 특히 지구적 시장의 도래 이후 가난한 이들은 그 어느 때보다 더 자신들의 목소리를 낼 수 없는 환경에 처해 있죠. 정치적인 문제에 관심을 갖고 목소리를 내기 위해선 어느 정도 생계가 유지되어야 해요. 중산층의 존재는 그래서 중요하죠.

현재의 중산층은 두 가지 점에서 과거와 달라요.

첫째, 과거의 중산층이 빈곤이라는 문제에서 자유로웠다면 지금의 중산층은 빈곤이 자신에게 닥쳐올 수도 있다는 불안감에 시달리고 있다. 이런 맥락에서 자신에게 위협이 될 만한 존재에 대한 혐오 및 배제의 레토릭에 더 쉽게 빠져들 수도 있다.

둘째, 과거의 중산층이 정치적 대표자들에게 영향력을 행사할 수 있었다면 지금은 점점 그 영향력을 잃어가고 있다.

트럼프와 같은 이들은 이민자, 난민, 여성, 인종 문제 등을 이용해 중산층에게 더 큰 불안감을 조성하고, 대표자들이 부유한 자들의 목소리만 들을 뿐 전통적인 중산층의 목소리를 들어주지 않는다고 선동하고 있는 거예요.

미국의 상황이 더욱 나빠진 건 샌더스가 제기한 '소수에게 집중된 자원과 권력의 분배'라는 문제에 트럼프가 이민자, 난민, 여성, 인종 등 여러 개의 복잡한 문제를 더해 버렸기 때문이에요. 이런 이유로 '극우 성향을 띠는 포퓰리즘'은 경제적 불평등의 문제를 뛰어넘는 거대한 사회·문화적 난제로 변모하며 더욱더 풀기 어려워졌죠. 몇몇 유럽의 국가도 비슷한 상황에 있고요.

촛불의 시대를 건너고 있는 우리에겐 이게 남의 일처럼 느껴

질 수도 있다는 생각이 드네요. 하지만 '삼성공화국'이라는 표현을 생각해 보면 이게 과연 남의 일만이라 할 수 있을까요? 『포스트민주주의』 한국어판 서문에서 콜린 크라우치는 우리에게 다음과 같은 질문을 던져요.

> "한국은 민주주의 이전 시대에 형성된 정치 엘리트와 소수 거대 기업 지도층 사이의 긴밀한 관계가 여전히 존속하고 있고, 대기업들은 초국적 기업이 되었다. 그 때문에 한국은 포스트민주주의로 빠르게 이행할 가능성이 높은가? 애초에 한국의 정치 계급은 시끌시끌한 민주주의의 기운 속에서 보통 사람들의 이해관계를 대변한 적이 있었던가?"

우리는 이 질문에 대한 답의 한 조각을, 앞서 박근혜 대통령 탄핵 결정문을 통해 이미 엿본 적이 있어요. 여러분의 답은 어떤가요?

지금까지 우리는 21세기 자본주의의 승자들인 슈퍼리치들의 세계가 도래했음을, 이로 인해 민주주의조차 무력해지고 있음을 함께 살펴보았어요. 소수가 만드는 승자들의 세계를 봤으니, 이제 그 반대편에 서 있는 사람들의 세계도 살펴봐야겠죠.

제2 기계 시대에 다수의 평범한 사람들은 어떻게 패자로 전락하고 있는 것일까요? 불평등한 세계는 어떻게 우리 마음속에 혐오와 모멸이란 세계를 짓고 있는 것일까요? 빈곤, 혐오, 모멸의 시대에 인간이 존엄하게 산다는 것은 어떤 의미일까요? 다음 장에서 함께 살펴보기로 해요.

제5 장

제2 기계 시대의 노동과 빈곤

잉여가 되어 버린 삶

"만약 호모 사케르의 생명이 인간의 법과 신의 법 모두의 바깥에 존재한다면, 그리고 죽여도 좋으나 희생물로 바치는 것은 금하는 취급을 받는다면, 그러한 호모 사케르의 생명이란 무엇이란 말인가?"

_조르조 아감벤Giorgio Agamben, 『호모 사케르Homo sacer』 중에서

5장을 시작하며

_____

　이번 장에서는 여러분과 함께 소외된 자들의 노동과 빈곤에 대해 이야기해 보려 해요. 승자와 엘리트가 독식하는 사회에서 노동은 그에 합당한 존중을 받고 있을까요? 왜 제2 기계 시대의 빈곤은 제1 기계 시대의 빈곤보다 더 심한 경멸의 대상이 된 것일까요? 불평등한 세계는 어떻게 가난한 사람들에 대한 혐오와 모멸을 만들어 내는 걸까요? 이 질문에 답하기 위해 다음과 같은 순서로 이야기를 이어가려고 해요.

　첫째, 자본의 경계와 노동의 경계가 일치하지 않는다는 것이 어떻게 노동의 가치를 전락시켰는가?

　둘째, 소비사회에서 직업을 잃는다는 것, 빈곤해진다는 것은 어떤 의미일까?

　셋째, 왜 플랫폼 노동자는 노동자가 아닌 것일까? 더 나아가 왜 제2 기계 시대의 노동자들은 노동자가 아닌 것일까?

　넷째, 왜 존중하지도 않는 노동을 인간의 자격을 증명하는 수단으로 쓰는 것일까?

　이 질문에 답할 수 있다면, 왜 제2 기계 시대에 노동하는 사람들이, 더하여 노동하지 못하는 사람들이, 아감벤이 말하는 '배제된 채 외부에 내쳐져서 포함되는 생명', 호모 사케르가 되었는지 그 이유를 여러분에게 설명할 수 있을 거예요. 제가 그 일을 잘 해 내길 바라며, 자 시작해 볼까요.

'액체 근대'의 도래와 뒤바뀐 운명

우리가 사는 시대를 영어로는 'modern', 우리말로는 '근대'라 부르죠. 간혹 옮기는 사람에 따라서는 '현대'라 부르기도 해요. 이 근대라는 용어가 '현재' 혹은 '최근'이라는 의미로 처음 문헌에 기록된 건 1585년, 그러니까 16세기 말경이라고 해요. 이 무렵부터 '현재 시대'라는 의미와 함께, '낡지 않은, 새로운 것'이라는 뜻으로도 쓰였어요. 더불어 '고대의ancient'라는 말과 상반되는 단어가 되었죠. '고대는 낡은 것, 근대는 새로운 것'이란 이분법적 구분이 여기서 생겨났어요. 우리가 근대적인 세계에 산다고 할 때, 이 말은 더 이상 '전통을 따르지 않는 세계, 그래서 새로운 세계'에 산다는 의미를 담고 있어요. 근데 자세히 보면 이 말엔 근대 세계에 살고 있는 인간의 운명이 내포되어 있어요. '더 낡기 전에 끊임없이 새로워져야 한다.' 그래요, 근대 세계를 살아가는 인간은 자신들이 만들어 낸 것을 끊임없이 폐기하거나, 쇄신해야만 하는 운명을 지니고 있는 거죠. 이렇게 보면 근대가 '끊임없이 일해야만 한다.'는 규범의 세계, '노동 윤리'의 세계인 것이 이상하지 않다는 생각이 드네요.

시간이 더 지나면 어떻게 될지 모르겠지만, 이 근대는 두 개의 시기로 이루어져 있어요. '근대'와 '후기 근대late modern period'죠. 이 후기 근대를 혹자들은 '탈근대post-modern period'라 부르기도 해요. 그런데 이 용어의 의미는 전혀 달라요. 이 용어의 차이를 이해하기 위해서는 '근대성modernity'이라는 용어를 먼저 이해해야 해요. 근대

177

성이라는 말을 철학적으로 풀어내자면 아마 책 한 권으로도 부족할 거예요. 간단히 이야기하면 '16세기부터 시작된, 인간이 직면한 새로운 사회적 조건들을 근대성이라 부른다.'고 정리할 수 있어요.

그러면 도대체 새로운 사회적 조건들이란 무엇일까요? 여러분도 알다시피 서구 사회에서 근대는 중세 다음의 시기예요. 신의 말씀이 질서를 이루던 시대에서 벗어나 인간의 이성이 질서를 이루는 시대로 이행한 시기죠. 이런 이행을 '합리화rationalization'라 불러요. 이 시기에 인간의 삶의 조건에 여러 가지 변화가 일어났어요. 우선 정치적 영역에선 민족nation과 국가state라는 새로운 개념이 탄생했고, 이 둘이 결합해 하나의 민족이 하나의 국가를 만든다는, 베네딕트 앤더슨의 표현을 빌자면 '상상의 공동체'가 탄생했죠. 베스트팔렌 조약 이후 17세기부터 서서히 민족국가가 만들어졌어요. 이와 더불어 정치 영역에선 또 하나의 놀라운 변화가 일어났죠. 2500년 전 번영했다 사라진 민주주의가 부활했던 거예요. 신이 왕에게 절대 권력을 주었다는 '왕권신수설'에서 벗어나 인민이 권력의 원천이라는 '인민 주권'이란 발상이 일반화되며 민주주의가 부활할 수 있는 기회가 주어진 거죠. 20세기는 바로 이 민주주의가 정치체제의 표준이 되었던 시기였어요. 그러니까 정치 영역에서 민족국가와 민주주의라는 두 가지 새로운 사회적 조건이 생겨났던 기죠.

경제 영역에서 일어난 새로운 변화는 시장의 등장과 곧이어 만들어진 자본주의 체제였어요. 사실 시장은 고대 세계에도 있었는데 그 시절엔 주로 물물교환이 이루어진 반면, 근대의 시장은 화폐를 매개로 교환이 이루어지죠. 그런데 더 근본적인 변화는 다른 차원에 있었어요. 이 시장이 사람들에게 이익을 마음껏 추구해 보라고 말했던 거예요. 인류가 만들어 놓은 제도 중에, 너의 욕망을 마음껏 실현해 보라, 너의 이익을 무한히 추구해 보라고 말하는 유일한 제도가 시장이라는 것, 여러분 알고 있나요? 근대의 시장은 최초로 각자의 욕망과 이익을 마음껏 추구해 보라고, 더 나아가 그 욕망과 이익을 추구하기 위해 성실히 일하라고 말했던 최초의 제도였어요.

사실 이게 얼마나 충격적인 발상이었던지, 이 변화의 시기에 살았던 수많은 사상가들이 이 시장을 어떻게 다루어야 하는지를 두고 고민했죠. 헤겔의 『법철학 *Grundlinien der Philosophie des Rechts*』(1820)이 새롭게 탄생한 시장과 그 시장에서 탄생하는 인간을 어떻게 다루어야 할지 고민한 대표적인 저작이에요. 신이 사라진 시대에 인간들은 시장에서 각자의 이익을 좇으며 분열되지만 이를 통합시켜 줄 그 어떤 새로운 것도 없었기 때문이죠. 이 시장이 자본주의라는 체제를 단단히 구축하자, 이 자본주의 체제 속에서 살아가는 인간의 운명은 근대 철학의 가장 중요한 주제가 되었어요. 예를 들어 마르크스는 각자 다른 이익과 가치로 분열된 인간의 세계를 깨부수어야 한다고 말했고, 이에 맞서 베버는 자본주의가 분열된 인간을 만들어 내며, 우리는 결코 자본주의라는 철창을 벗어날 수 없다는 걸 받아들여야 한다고 주장했죠.

이처럼 근대는, 민족국가, 민주주의, 자본주의, 노동 윤리, 합리성(계몽), 가치다원주의라는 새로운 삶의 조건 속에 살아가는 시대를 뜻하는 말이에요. 근대화는 바로 이런 삶의 조건으로 옮겨 가는 것을 뜻하죠. 근대화가 이루어졌다고 할 때는, 바로 이런 조건이 삶 속에 온전히 자리 잡았다는 뜻이죠.

그렇다면 '후기 근대'는 어떤 사회적 조건을 의미하는 걸까요? 근데 이게 한마디로 설명하기가 참 난감해요. 제일 좋은 방법은 우리가 '후기 근대'라는 표현보다 훨씬 더 자주 쓰는 표현, '탈근대'와 비교해 보는 것이란 생각이 드네요. 흔히 이 '후기 근대'를 '탈근대'와 혼용해 쓰기도 하는데요, 사실 이 두 가지는 전혀 다른 뜻을 지니고 있어요. 후기 근대는 우리가 여전히 근대가 만들어 낸 사회적 조건들, 예를 들어 민족국가, 자본주의, 민주주의와 같은 근대적 조건들의 연장 속에 살고 있다는 뜻인 반면, 탈근대는 이런 사회적 조건들이 다른 무엇인가로 대체된 것을 의미하니까요. 근데 이게 참 애매해요. 예를 들어 세계 시장은 지구적 시장으로 대체된 것 같고 그러다 보니 민족국가도 쇠퇴해 가는 것 같은데, 지구적 시장이 만들어 낸 문제는 지구적 차원이 아니라 여전히 민족국가 단위의 시장과 정치가 해결해야 하는 상황이니까요. 문제가 만들어지는 경계와 문제를 해결할 수 있는 경계가 서로 일치하지 않는 상황인 거죠. 후기 근대는 바로, 이런 경계의 불명확성이 우리 일상 속으로 스며든 시대라고 정의할 수 있어요.

후기 근대를 대표하는 이런 경계의 불명확성, 불일치성 때문에 경계를 규정하는 일은 무척 어려워요. 더 나아가 어렵사리 규정했다 해도 그 경계가 언제 변할지 모르죠. 이런 경계의 유동성을 잘 설명해 주는 개념이 있어요. 영어로는 'liquid modernity,' 우리말로는 '액체 근대' 또는 '유동하는 근대'라고 하죠. 영국의 폴란드계 사회학자 지그문트 바우만이 만들었죠. 유동성, 이게 참 와닿지 않는 용어예요. 그래서 보다 쉽게 풀면, '경계가 변덕스럽다.', 그래서 '예측할 수 없이 움직인다.', 더하여 '같은 일에도 행위자에 따라 서로 경계가 달라 구별 짓기 모호하다.'로 이해하면 좋을 것 같아요. 예를 들어 볼까요?

제1 기계 시대엔 자본과 노동이 같은 경계를 쓰고 있었어요. 그 경계는 민족국가였죠. 자본도 노동도 영토지향적 성격을 가지고 있었어요. 산업화 시대엔 공장이 하나 세워지면 그 설비의 무게로 인해 그 땅을 떠나는 일이 쉽지 않았죠. 그래서 자본에 국적이란 꼬리표를 쉽게 붙일 수 있었던 거예요. 노동자들은 그 공장에서 일하면서 임금을 받고 생활했죠. 해외에서 노동하는 일도 가능했지만, 그건 아주 예외적인 경우였어요.

하지만 1980년대 이후 초국적 자본이 만들어 낸 경계의 초월성은 자본과 노동, 이 양자의 경계를 다르게 만들어 놓았어요. 자본은 국경을 넘어서 언제든 이동할 수 있는 반면, 노동은 이동성이 현저히 떨어졌기 때문이죠. 이게 무슨 뜻이냐고요? 자본은 노동력을 국외에서도 쉽사리 구할 수 있게 된 반면 노동은 여전히 영토 안에 갇혀 있어야 하는 상황이 된 거예요. 특히 경제적 기회를 찾아 더 나은 곳으로 이동하는 게 불가능한 선진국의 노동자들에겐 더욱 그랬죠. 바뀐 세상이 자본에겐 큰 축복이었던 반면 그 이동성이 현저히 떨어지는 평범한 수준의 노동자들에겐 재앙이나 다름없었죠. 바우만은 이 축복과 저주에 대해 이렇게 표현해요.

> "록펠러라면 자신의 공장, 철도, 유전 현장이 크고 육중하길 그리고 그것들을 오랫동안 소유할 수 있길 바랐을 수도 있다. 그러나 빌 게이츠는 자신이 지난날 자랑스러워했던 소유물들과 헤어지는 데 별다른 아쉬움이 없다. 오늘날 이윤을 창출하는 것은 생산품의 지속성과 오래 유지되는 신뢰가 아니라, 생산품의 순환과 재활용, 노화와 폐기와 대체 과정이 지닌, 그 경탄해 마지않을 속도다. (…) 오래가는 것들을 혐오하고 피하며 순간적인 것들을 아끼는 이들이 오늘날 높은 신분과 권력을 갖게 되었다. 온갖 어려움에 맞서 자기 수중에 있는 보잘 것 없고, 하찮고, 일시적인 소유물들이 조금이라도 더 오래 그 역할을 하길 바라며 필사적으로 억지를 부리는 이들은 저 밑바닥에 있다."[1]

이 구절의 전반부는 이제 더 이상 자본이 영토에 종속되어 있지 않음을, 자본이 초국적이 되었음을 그리고 그 초국적 자본의 본질이 '일시성' 즉 잠시 머무름에 있다는 길 드러내고 있어요. 그

---

1 Zygmund Bauman, 『*Liquid Modernity*』, Polity, 2000, 'foreword' 참조.

리고 후반부는 영토에 종속적일 수밖에 없는 사람들의 운명이란 게, 억지로라도 자신이 가진 것들이 오래 지속되길 바라는 것뿐이라 말하고 있죠. 이게 후기 근대를 상징하는, 자본과 노동 사이에 일치하지 않는 경계, 자본에겐 초월적이지만 노동에겐 갇혀 있는 경계가 만들어 내고 있는 현실이에요.

빛의 속도로 이동하는 자본과 영토 안에 갇혀 있는 노동의 현저한 대비. 이 속에서 우리가 읽어 내야 할 중요한 현실 한 가지가 있어요. 자본이 영토에 종속될 필요가 없다면, 영토에 갇혀 있는 노동에 대해서도 애착을 가질 이유가 없다는 것이죠. 자본이 애착을 가지지 않는 노동에 국가가 애착을 가질 이유가 있을까요? 국가가 돌보지 않는 사람들에게 다른 동료 시민들이 애착을 가질 이유가 있을까요?

요즘 여러분들이 가장 많이 듣는 표현 중 하나가 '잉여'라는 말이죠. 처음엔 여기저기서 정말 아무렇지도 않게 사람들을 향해 '잉여'라고 지칭하는 걸 보며 깜짝깜짝 놀랐는데, 이제는 정말 무감각해질 정도로 많이 쓰이는 말이에요. 이 '잉여'라는 말의 정확한 의미는 '넘쳐 나서 쓸모없다.'는 뜻이죠. 그 넘쳐 나서 쓸모가 없는 사람들, 다시 말해 자본도, 국가도, 동료 시민도 애착을 갖지 못하는 사람들은 과연 어떤 과정을 통해 생겨나고 있는 것일까요?

지구적 시장이 만든 창조적 파괴

제2 기계 시대가 만들어 낸 '새로운 경계 짓기'의 가장 창조적인 산물이 바로 지구적 시장이었어요. 기존에 국가들이 단단하게 쳐 놨던 국경의 장벽을 허물고, 전 지구적 차원에서 작동할 수 있는 규칙들을 가진 단일한 시장 체계가 만들어졌다는 것. 정말 놀라운 일 아닌가요? 그런데 바우만은 이렇게 말해요. "모든 창조는 오염을 수반하며, 가끔은 유독한 찌꺼기를 남긴다."[1] 그 찌꺼기는 우리가 '쓸모 있는 것'과 '쓸모없는 것'을 갈라 후자를 폐기하는 과정에서 생겨난다고 말하죠. 그렇다면 '쓸모 있는 것'과 '쓸모없는 것'은 어떻게 구분되는 걸까요? 바우만은 그 구분이 '구조 조정'이라는 이름으로 이루어진다고 말해요.

이제 '구조 조정'이라는 용어는 너무 흔해서 여러분 모두가 다 알죠. 기업이 좀 더 효율적인 운영을 위해 자신의 체질을 바꾸는 것을 말해요. 그런데 기업에서 비효율성을 줄인다는 건 결국 생산 비용을 줄이겠다는 의미예요. 생산 비용을 줄이는 여러 가지 방법들이 있겠지만, 가장 효율적인 방식은 적은 수의 인원으로 많은 일을 하는 거죠. 간단히 말해, 직원 수를 줄이는 게 제일 쉽고 효율적이죠. 예를 들어 1년에 5,000만 원을 줘야 하는 노동자들이 있어요. 이 노동자들 중 10명만 해고하면 1년에 5억 원을 줄일 수 있죠. 100명이면 50억 원, 1,000명이면 5,000억 원이란 비용이

---

1 Bauman, 『*Work, Consumerism, and the New Poor*』 5장 참조.

절감되죠. 이게 1년 동안 줄일 수 있는 비용이에요. 이렇게 3년만 운영해도 100명을 해고한다고 했을 때 절감할 수 있는 비용이 150억 원에 달해요. 기업이 어려움에 처했을 때 이런 식의 구조 조정이 흔히 일어나곤 하는데, 기업이 합병할 때도 대량으로 인원 감축을 하곤 해요. '정리 해고', '희망퇴직', '명예퇴직' 같은 형식으로 말이죠.

우리나라도 2007년 경제 위기 이후 노동시장의 유연화, 즉 필요시 노동자들을 해고하는 일이 가능해지면서 구조 조정이 활발하게 일어나고 있어요. 관련해서 2019년 기사 하나를 살펴볼까요?

> "기업들이 희망퇴직, 명예퇴직 등의 대규모 고용 인원 변동을 보고한 대량고용조정 신고 사업장은 2015년 54곳에서 2018년 384곳, 2019년(8월말 기준) 202곳으로 크게 증가하는 추세다. 해고 예정 인원도 2015년 7,772명에서 2018년 2만 9,132명으로 3.7배 늘었다. 올해도 8월말까지 1만 2,761명이 신고됐다."[1]

해마다 기업이 구조 조정을 통해 감축하고 있는 인원이 늘어나는 현실을 고스란히 보여 주고 있네요. 아이러니하게도 기업은 이렇게 노동자를 해고해서 얻은 이익을 주주들에게 배당해요. 여

---

1 「까다로운 '정리 해고' 줄고 손쉬운 '희망퇴직' 늘었다」 『한국일보』 2019. 10. 3.

러분 혹시 '희망 버스' 기억하세요? 2011년 한진중공업의 노동자 김진숙이 경영 악화를 이유로 400여 명을 정리 해고하겠다는 사측의 시도에 맞서 '85호 크레인' 위에서 고공 투쟁을 벌였어요. 당시 전국 곳곳에서 김진숙을 응원하는 수많은 사람들이 '희망 버스'를 타고 한진중공업을 찾았죠. 그런데 놀랍게도 같은 시기에 한진중공업은 주주들에게 440억 원을 배당했어요. 노동자들을 해고하겠다는 이유가 '경영 악화'였는데 말이죠. 주주들에게 배당한 돈은 어디서 난 걸까요? 여러분도 이제 충분히 짐작할 수 있을 거예요. 기업 CEO들의 연봉이 해고한 노동자들의 숫자와 비례한다는 건 괜히 나온 말이 아니에요.

이렇게 구조 조정이란 명목으로 이뤄지는 인원 감축은 결국 노동자들에겐 실업을 의미하죠. 그런데 문제는 제2 기계 시대의 실업은 제1 기계 시대와 전혀 다른 성격을 지닌다는 데 있어요. 제1 기계 시대의 실업이 새로운 직업을 가질 때까지 잠시 쉬는 것이었다면, 제2 기계 시대의 실업은 직업의 단절로 이어질 가능성이 훨씬 더 높기 때문이에요. 그렇다면 이런 차이는 왜 생긴 것일까요?

제1 기계 시대는 여러분이 잘 알다시피 산업사회였어요. 그리고 이 '산업사회'는 일종의 '완전 고용'을 전제로 한 곳이었죠. '완전 고용'이라고 하면 사람들은 '모든 사람들이 고용되어 일하고 있는 사회'라고 생각하는데 그런 뜻이 아니에요. '완전 고용 사회'란 어떤 사람이 직장을 잃었을 때 노동시장에서 일정 시간을 기다리면 자신이 해 오던 일, 그와 유사한 수준의 일자리를 찾아 다시 노동시장으로 돌아갈 수 있다는 뜻이에요. 이런 사회에서 실업은 그냥 '산업예비군' 정도의 의미를 갖게 되죠. 제1 기계 시대가 영토적인 자본, 다시 말해 대량생산에 기초한 제조업 사회였기 때문에 이런 산업예비군은 자본에게 매우 중요했어요. 건강한 노동력이 지속적으로 공급되어야 기계를 돌릴 수 있으니까요.

그런데 지금 우리가 살고 있는 탈산업사회는 '불완전 고용 사회'예요. 일자리를 잃고 난 뒤 기다린다 해도 노동시장에서 자신이 해 오던 일, 혹은 그와 유사한 수준의 일자리를 찾지 못할 가능성이 높다는 의미죠. 우리나라도 이런 탈산업사회에 진입해 있으니 '불완전 고용'은 불가피한 상태예요. 관련 통계를 하나 볼까요? 현재 우리나라에서 직장을 가진 사람들이 실직했을 때 '실업 급여'라는 걸 지급하고 있다는 건 여러분도 잘 아실 거예요. 퇴직한 날로부터 최장 12개월 동안 지급되죠. 이 돈을 받는 기간 동안 새로운 직업을 찾아야 하는 거예요. 2018년 정부가 지급한 실업 급여액이 사상 최대를 기록했어요. 약 6조 7,000억 원에 이르렀죠. 그런데 이 실업 급여를 받는 기간 중 재취업률은 2015년 31.9%, 2016년 31.1%, 2017년 29.9%, 2018년 29.4%로 4년 연속 하락하고 있는 걸 볼 수 있어요. 직장을 잃은 후 수급 기간 내에 10명 중 3명 정도가 재취업에 성공한다는 건데, 2017년부턴 그 수가 채 3명도 되지 않는 거죠. 어떤 사람들은 이렇게 말하더군요. 실업 급여 수급 기간을 꽉 채운 후 직장을 잡으면 된다고요. 그렇다면 그분은 능력자인 게 분명해요. 요즘 같은 세상에 1년을 쉬고 전에 다니던 수준의 직장을 잡는 일이 그렇게 쉬울까요? 요즘 같이 취업하기 어려운 시대에 다른 사람들은 놀고 있을까요? 예외를 일반화하는 오류와 비슷한 거죠.

문제는 실업의 기간이 길어지면 길어질수록, '잉여' 다시 말해 '쓸모없는 자'로 전락할 가능성이 높아진다는 거예요. 특히 자본이 초국적일 때, 그 자본은 쉽사리 노동자를 버릴 수 있어요. 자신이 자리 잡은 영토에서 규제가 들어오거나 비용이 상승하면 회사나 공장을 닫고 떠나는 거죠. 실제로 이런 과정에서 대규모 구조 조정을 실행하고 인원 감축에 나서는 일이 허다하게 일어나고 있어요. 초국적 자본이 벌이는 이런 구조 조정은 물질화된 세계에서 '쓸모없는 것'을 다루는 우리의 태도를 명백하게 보여 주죠. 쓸모가 없어지면, 그냥 버리는 것이죠. 그렇다면 버려짐으로써 쓸모없어진 존재는 어떤 상황에 직면하게 될까요? 당연히, 쓸모 있는 것들과 차별을 당하게 되겠죠?

소비사회와 실업, 잉여가 되는 삶

우리는 지금까지 지구적 시장이 지배하는 탈산업사회에서, 구조 조정이라는 창조적 파괴가 만들어 내는 찌꺼기, '실업이 만들어 내는 잉여'에 대해 이야기했어요. 이제부턴 사회구조의 변동이 만들어 내는 또 다른 측면으로, 어떻게 우리의 삶이 잉여가 되는지 살펴보려 해요. 그 구조적 변동이 뭐냐고요? 다름 아닌 '생산자 사회'에서 '소비자 사회'로의 변모예요. 여러분도 다 알고 있죠? 우리가 지금 살고 있는 세계는 탈산업사회라는 걸, 그리고 이 탈산업사회의 다른 이름이 소비사회라는 걸 말이죠.

산업사회는 그 이름에서도 알 수 있듯이 생산을 하는 사람 즉, 노동자들도 존중받을 수 있는 사회였어요. 사회의 핵심 세력으로서 다수를 이루고, 함께 연대하기 위해 노동조합을 만들고, 이를 통해 자신들이 바라는 바를 정치적 의사 결정에 관철시킬 수 있었죠. 그러니 당연히 국가는 노동자를 보호하는 일을 소홀히 할 수가 없었고요. 이렇게 보면 제1 기계 시대가 만들어 놓은 세계는 노동자들에게 그나마 좋은 곳이었어요.

1960년대부터 서구 사회는 본격적으로 소비사회로 변모하기 시작해요. 1980년대부턴 '소비의 미학'으로 지어진 지구적 시장의 형성과 함께 생산자들이 점점 더 힘을 잃으면서 소비자들이 중심에 서게 되죠. 우리가 흔히 하는 말 있지요. '소비자가 왕이다.' 이런 사회에선 누구를 보호해야 할까요? 당연히 소비력이 있는 사람들이겠죠. 그렇다면 누가 소비력을 가지고 있을까요? 당연히 높은 소득을 가지고 있는 사람, 많은 자산을 가지고 있는 사람들 아닐까요?

지금 대부분의 국가에서 소득과 부는 그 사회의 상위 10~20%에 집중되어 있어요. 한겨레경제사회연구원의 2016년 '통합 소득' 통계에 따르면 우리나라 역시 상위 1%가 10.9%, 상위 10%가 36.9%를 차지하고 있는 반면, 하위 20%는 2.2%, 하위 10%는

0.5%밖에 되지 않아요.[1]

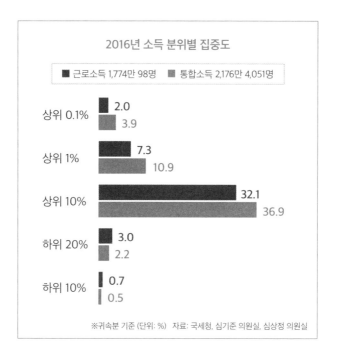

2016년 소득 분위별 집중도

■ 근로소득 1,774만 98명　■ 통합소득 2,176만 4,051명

상위 0.1%　2.0　3.9

상위 1%　7.3　10.9

상위 10%　32.1　36.9

하위 20%　3.0　2.2

하위 10%　0.7　0.5

※귀속분 기준 (단위: %)　자료: 국세청, 심기준 의원실, 심상정 의원실

　이 통합소득 분포도를 보면 소비력을 가진 사람들이 어디에 몰려 있는지 한눈에 보이죠. 앞에서 우리는 소비사회가 노동력을 가진 사람보다는 소비력을 가진 사람들을 보호한다고 했어요. 이 분포도를 보세요. 국가가 보호할 대상이 과연 누구일까요? 바로 상위 10~20%인 거죠. 상위 20% 내에서도 소비력을 얼마나 가졌느냐에 따라 대접이 달라지겠죠. 반면 소비력이 없는 하위 80%의

---

1 「88만 명 억대 소득인데, 800만 명은 최저임금도 못 번다」, 『한겨레』, 2018. 10. 8.

사람들, 대다수의 국민이 국가의 관심 밖에 놓이게 되는 거예요. 이 해의 통합 소득을 보면, 상위 20%의 평균이 4,888만 7,000원이었어요. 지금은 조금 더 높아졌겠죠. 아니, 코로나19 때문에 조금 낮아졌을 수도 있겠네요. 여러분은 어디에 속해 있나요?

소득이 적은 사람들이 국가의 보호에서 제외된다는 걸 정말 증명할 수 있냐고 묻고 싶은 분들도 있을 거예요. 래리 바텔스 Larry M. Bartels라는 미국의 정치경제학자가 있어요. 오바마의 정치고문을 지내기도 했죠. 이분이 토마 피케티가 축적해 놓은 데이터를 사용해 1980년부터 2005년 사이 미국의 세전 실질소득 총 증가분의 80% 이상이 최상위 1%에 집중되어 있다는 걸 증명하기도 했죠.[1] 바텔스는 이런 경제적 불평등의 심각성이 단지 경제 영역에만 적용되는 게 아니라고 말해요. 궁극적으론 경제적 불평등이 더욱 심각한 정치적·사회적 불평등으로 이어진다는 걸 잊지 말아야 한다고 강조하고, 또 강조하죠.

바텔스는 미국 사회에서 경제적 불평등이 어떻게 정치적 불평등을 만들어 내는지 그 상관관계를 6년 동안 연구했어요. 그리고 그 결과물을 『불평등 민주주의Unequal Democracy』라는 책으로 출간했죠. 좀 더 구체적으로 말하면, 이 책은 소득 수준과 시민이 선출한 대표자들의 반응성에 관한 연구였어요. 쉽게 말해 정치인들이

---

1 Larry M. Bartels, 『*Unequal Democracy: The Political Economy of the New Gilded Age*』 Princeton and Oxford: Princeton University Press, 2008, p.130.

소득 수준이 다른 집단들에게 각각 어떻게 반응하는지를 분석했던 거예요. 결과는, 선출직 공직자들이 수천 만 명에 이르는 저소득층을 위한 정책에 매우 미온적이라는 거였어요. 아니, 미온적인 정도가 아니라 아예 철저히 무시하거나 반대로 움직인다는 거였죠. 예상했던 일이긴 하지만, 이 연구는 과학적 증거를 제시했기에 더 충격적이었죠.

바텔스는 시민들의 소득수준을 상, 중, 하로 나눈 다음, 각 집단의 정책 요구에 대해 미국 상원 의원들이 어떻게 반응하는지 살펴봤어요. 통계에 따르면 상원 의원들은 소득분포의 하위 3분의 1에 해당하는 유권자들의 의견을 사실상 완전히 무시했어요.[1] 정책의 내용과는 상관없이 말이죠. 여러분도 알다시피 '최저임금'은 소득이 낮은 사람들을 위한 대표적인 정책이잖아요. 그런데 이 정책이 만들어지는 동안 저소득층의 의견에 대한 상원 의원들의 반응성은 마이너스였어요. 이 말은, 저소득층의 요구를 전혀 수용하지 않고 오히려 그 반대 방향으로 움직였다는 뜻이죠. 또한 그들은 중간 소득을 가진 사람들보다 고소득층의 의견을 15배 이상 더 반영해 준 것으로 드러나요. 결국 정책 입안자들, 정책 결정권자들은 최저임금 정책을 만들면서 임금을 받는 사람들이 아니라 임금을 주는 사람들의 의견을 더 많이 반영했다는 의미죠. 비텔스는 이 연구를 통해 어떤 정책이든 반응성에서

---

1 Bartels, 같은 책, 9장 '경제적 불평등과 정치적 대표성' 참조.

일관적이었던 변수는 딱 하나, 그 집단의 '소득수준'이었다고 말해요. '소득이 높은 이들에겐 반응하고, 소득이 낮은 이들에겐 반응하지 않는다.' 이게 이 연구의 결론이죠.

이런 결과는 우리가 앞서 보았던 포스트민주주의와 맥락적으로 비슷하다는 걸 알 수 있어요. 과연 새로운 시대의 정치인들은 자신의 책임을 다하고 있는 걸까요? 그러고 보니 '책임'이라는 말이 문득 떠오르네요. 영어로는 'responsibility'라고 하죠. 반응response하는 능력ability이란 뜻이에요. 이 연구 결과대로라면 미국의 상원 의원들은, 소득이 높은 사람에겐 책임을 다하지만 저소득층에겐 책임을 전혀 지지 않고 있는 거죠.

바텔스는 대표자들의 반응성과 소득 수준의 관계를 증명할 수 있는 또 하나의 사례로 '카트리나 사태'를 제시하는데, 이게 상당히 충격적이에요.[1] 2005년 미국의 빈곤 지역인 뉴올리언스를 초대형 허리케인이 강타했어요. 이름이 '카트리나'였죠. 얼마나 큰 피해를 낳았는지 지금까지도 회자될 정도죠. 우리나라로 치면 태풍 '매미' 정도 된다고 할까요? 당시 피해가 컸던 이유는, 뉴올리언스의 생태계에서 중요한 위치를 차지하고 있던 늪지대가 파괴되었기 때문이었어요. 지금 우리가 코로나19로 인한 팬데믹에 시달리고 있는 이유와 비슷하네요.

그런데 놀랍게도 당시 정치인들은 이 지역의 복구 사업에 거

---

1 Bartels, 같은 책, pp.298~303.

의 관심을 두지 않았어요. 그때 대통령이 부시였는데, 소위 립서비스만 잔뜩 날렸죠. 이런 정치인들 때문에 결국 제3 세계에서나 볼 수 있는 일이 미국에서 벌어져요. 몇 달 동안 계속 시체가 떠다니고, 폐허가 된 건물들은 그대로 방치되었죠. 미디어에서 매일 같이 비판 기사들을 쏟아냈지만 바뀌는 건 별로 없었어요. 당시 미국에서 유학 중이던 저도 TV를 보며 이게 진짜 미국 맞나, 이런 생각을 했었죠.

그리고 얼마 후 모두의 주목을 끄는 보도가 나와요. 한 언론인이 카트리나 사태가 일어나고 8개월 뒤에, 뉴올리언스의 부촌인 이스트오버와 가난한 흑인 노동자들이 살고 있는 로어 나인스 워드라는 두 지역의 재건 속도를 비교해 보았던 거예요. 결과가 어땠을까요? 빈촌인 로어 나인스 워드 지역엔 8개월이 지나도록 미국 연방재난관리청의 트레일러가 한 대도 보이지 않았다고 해요. 바텔스는,『뉴스위크*Newsweek*』의 칼럼니스트 조너선 앨터 Jonathan Alter가 쓴 특집 기사「또 하나의 미국The Other America」의 한 구절을 인용해 이렇게 말해요. "카트리나 피해의 충격과 참담함을 통해 미국의 불평등 이슈를 둘러싼 오랜 얼버무리기, 위선과 방치가 드러났다."

어떤 분들은 이렇게 말할 수도 있을 것 같아요. '미국만 그런 거 아냐?' 그럼, 사례를 좀 더 확대해 볼까요? 바텔스의 연구가 나온 후 유럽에서도 비슷한 연구가 2013년에 있었어요. "소득 불평등이 정치적 대표성에 어떤 영향을 미칠까?"가 이 연구의 핵심이었죠. 정치인들이 '더 가난한 자'와 '더 부유한 자'를 동등하게 대변하고 있는지 조사한 거죠. 유럽에서 치러진 49번의 선거를 연구한 결과, 정치인들이 저소득층 보다는 중간 이상의 소득층을 대변하는 경향이 있다는 걸 밝혀냈죠. 바텔스의 연구와 사실상 거의 일치했던 거예요. 유럽에서 있었던 이 연구가 특히 의미 있는 이유는, 그나마 유럽의 많은 국가들에선 불평등의 영향이 미국보다는 훨씬 적다고 여겨졌거든요. 결국 이 연구를 통해 유럽 역시 미국과 비슷한 일이 일어나고 있음이 밝혀졌던 거죠.

이처럼 소득이 낮은 사람들이 '쓸모없는 존재'로 취급받는 사회에서 실업은 큰 재앙일 수 있어요. 그야말로 사회적 잉여로 전락하는 지름길이 될 수도 있으니까요. 상황이 이렇다 보니, 유럽인들에게 '무엇이 제일 걱정이냐?'고 물은 여론조사에서 '실업'이 1위를 차지한 게 놀라운 일은 아니라고 바우만은 지적해요. 그런데 이게 결코 남의 일만은 아니에요. 2016년 OECD 보고서에 따르면 우리나라 사람들이 제일 걱정하는 게 바로 일자리를 잃거나 실업 후 일자리를 찾지 못하는 것이었어요. 전체 대답의 79.4%로 멕시코에 이어 두 번째로 높았죠.[1] 어쩌면 우리는 본능적으로 느끼고 있는 건지도 모르겠네요. 소비력이 없으면 사람 취급을 받지 못한다는 현실을 말이죠.

---

1 「'실업 불안'에 시달리는 대한민국」, 『주간경향』, 2016. 11. 8.

플랫폼 노동의 현실1 : 컨시어지 노동자들

산업사회에서의 실업과 소비사회에서의 실업이 전혀 다른 의미라는 것, 이제 조금 이해가 가나요? 불완전 고용의 소비사회에서 '실업'은 단지 직장을 잃는다는 의미뿐만 아니라 소비력을 잃고, 결국 사회의 관심과 보호를 받지 못하는 쓸모없는 존재가 된다는 것을 의미하는 거죠. 그래서 실직 후 직업을 다시 못 찾은 사람들 혹은 '정규직' 노동시장의 높은 진입 장벽에 막힌 사람들 중엔 지푸라기라도 잡는 심정으로 제2 기계 시대가 만들어 낸 '플랫폼 노동시장'에 발을 들여놓는 경우가 허다해요.

앞에서 우리는 이미 한 차례 플랫폼 자본에 대해 이야기했어요. 지금부터 여러분에게 들려 드릴 내용은 '플랫폼 노동'이에요. 앞에서 잠시 살펴보았듯이 플랫폼 노동은 '공유 경제'라는 명목 아래 만들어진, 유휴 자산을 활용해 부업을 할 수 있게 해 주는 노동 방식을 뜻해요. 여러분이 손에 스마트폰을 들고 다니면서부터 가능해진 노동 형태죠.

그럼 우선 플랫폼 노동이 어떤 것인지 자세히 알아볼까요? 스마트폰의 대중화를 기반으로 하는 플랫폼 노동은 세 가지 특징을 가지고 있어요.

첫째, 노동을 제공하는 개인이 특정 기업에 속하지 않는다.
둘째, 플랫폼을 통해 연결된 고객에게 서비스를 직접 제공한다.

셋째, 개인이 일한 만큼 벌 수 있다.

새벽 배송을 해 주는 '쿠팡 플렉스', 대리운전을 해 주는 '카카오 드라이버', 공유 차량을 수요가 많은 지역에 배치해 주는 '쏘카 핸들러', 음식 배달에 자주 이용하는 '배민 라이더스', 각종 심부름 서비스를 제공하는 '도와줘!'나 '김집사' 등이 모두 여기에 해당되죠. 현재 우리나라에선 퀵서비스, 화물운송기사, 택배기사 모두 플랫폼 노동으로 전환되었어요.

전 세계적으로 얼마나 많은 사람들이 플랫폼 노동을 하고 있는지 정확한 통계는 없어요. 다만 중요 국가에서 생산가능인구의 10% 정도가 이 영역에서 일하고 있다고 보고 있어요.[1] 유럽연합에는 통계가 있는데 성인의 9.7% 정도가 플랫폼 노동을 한 적이 있다고 해요. 우리나라의 통계는 한국고용정보원의 『고용동향브리프』에 실린 「우리나라 플랫폼 경제 종사자 규모 추정」이라는 보고서에서 찾을 수 있어요. 이 보고서에 따르면 46만 9,000명에서 53만 8,000명 정도라고 해요.[2] 2019년 10월 기준으로는 전체 취업자의 1.7~2% 정도가 플랫폼 노동을 하는 것으로 추정돼요. 그런데 여러분, 정말 우리나라처럼 통신 기술이 발전한 곳에서 플랫폼 노동을 하는 이가 유럽의 5분의 1 정도밖에 안 될까요? 이런 까닭에 이 보고서는 큰 신뢰를 얻지 못했어요. 그나마 신뢰

---

1 「<키워드 경제> 플랫폼 노동」, 『연합뉴스』, 2019. 3. 10.
2 「한국 플랫폼 노동자, 47~54만 명으로 추산」, 『한겨레』, 2019. 6. 2.

수준이 높은 자료는 2020년 12월에 나온 일자리위원회의 실태조사인데, 이 자료에 따르면 한국에서 플랫폼 노동을 하고 있는 노동자의 수는 약 179만 명으로 취업자(15~64세)의 7.4%에 해당되는 규모예요.

왜 조사들 간에 통계 차이가 이렇게 큰 걸까요? 무엇보다 『고용동향브리프』의 보고서는 플랫폼 노동 중 '컨시어지concierge' 직종에 종사하는 사람들만 통계로 잡아 결과적으로 차이가 크게 났던 거예요. 컨시어지 직종은 플랫폼 노동의 가장 대표적인 유형으로, 디지털 플랫폼을 통해 위탁을 받아 주로 택시 운전, 청소, 배달, 심부름 같은 일을 하는 걸 말해요. 요즘엔 반려동물 산책시키기, 대신 줄 서 주기, 가구 조립하기, 심지어 벽에 못 박기 같은 서비스도 이용할 수 있는데 이런 일들이 모두 컨시어지 직종에 속해요. 옛날엔 집사나 하인들이 하던 일이라 해서 이 직종을 '하인 경제'라 부르는 이들도 있어요. 직업의 귀천이 없는 시대지만 이 컨시어지 직종에서 제공하는 일의 본질을 밝히기 위해 이런 이름을 붙인 것 같아요.

컨시어지 직종에 종사하는 사람들은 위탁받은 건수만큼 플랫폼 회사에 일정 비율의 수수료를 내요. 플랫폼 회사는 중간에서 수요자와 공급자를 주선해 주기만 하는 거죠. 이렇게 보면 '플랫폼 노동이 뭐가 문제냐?'라고 할 수 있을 것 같네요. '원하는 만큼 일하고 정해진 수수료만 내면 그만이잖아.'라고 말이죠.

그런데 속내를 들여다보면 그렇지가 않아요. 이 컨시어지 직종의 대표적인 기업이 우버예요. 세계에서 제일 큰 택시 회사죠.

우리나라에는 택시업계의 반발 때문에 아직 이런 플랫폼이 없는데, 한때 '타다'라는 플랫폼이 이 우버의 역할을 차지할 뻔했었죠. 우버를 모델로 한 타다가 엄청나게 인기를 끌었던 거 모두 알고 계시죠? 2020년 2월 법원은 타다를 합법으로 판단했지만, 연이어 열린 국회에서 타다를 규제하는 법안이 생기면서 그 기세가 꺾이고 말았어요. 우리나라엔 아직 없지만, 우버야말로 가장 대표적인 플랫폼 기업이니까 여기서 예로 들어 볼게요.

우버는 공유 경제를 표방하며 등장한 대표적인 업체예요. 놀고 있는 자동차를 활용해 부업을 하는 시스템이라, 우버에서 운전을 하는 사람들은 모두 위탁 건수에 따라 계약을 맺는 독립 사업자예요. 부업과 독립 사업자라는 말의 핵심은 자기가 원하는 시간에 원하는 만큼 일할 수 있다는 거죠. 특정 회사에 상시 고용된 게 아니라는 뜻이니까요. 하지만 현실은 좀 달라요. 일정 기간 안에 일정한 양의 작업을 소화하지 못하거나, 지정된 작업 시간에 받은 고객의 요청에 30분 내로 응대하지 못하면 활동이 중지되거든요. 사실상 늘 대기 상태에 있는 거죠. 마치 고용된 직원처럼 말예요. 게다가 우버 종사자들은 늘 감시받고 있어요. 도대체 무슨 수단으로 감시를 하냐고요? 여러분이 이용 후에 매기는 별점이 바로 그 역할을 하고 있죠. 별 다섯 개가 만점인데 4.6개 이상을 유지해야만 계속 일할 수 있어요.

이렇게 보면 우버의 운전자들은 우버라는 회사가 고용한 사람들이나 다름이 없죠. 그런데 이렇게 생각하기엔 이상한 지점이 있어요. 앞에서도 언급했듯, 회사가 '고용한' 사람들이라면 차량이나 차량의 관리·유지비, 각종 보험 같은 것도 회사가 제공해야 하는데, 우버에서는 이 모든 것을 '고용된' 사람들이 부담하죠. 이유는 간단해요. 노동자들이 독립 사업자로 계약을 했기 때문이죠. 타다는 우버와 좀 다른 측면이 있긴 하지만 일반적으로 우버와 유사한 점이 더 많아요.

타다는 11인승 이상의 렌트카에 운전자를 딸려 보내는 방식으로 운영된다는 점에서 우버와 다르지만 운전자가 독립 사업자로 계약한다는 점에선 우버와 같아요. 서비스를 이용하려는 고객이 있을 때 바로 응대할 수 있도록 운전자들이 항상 대기 상태에 있어야 한다는 것도 같은 점이죠. 실제 타다에서 일했던 운전자의 인터뷰 기사를 보면 10시간 동안 5분밖에 쉬지 못 했다는 탄식도 있어요.[1] 또한 별점을 항상 4.5개 이상으로 유지해야만 했다는 점도 같은데, 이는 타다도 우버처럼 노동자들을 항상 감시했다는 의미예요.

플랫폼 노동의 또 다른 문제는 수수료가 너무 높다는 거예요. 우버는 택시 요금의 20~30%를 수수료로 가져가요. 플랫폼 회사는 초기 투자 비용에 비해 유지 비용이 많이 들지 않는다는 장점이 있어요. 적은 유지 비용을 감안하면 노동자들에게 과다한 수수료를 받고 있는 거죠. 당시 타다의 수수료가 얼마였는지 정획

---

1 「'타다'의 변칙 노동에 속이 탄다」, 『한겨레21』, 2019. 7. 8.

하게 알려지진 않았어요. 다만 『한겨레21』 기사의 한 대목에 이런 내용이 나와요. "타다의 기사들이 만든 카카오톡 오픈 채팅방을 보면 '휴식 없이 10시간 노동에 11만 4,000원을 제시한 것은 기사를 개무시하는 것.', '날씨는 더워지고 노동 강도는 심해지니 누구 하나 운전하다 졸도할 수도 있다.'는 불만 섞인 말이 가득했다."[1] 이런 말들 속에서 당시의 노동 조건과 강도를 추정할 수 있을 뿐이죠. 아이러니한 건 이들이 독립 사업자라는 거예요. 독립 사업자라면 쉬는 시간 정도는 스스로 정할 수 있어야 하는 거 아닌가요? 독립 사업자라 4대 보험도 보장되지 않고 퇴직금이나 야간근로수당도 없는데, 실제 현실은 고용된 노동자처럼 상시 대기하면서 휴식 시간도 선택할 수 없는 상황이었던 거죠.

우버와 타다를 예로 든 건, 컨시어지 직종의 플랫폼 회사 모두가 거의 동일한 방식으로 움직이기 때문이에요. 중간에서 알선만 해 주고 수수료를 받죠. 숙박 업체인 에어비앤비는 예약 건수마다 9~15%를, 심부름 업체인 태스크래빗은 30%를 챙겨 가죠. 중개 행위만 하며 작게는 10%, 많게는 30%에 이르는 과다한 수수료를 떼 가는 공유 경제 플랫폼. 이게 정말 공유 경제일까요?

---

1 「'타다'의 변칙 노동에 속이 탄다」 『한겨레21』, 2019. 7. 8.

플랫폼 노동의 현실2 : 클라우드 노동자들

우리가 지금껏 살펴본 플랫폼 노동은 오프라인 노동자들을 활용하는 컨시어지 직종의 종사자들이었어요. 앞에서 한국고용정보원의 보고서가 통계로 잡은 이들이 이 직종뿐이라고 했었죠. 하지만 플랫폼 노동에는 온라인 작업을 하는 종사자들도 있어요. 이들을 '클라우드 노동자cloudworker'라 부르죠. 여기서 잠시 여러분이 헷갈리지 말아야 할, '크라우드crowd'라는 개념 하나를 짚고 갈게요. 흔히 군중을 뜻하는 크라우드는 '전 세계에 흩어져 있으면서, 현재 온라인에서 이용할 수 있는 놀라운 규모의 지식, 전문성, 열정을 가진 집단'을 이르는 말이에요. 이와 달리 구름을 뜻하는 클라우드cloud는 네트워크상의 데이터 서버에 프로그램을 두고 필요에 따라 불러와서 사용하는 웹 기반 컴퓨팅 기술을 뜻하죠. 이 클라우드 노동엔 다음과 같은 두 가지 요소가 결합되어 있어요. 기업이 필요한 인력을 원하는 시간에 필요한 만큼 선택적으로 이용할 수 있는 시스템과, 노동자가 노동력을 시간당 혹은 분당으로 제공하고 그에 대한 대가를 받는 것이죠.

클라우드 노동에는 작업 수준에 따라 고수익을 올리는 종사자들도 있어요. 회계나 법률 관련 업무, 의료 진단 업무 같은 게 여기에 해당하죠. 하지만 그런 사람들은 아주 소수에 불과해요. 대개의 경우 낮은 수준이, 극도로 단순화된 작업들을 수행하죠. 이런 작업을 제공하는 대표적인 플랫폼이 '아마존 미케니컬 터크Amazon Mechanical Turk'예요.

이런 플랫폼 회사가 일을 처리하는 방식을 '휴먼 클라우드human cloud'라고 불러요. 일을 하고자 하는 사람이 온라인 노동을 중개하는 플랫폼 회사에 등록하면, 이 사람들을 고용하고 싶은 업체가 하나의 프로젝트를 구체적 업무로 잘게 쪼개 업로드 하는 거죠. 이제 이 업무를 수행하는 사람들은 잘게 쪼개진 특정 업무만을 수행하는 독립 사업자로, 플랫폼 회사와 시간당 혹은 분당으로 계약을 맺는 거예요.[1] 경제학자이자 국제노동문제 권위자인 가이 스탠딩Guy Standing은 이런 온라인 업무들이 대부분 공장 노동의 형식을 띠고 있다고 해요. 극단적인 테일러 시스템Taylor system[2]에서 볼 수 있는, '단순 작업의 무한정 반복'이라는 형태로 이루어지기 때문이죠.

그렇다면 온라인에서 이뤄지는 극단적인 단순 작업에는 어떤 게 있을까요? 혹시 여러분 '데이터 라벨링data labeling'이란 용어를 들어 본 적 있나요? 인공지능의 학습과 관련이 있는 말이에요. 최근 인공지능이 급성장한 이유는 학습 능력이 좋아졌기 때문인데, 인공지능을 학습시키기 위해선 당연히 많은 데이터가 필요해요. 이 과정에서 동영상, 사진 등 엄청난 양의 데이터를 일일이 분류해 이름을 달아 주는 작업을 해야 하는데 이를 데이터 라벨링이라고

---

1 가이 스탠딩, 『불로소득 자본주의Corruption of Capitalism』 여문책, 2019.
2 19세기 말 미국의 기술자 테일러가 제창한 과학적인 공장 관리 및 노무 관리 방식. 그는 작업의 동작을 과학적으로 분석하여 불필요한 움직임을 제거하고, 표준 동작들을 책정한 뒤 그것들을 조합하는 방식으로 작업 시간을 산출하였으며 표준 작업량을 달성하기 위한 성과급제도 등을 고안하기도 했다.

하죠. 인공지능을 공부시키기 위해서는 인간이 일일이 데이터를 분류하고 표시해서 자료를 입력해야 하는 거예요. 데이터의 양이 방대할수록 인공지능이 더 똑똑해지니까 개발자 입장에선 당연히 가능한 많은 데이터를 입력하려 하겠죠. 클라우드 노동을 하는 사람들은 바로 이런 일을 하고 있는 거예요.

클라우드 노동자들이 일하는 방식에 대해 이야기하다 보니, 앞에서 예로 들었던 아마존 미케니컬 터크란 회사와 관련된 일화가 떠오르네요. 여러분, '미케니컬 터크Mechanical Turk'란 기계 아시나요? 1770년대에 만들어진, 체스를 두는 기계예요. 요즘으로 치면 바둑을 두는 인공지능 알파고와 비슷한 거죠. 근데 나중에 사람이 내부에 들어가서 이 기계를 작동시켰다는 충격적인 사실이 밝혀져요. 이와 비슷한 일이 지금 클라우드 노동 현장에도 일어나고 있다는 생각이 드네요. 인공지능이 스스로 해 내는 것처럼 보이는 작업들도 사실 알고 보면 수많은 사람들의 단순노동을 바탕으로 구현된 것이니까요.

클라우드 노동자들은 단순 작업을 한 번 수행할 때마다 푼돈을 받게 돼요. 아마존 미케니컬 터크에서 일하는 노동자들을 조사해 보니 시간당 평균 2달러를 받은 것으로 파악됐어요. 이런 시급을 받으면서 미국 노동자들은 보통 9,000개가 넘는 단순 작업을 수행했다고 해요. 이걸 이해하려면 온라인 노동이 작업(task) 단위로 이뤄지고 있음을 알아야 해요. 이런 작업을 9,000개 이상 수행했다는 거죠. 인도 노동자들의 경우엔 평균 6,500개 정도라고 하네요. 이것만 봐도 이들이 하는 온라인 작업이 얼마나 단순하고 싫게 쏘개져 있는지 알 수 있죠.

클라우드 노동에 숨겨져 있는 또 다른 함정은 앞서 본 데이터 라벨링 작업들이 생각보다 오래 걸리고 복잡하다는 거예요. 또한 작업을 의뢰한 업체에서 작업 결과가 맘에 들지 않는다고 돈을 안 주면 딱히 받아 낼 방법이 없다고 하네요.[1] 참으로 난감한 일이죠.

어떤 사람들은 이게 온라인 작업이라 그나마 자신이 원할 때, 집에서 쉽고 편하게 일할 수 있으니 좋은 거 아니냐고 할 수도 있어요. 이렇게 주장하는 사람들은 클라우드 노동의 중요한 특성 하나를 망각한 거예요. 온라인으로 작업이 이루어지기 때문에, 플랫폼에 접속할 수만 있다면 세계 어느 곳에 있는 누구라도 일을 할 수 있다는 점을 말이죠. 노동력을 제공하려는 수많은 사람들이 세계 곳곳에 있고, 이 사람들을 이용해 동일한 작업을 24시간 내내 수행할 수 있다는 건 회사의 입장에서 볼 때 비용이 싸진다는 의미죠. 세계적 차원에서 벌어지는 온라인 노동자들 사이의 경쟁이 이들의 가치를 점점 더 낮추고 있다는 거, 이게 바로 클라우드 노동의 현실이에요.

현실이 이렇다 보니, 2014년 아마존 미케니컬 터크에서 일하던 노동자들이 아마존의 CEO 제프 베이조스에게 처우 개선을 요

---

1 가이 스탠딩, 같은 책.

구하는 공개서한을 보내기도 했었죠. 이 편지의 한 대목은 우리의 눈길을 뗄 수 없게 만들어요. '우리들은 인간이지, 알고리즘이 아니다.' 알고리즘을 만들기 위해 종속된 인간들의 운명은 과연 알고리즘이 만들고 있는 걸까요, 아니면 인간이 만들고 있는 걸까요?

'크라우드플라워CrowdFlower'의 최고경영자 루카스 비월드Lukas Biewald가 했던 연설의 한 대목이 오늘날 클라우드 노동자들이 처한 현실을 적나라하게 보여 주고 있다는 생각이 들어요.

> "인터넷이 광범위하게 사용되기 이전에는 '10분 동안 자리에 앉아서 당신을 위해 일하도록 하고 10분이 지나면 바로 해고할 수 있는 사람'을 구하는 것은 정말 어려운 일이었습니다. 그러나 기술의 발전과 함께 당신은 이제 그런 사람들을 실제로 구할 수 있고, 약간의 푼돈을 주고 일을 시키다가 필요가 없어지면 바로 그들을 해고할 수 있습니다."[1]

플랫폼 밖의 모호한 노동들 : 호모 사케르가 되는 길

플랫폼 노동을 통해 드러나는 제2 기계 시대의 문제는, 사용

---

1 가이 스탠딩, 같은 책.

자도 노동자도 아닌 '모호한 노동'의 형태가 지속적으로 늘어나고 있다는 거예요. 예를 하나 살펴볼까요? 혹시 '0시간 고용'이라고 들어 보셨나요? 고용계약서에 '사용자는 고용된 자에게 일을 제공할 의무가 없다.'고 쓰는 기이한 방식의 계약이에요. 영국 같은 곳에서는 상당히 일반화된 형태의 계약이죠. 이 계약서에 따르면, 사용자는 노동자에게 일주일 전까지만 작업 스케줄을 알려 주면 돼요. 회사가 알려 주기 전까지 노동자는 일을 할 수 있을지 없을지 모르는 상태라, 일주일 뒤의 스케줄을 잡을 수가 없는 거죠. 운이 나쁘면 한 주 동안 일을 못할 수도 있는 거예요. 아주 부당해 보이지만 계약서에 0시간 고용으로 명시되어 있어 법적으로는 아무 문제가 없어요.

이런 0시간 고용의 또 다른 문제는 '시간당 고용'이에요. 예를 들어 2시~3시, 4시~5시, 이렇게 총 2시간 동안 일할 사람이 필요할 때, 2시부터 5시까지 고용하는 게 아니라, 작업시간을 2시~3시, 4시~5시로 쪼개어 계약함으로써 3시부터 4시 사이에 비는 1시간은 노동시간으로 인정하지 않는 거예요. 이런 시간당 고용 방식은 현재 우리나라의 온라인 노동시장, 오프라인 노동시장 모두에서 흔히 일어나고 있는 일이에요.

0시간 고용이 갖고 있는 문제는 이게 끝이 아니에요. 사용자들은 0시간 고용을 통해 필요한 노동력을 늘 대기 상태로 만들어 놓아요. 필요할 때 언제든 데려다 쓸 수 있도록 하기 위해 심지어 계약서에 다른 곳에선 일할 수 없다는 조항까지 넣기도 하죠. 그러다 다른 곳에서 일한 사실이 발각되면 업무를 배당하지 않기도 해요.

모호한 노동은 0시간 고용에만 있는 게 아니에요. 다른 예를 들어 볼까요? 여러분 드라마 좋아하죠? 한국 드라마는 정말 재밌는 것 같아요. 시간에 쫓겨 만든다고 하는데도 완성도가 높더라고요. 이렇게 실시간으로 만들어지는 드라마 제작 현장엔 조명을 나르고, 음향 장치를 다루고, 세트를 설치하는 등의 일을 하는 많은 노동자들이 있어요. 이런 분들의 노력을 갈아 넣어서 드라마가 만들어진다고 해도 과언이 아니죠. 근데 이렇게 열심히 일해도 돈 한 푼 못 받을 때가 있어요. 드라마 제작을 맡은 외주 업체가 망하는 경우죠. 임금을 받지 못한 현장 스태프들은 고용노동부에 임금을 받아 달라고 요구하기도 해요. 이때 고용노동부가 처음 하는 일이 뭔지 아세요? 이들이 노동자인지 심사하는 거예요. 심사 기준은 보통 세 가지예요.

첫째, 고용계약서를 썼는가?
둘째, 노동자에게 제공되는 보험이 있는가?
셋째, 정기적으로 보수를 받는가?

문제는 현장 스태프들의 경우엔 이 세 가지 조건 모두 해당이 안 된다는 거예요.

첫째 조항, 현장 스태프들이 고용계약서로 알고 쓰는 게 사실 대부분 용역 계약서예요. 고용계약시란 임무를 시시하는 사용자가 있고 노동자는 그 업무 지시를 이행한다는, 일종의 종속적 지위를 확인하는 서류죠. 반면 용역 계약서는 업무 자체를 할당하는, 그래서 시간 내에 맡은 일을 하면 된다는 계약서예요. 여기에는 업무 지시를 하는 종속적 관계가 없죠.

둘째 조항, 노동자들에게 주어지는 권리로서 보험이 있어요. 대표적으로 4대 보험이 있죠. 비정규직이라 해도 일정한 기간이 명시된 고용 관계에 있다면 이런 보험들의 혜택을 받게 돼요. 그런데 현장 스태프들은 고용계약이 아닌 용역 계약이라 당연히 이런 보험이 없어요.

셋째 조항, 현장 스태프들은 고정적으로 급여를 받는 게 아니라 '드라마 회당 얼마'하는 식으로 수당을 받기 때문에 이 항목에도 해당이 안 돼요.

그러니 고용노동부의 입장에서 볼 때 이들의 임금을 대신 받아 줄 의무가 없는 거죠. 또한 드라마 제작을 의뢰한 방송국도 이들에게 임금을 줄 의무가 없어요. 고용, 관리, 임금 등 모든 게 외주 업체의 책임이니까요. 이게 실제 우리나라에서 일어나고 있는 일이에요.

참 어이가 없죠? 어느 드라마 스태프가 현장에 있는 감독이나 그에 준하는 사람의 지시 없이 일을 하겠어요? 다른 노동자들과 똑같이 일하는데 이들을 대체 왜 노동자로 부르지 않는 걸까요? 그 이유는 간단해요. 그래야만 사용자가 책임져야 하는 다양한 의무들로부터 벗어날 수 있기 때문이에요. 그러니 방송국은 외주 업체를 찾고, 외주 업체는 현장에서 일할 스태프들에게 마치 자영업자와 같은 지위를 부여한 후 계약하는 거죠. 아버지를 아버지라 부르지 못했던 홍길동처럼, 노동자를 노동자라 부를 수 없는 현대판 홍길동전이 우리 눈앞에서 펼쳐지고 있는 거죠. 요즘 우리나라에는 이런 모호한 형식의 고용들이 여기저기서 생겨나고 있어요. 독립 사업자라는 지위 아래, 하는 일은 노동자와 똑같은 특수고용노동자들, 영세 자영업자들의 숫자가 해마다 늘고 있죠.

이탈리아의 법철학자 조르조 아감벤은 『호모 사케르』에서 신자유주의 시대의 국가들이 '구성원들을 배제함으로써 외부에 포함시키고 있다.'는 모호한 주장을 펼쳐요. 이게 무슨 말일까요? 우리가 지금까지 이야기해 온 모호한 고용에 대해 생각해 보세요. 플랫폼 노동자도, 드라마 현장 스태프도 모두 국가가 허용한 제도 아래서 누군가에게 고용된 사람들이에요. 어떻게 보면, 그들이 노동자로서 가진 권리를 온전히 보장하지 않아도 괜찮다고 국가가 제도적으로 허용한 거죠. 즉, 제도적으로 배제된 거라 할 수 있어요. 제도에서 배제된 이들은 국가의 보호망 외부에 놓이게 되겠죠. 하지만 여전히 그들은 이 국가의 시민으로서 살아가야만 해요. '배제시켜 외부에 포함한다.'는 말, 이제 이해가 가나요? 아감벤은, 국가가 이런 배제를 통해 생명 그 자체를 담보로 구성원들을 통제하고 있다고 말하죠. 그리고 이렇게 배제되어 외부에 포함된 자들은 헐벗은 인간, 호모 사케르로 전락한다고 주장해요. 만약 우리기 노동힐 자격마저 상실한다면, 우리는 쓸모없는 인간으로서 또 한 번의 배제를 경험하며 더 먼 외부에 포함되어, 이 땅에 사는 사람이긴 하나 보이지 않는 존재가 되겠죠.

존중하지도 않는 노동이 왜 인간의 자격이 될까?

———

앞서 살펴본 루카스 비월드의 연설 내용은 플랫폼 자본이 노동을 어떻게 생각하고 있는지 적나라하게 보여 줘요. '잠시 쓰다가 버리면 된다.' 자신이 소유한 것을 소중히 여길 필요가 없는, 그래서 노동을 존중하지 않는 제2 기계 시대 자본의 속성을 엿볼 수 있는 거죠. 그런데 정말 이렇게 쓰다가 버리면 되는 걸까요? 비월드의 표현처럼 약간의 푼돈과 함께 말이죠. 그러나 현실은, 앞에서도 살펴봤듯이 많은 이들이 이 일을 생업으로 하고 있어요. 이 일을 '부업'이라고 주장하는 건 플랫폼 회사들뿐이에요. 구체적인 통계 자료를 볼까요?

2015년 미국의 프리랜서협동조합에서 플랫폼 기업에서 '독립사업자'로 일했던 이들을 상대로 한 조사에 따르면, 부업으로 이 일을 하는 사람은 단지 25% 정도에 불과했어요. 70%가 넘는 사람들이 생업으로 삼고 있었죠. 앞서 보았던 한국고용정보원의 보고서에서도 플랫폼 노동을 '부업'으로 하고 있다고 대답한 사람은 46.3%인 반면 '주업'이라고 한 사람은 53.7%였어요. 그런데 우리나라엔 아직 우버 같은 플랫폼이 들어오지 않았고 에어비앤비 같은 플랫폼을 이용하는 사람들의 경우는 통계에 잡히지도 않았어요. 만약 이런 사람들이 모두 통계에 들어온다면 어떻게 될까요? 결국, 플랫폼 노동을 생업으로 삼고 있는 사람들이 더 많다는 게 현실이죠. 이런 상황에서 '잠시 쓰다가 버리면 된다.'는 플랫폼 자본의 속성을 아무런 규제 없이 그대로 두어도 되는 것일까요?

결론적으로 보자면, 제2 기계 시대가 만들어 낸 플랫폼 자본과 탈산업사회에서 만들어진 소비사회 모두 노동을 존중하지 않고 있어요. 그런데 참 이상한 일이죠? 노동은 존중하지 않으면서도 그 어느 때보다 '노동 윤리'가 굳건한 시대니 말이에요. 생각해보세요. 노동 윤리란, 크게는 먹고 살기 위해 열심히 일하는 것이, 작게는 자신이 속한 작업장에서 열심히 일하는 것이 선하다는 도덕적 원칙이잖아요. 그런데 플랫폼 노동자들처럼 10분 만에 버려질 수 있다면, 내 일자리가 언제든 다른 이에게 넘어갈 수 있다면, 이러한 노동 윤리가 지속적으로 작동할 수 있을까요? 바우만은이 모순에 대해 이렇게 말해요.

> "고용된 상태에서, 언제든 교체될 수 있고 버려질 수 있는 임시 '단순 노동자들'의 몸뚱이는 일터에 있지만, 그들의 영혼은 그 몸뚱이 안에 없다. 일터는 여전히 생계의 원천이지만 더 이상 삶의 의미는 아니다. (…) '유연한'[1] 공장, 사무실, 작업장, 가게에서, '노동 윤리'의 가르침은 공허해 보인다."[2]

그런데도 우리는 노동하는 자만이 자격이 있다고 말하죠. 생각해 보면 소비사회란 오래되고 경직된 기준을 빨리 버릴수록 새로운 것을 더 많이 소비할 수 있는 곳이에요. 이런 곳에서 왜 우리는 여전히 과거의 노동 윤리를 지키고 있는 것일까요? 이 문제에

---

1 해고가 쉽다는 의미. 2 Bauman, 『*Work, consumerism, and the new poor*』.

깊은 관심을 기울였던 바우만은 우리가 반드시 귀 기울여야만 하는 이야기를 들려줘요. '소비사회에서 생산자들의 윤리인 노동 윤리가 필요한 이유는 가난한 자들을 사회에서 배제시키기 위해서다.' 이게 무슨 말이냐고요?

우리는 흔히 사람들이 빈곤한 이유를 두고 게을러서 그렇다는 편견을 지니고 있어요. 아무리 열심히 일해도 가난한 사람들, '워킹푸어working poor'들을 우리 일상에서 직접 목격하면서도 말이죠. 왜 그러는 걸까요? 바우만은 그 이유가 빈자들을 침묵시키고 최종적으로는 사회의 도움에서 배제시키기 위해서라고 말하죠. 노동 윤리란, 명확하게, 열심히 일하는 것은 선이고 그렇지 않은 것은 악이라는 이분법을 바탕으로 만들어진 도덕 원칙이에요. 이 윤리에는 가난한 자를 향한 도덕적 비난이 내재해 있죠. 밑 빠진 독에 물을 붓는 것처럼, 게으른 자들을 아무리 도와줘도 상황은 나아지지 않는다고 말이죠. 이 윤리를 따라가다 보면 빈곤한 자는 노동하기를 거부하는 부도덕한 자이고, 부도덕한 자는 도와줄 필요가 없다는 결론에 이르게 돼요. 한마디로, 노동 윤리란 가난을 '타락의 언어'로 그려 내는 데 가장 효과적인 수단인 것이죠.

궁핍을 타락의 언어로 그려 낼 때 생기는 두 가지 효과가 있어요. 첫째, 이들을 우리 눈 밖으로, 보이지 않는 곳으로 몰아내도 비난받지 않아요. 도덕적으로 타락한 자들은 위험한 자들이니 쫓아내도 괜찮은 거예요. 둘째, 이들을 도와줘야 한다는 도덕적 의

무감에서 벗어날 수 있어요. 가난한 자가 옆에 있으면 우리는 어떤 방식으로든 부담을 느끼니까요. 쇼핑할 때 가난한 이들이 쇼핑센터 여기저기에 널브러져 있다면 어떨까요? 물건을 살 돈으로 저 가난한 자들을 도와줘야 하는 건 아닌가 하는 부담을 느끼며 소비 욕구가 사라지겠죠. 이런 상황이 벌어지지 않게 하는 가장 좋은 방법은 이들을 보이는 곳에서 제거하는 거예요. 우리의 시야에서 이들을 사라지게 하는 데 가장 효율적이며 정당한 방법이 바로 '노동 윤리'예요. 제2 기계 시대, 소비사회에 살고 있는 우리가 노동을 존중하지 않으면서도 노동 윤리는 결코 포기하지 않는 이유가 바로 이 때문이라고, 바우만은 말하고 있는 거죠.

보이지 않는 사람들을 보이게 하라!

바우만은 이렇게 말해요. 제2 기계 시대가 만들어 낸 소비사회에서 '노동 윤리'의 압박을 받는 가난한 자들은 자신의 모습을 전혀 드러내지 않고 있다고. 주위를 둘러보면 바우만의 말이 맞다는 걸 금방 알 수 있어요. 여러분이 생각할 때 착한 빈민은 어떤 사람들인가요? 아무리 힘들어도 사회에 아무것도 요구하지 않는 이들이죠. 생활고에 시달리다가 자살한 송파 세 모녀 사건을 기억하시나요? 자살하기 직전 이들은 "정말 죄송합니다."라는 메모와 함께 전 재산이었던 현금 70만 원을 집세와 공과금으로 남겨

놓았어요. 이들은 사는 게 너무 힘들어 기어이 죽음을 선택하면서도 사회를 향해 아무것도 요구하지 않았죠.

마치 이 세상에 존재하지 않는 것처럼 살아가는 가난한 이들. 이들이 사회에 도움을 요구한다는 건 곧 노동 윤리를 갖추지 못한 사람 취급을 받고, 스스로 사람 구실을 못하는 쓸모없는 존재라는 걸 밝히는 것과 같아요. 그래서 이들이 선택한 삶은 보이지 않는 삶, 아무것도 요구하지 않는 삶이에요. 생각해 보면, 우리가 송파 세 모녀 사건에 슬퍼한 이유 또한 이들이 '아무것도 요구해서는 안 된다.'는 가난한 자들의 윤리를 끝까지 지켰기 때문일 수도 있어요. 바우만의 지적처럼, 오늘날 가난한 이들이 "그들의 조상과 달리 자신의 고통을 공적인 관심사로 만들지 못하거나 만들려 하지 않는" 이유가 여기에 있는 것은 아닐까요?[1]

이런 이유로 오늘날 가난한 사람들은 자신의 실패를 홀로 견뎌 내야 하는 운명에 처해 있어요. 실패를 해도 그것을 사회구조나 국가의 부재 탓으로 돌리지 않죠. 조금이라도 그런 시도를 하려 하면, '무임승차하려 한다.'고, '아무 노력도 하지 않는 게으른 인간이 부당한 요구를 한다.'고 비난받죠. 이런 비난을 받지 않으려면 죽을 만큼 힘들어도 홀로 꿋꿋이 버텨 내야만 하는 거예요. 빈곤이 만들어 낸 수치심이라는 이불을 덮고 내일에 대한 아무런 희망 없이, 그저 하루하루를 버티는 삶을 살아갈 수밖엔 없

---

1 Bauman, 『Work, consumerism, and the new poor』.

는 거죠.

그런데 생각해 보세요. 수치심에 휩싸인 사람이 자신을 비하하고 경멸하지 않을 수 있을까요? 스스로를 혐오하는 그 끔찍한 감정을 마음속 깊이 담아 두고 끝까지 억누를 수 있을까요? 그들도 그런 감정을 풀어 버릴 곳이 필요하지 않을까요? 마침내 그런 감정을 터트리면 세상은 또 얼마나 무서운 말로 그들을 비난할까요? 결국 이런 일들로 인해 가난한 자들은 다시 한 번 '타락하고 위험한 자들'로 그려지고, 우리 모두는 끊임없이 되풀이되는 혐오의 악순환 속에 빠지고 말 거예요.

한국노동사회연구소가 발행한 『비정규직 규모와 실태』라는 보고서는 2019년 8월 기준으로 우리나라에 855만 7,000명의 비정규직이 있다고 밝히고 있어요.[1] 그리고 우리 주변에는 100만 명 안팎의 실업자들이 있고, 직업을 찾다가 포기해 통계에조차 잡히지 않는 수많은 사람들이 있죠. 제2 기계 시대가 세계 곳곳에서 만들어 내고 있는 불안정한 노동의 풍경이에요.

불안한 노동은 필연적으로 빈곤과 연결돼요. 그리고 빈곤은 보이지 않는 사람들을 만들어 내죠. 그렇다면 이제 우리는 물어야 하지 않을까요? 이 보이지 않는 사람들을 어떻게 보이는 존재로 만들 것인가? 더하여 어떻게 평범한 노동자들을 보이지 않는 존재로 전락시키는 일을 멈추게 할 것인가? 제2 기계 시대, 우리 모두가 인간

---

1 「비정규직, 통계청 추산보다 107만 명 많다」, 『한겨레』, 2019. 11. 27.

의 존엄을 지키며 살기 위해선 어떻게 해야 하는가?

다음 장에서 여러분과 함께 그 실마리를 찾을 수 있기를!

제6 장

제2 기계 시대의
인간다운
삶의 조건

어떻게 대처할 것인가

"노동하는 동물이 공론의 영역을 가지는 한, 진정한 공론의 영역은 존재할 수 없으며, 단지 공개적으로 이루어지는 사적 활동만이 존재할 수 있다."

_한나 아렌트, 『인간의 조건』 중에서

6장을 시작하며

———

이제 제일 처음 제시했던 다섯 가지 질문 중 마지막에 이르렀네요. 여기서 우리가 묻고자 하는 질문은 이거예요.

- 21세기 새로운 기술의 시대, 인간의 존엄을 지키기 위해 우린 어떻게 대처해야 할까?
- 그 해결책을 만들기 위해 우리가 해야 할 일은 무엇일까?
- 실제로 이 문제를 해결하기 위해 제시된 방안에는 어떤 것들이 있는가?
- 만약 있다면, 구체적 제안이나 실행 사례는 있는가?

이 질문에 답하기 위해 다음 다섯 가지 단계를 거치려 해요.

첫째, 제2 기계 시대에 맞는 분배의 기준을 세우기 위해 노동 밖으로 나가자는 제안.

둘째, 제2 기계 시대에 상응하는 새로운 권리로서 디지털 시민권을 만들자는 제안.

셋째, 분배의 재원으로 로봇세와 구글세를 걷자는 제안.

넷째, 그 재원을 바탕으로 한 새로운 분배 형태(기본소득, 기초자본 등)를 통해 시민들에게 현금을 나눠 주자는 제안.

다섯째, 노동자들을 위한 보호망으로서 '전국민 고용 보험'을 도입하자는 제안.

그럼 이제 단계별로 하나씩 시작해 볼까요?

한나 아렌트와 '제1 기계 시대'의 문제 : 노동의 지배

────

여러분, 혹시 한나 아렌트의 『인간의 조건』이란 책 들어 보셨나요? 앞에서 제가 이미 한 차례 언급하기도 했죠. 1958년에 출간된 이래 아직까지 수많은 사람들 사이에서 회자되고 있는 현대의 고전이라 할 수 있는 저서예요. 저도 아렌트 전공자라 관련 강의를 몇 차례 한 적이 있는데 그때마다 사람들이 넘쳐 나요. '왜 그럴까? 왜 아렌트 강의에 사람들이 이렇게 관심이 많을까? 단순한 유행일까? 유행이라면 어떤 이유 때문일까?' 이런 생각을 해 본 적이 있어요. 저 혼자만의 착각일 수도 있지만, 아무래도 우리가 지금 당면하고 있는 문제, 특히 노동의 지배에 대해 비판적으로 이야기하고 있기 때문이 아닐까 해요. '맨날 먹고 살려고 열심히 일하는 것 말고, 우리가 함께 공유할 수 있는 세계를 짓는 것, 그게 우리 인간이 할 수 있는 그리고 해야 하는 가장 가치 있는 활동이야!' 이런 주장을 거침없이 당당하게 펼 수 있는 용기와 힘이 아렌트의 매력이거든요.

『인간의 조건』은 근대라는 시대가 만든 병폐가 무엇인지 진단한 책이에요. 어떤 서평을 보면 이 책을 통해 인간의 조건을 깨닫고 미래를 향한 희망을 찾았다는 식의 이야기가 있는데, 뭐 책에서 읽어 내는 의미는 각자 다르겠지만, 이런 식의 서술은 거짓말이라는 생각이 들어요. 여러분 혹시 피에르 바야르Pierre Bayard가

쓴『읽지 않은 책에 대해 말하는 법*How to Talk About Books You Haven't Read*』(2008)이란 책 보신 적 있나요? 바야르의 결론에 따르면, 읽지 않은 책에 대해 말하는 건 일종의 창작 행위라는 거예요. 창작 행위로서 존중을 받아야 한다는 거죠.『인간의 조건』을 읽고 미래에 대한 희망을 찾았다고 말하는 건, 정말 뛰어난 창작 행위가 아닐까 하는 생각이 드네요. 이 책은 아무런 해결책 없이 근대라는 시대가 병들어 버린 원인을 진단만 하거든요.『인간의 조건』이 진단만으로도 의미가 있는 건, 그 이전에는 없던 전혀 새로운 진단이었기 때문이에요.

사족을 붙이자면, 아렌트의 저작들을 읽을 때는 책 제목에 속지 말아야 하는데, 제목과 내용이 다르거나 상당히 차이가 나는 경우가 종종 있어요.『인간의 조건』도 그중 하나예요. 이 책 또한 '인간의 조건'을 잠시 언급하긴 하지만, 그보다는 그 조건에 상응하는 인간의 활동에 중점을 두고 있거든요.

아렌트는『인간의 조건』에서, 인간이란 필연적으로 세 가지 측면에서 조건 지어진 존재라 말해요.

첫 번째는, '생명*life*'이에요. 모든 인간은 생명을 유지하기 위한 활동을 해야 하죠. 먹고 살기 위해 하는 이런 활동을 '노동*labor*'이라 불러요. 그리고 이때의 인간을 '노동하는 동물*animal laborans*'이라 하죠.

두 번째 조건은 '세계성*worldliness*'이에요. 인간은 보다 안전한 삶을 유지하기 위해 견고한 물리적 세계를 만드는 활동들을 하죠.

예를 들어 비바람을 견디기 위해 단단한 집을 짓거나, 안정적이고 질서 있는 삶을 위해 제도를 만들기도 해요. 이런 활동을 노동과 구분해 '작업work'이라고 부르며, 이때의 인간을 '호모 파베르'라 하죠.

인간을 제약하는 세 번째 조건은 '복수성Plurality'이에요. 복수성이란 말엔 인간은 다원적인 존재, 서로 다른 목소리와 의견을 가진 존재라는 의미가 들어 있죠. 이렇게 다른 존재들이 '서로 공유하는 세계'를 짓기 위해 하는 모든 활동을 '행위action'라 불러요. 쉽게 말하면, 공공의 일에 대해 함께 논의하고 상대방을 설득해서 같이 움직이는 거죠. 이때의 인간을 '호모 폴리티쿠스Homo Politicus'라 해요.

아렌트는 이처럼 인간이라는 존재를 제한하는 세 가지 조건을 생명, 세계성, 복수성이라 보고 이에 상응하는 활동을 각각 노동, 작업, 행위라 불러요. 그리고 이 세 활동을 함께 묶어 '비타 악티바Vita Activa', 즉 '활동적 삶'이라 하죠.

아렌트에 의하면, 근대에 이르러 인간의 삶이 피폐해진 이유는 바로 이 세 가지 활동의 서열에 변동이 생겼기 때문이라고 해요. 아렌트는 고대 그리스의 폴리스를 예로 들며, 그곳에선 행위가 작업보다, 작업이 노동보다 우위에 있었다고 말하죠. 여러분도 알다시피, 고대 그리스 시대엔 먹고 사는 일(노동)을 담당했던 이들이 따로 있었어요. 바로 노예들이죠. 시민들은 대부분의 시간을 예술 활동을 하거나 정치에 참여하며 보냈어요. 그런데 근대, 우리가 이 책에서 쓰는 용어로 바꾸어 보면 '제1 기계 시대'에 이르면서 이 서열이 바뀌었다는 게 그녀의 지적이에요. 먹고 살기 위한 생명 유지 활동이 '작업'보다, 유용성이 지배하는 활동인 작업이 공공의 일에 대해 논의하고 함께 노력해 나가는 '행위'보다 우위를 차지해 버렸다는 거죠.

근대 이후 노동이 더 심각한 문제가 된 까닭은, 생존을 위한 사적 이익의 추구가 공적 영역의 중심을 차지했다는 데 있어요. 공적인 토론의 장에서 온통 '내 몫이 얼마인가?'만 논쟁의 주제가 되면서, '공적 영역'의 진정한 목적이라 할 수 있는 '인간이 자신을 표현하고 함께 공유할 수 있는 세계를 만드는 활동'이 중심에서 밀려나 버렸다는 거죠. 공적인 영역이 사적인 영역에 의해 침해당하고 사실상 식민지화되는 현상이 일어났다는 거예요.

근대 세계에서 이런 '노동의 강력한 지배' 현상은 '노동가치설'에 고스란히 묻어 있어요. 이런 이유로 아렌트는 노동의 가치를 설파하는 데 핵심적인 역할을 했던 세 인물, 존 로크, 아담 스미스, 칼 마르크스를 맹렬히 비난하죠. 한마디로 요약하자면, 노동의 지배가 근대의 핵심적인 문제였다는 거예요.

새로운 시대의 분배 기준 : '노동' 밖으로 나가자

아렌트의 이런 주장에 대해선 논란이 있을 수 있어요. 실제로 수많은 학자들이 아렌트를 향해 날선 비판을 해 댔죠. 그 어느 누가, 내 몫이 얼마인지 관심이 없고, 공공의 영역에서 '어떻게 분배할 것인가?'라는 문제를 배제할 수 있겠어요? 그런 일은 가능하지도 않고 있을 수도 없을 거예요. 특히 제1 기계 시대가 결핍의 시대를 거쳐 왔다는 점에서 이런 논의를 피하는 건 거의 불가능한 일이에요. 굶주린 자들에게 자유는 빵을 가져다 줄 수 있을 때에만 진정한 가치를 발휘할 수 있으니까요. 그래서 근대에 자유를 소중히 여겼던 사람들은 '자유롭게 된다면 빵을 얻을 수 있을 것이다.'라고 주장했죠. 빵이 자유를 만드는지, 자유가 빵을 만드는지는 제1 기계 시대의 가장 중요한 논란 중 하나였어요. 정말 그런 논란이 있었냐고요? 근대화 논의에서 제일 중요한 주제가 '경제 발전이 민주주의를 만드느냐, 민주주의가 경제 발전을 만드느냐'예요. 이걸 다른 말로 하면 빵이 자유를 만드느냐, 자유가 빵을 만드느냐는 질문인 거죠.

그런데 여기서 반전, 혹은 최소한 전환점 하나를 발견할 수 있어요. 제2 기계 시대는 제1 기계 시대와는 달리 결핍의 시대가 아니라는 점이에요. 오히려 풍요가 넘쳐 나는 시대죠. 캐나다 출신 미국의 경제학자 존 케네스 갤브레이스John Kenneth Galbraith는 1958년에 발간한 『풍요한 사회The Affluent Society』를 통해 이미 20세기 중반부터 서구 사회가 풍요의 시대로 접어들었다고 말하고 있어요. 20세기 100대 명저 중 하나로 불리는 이 책에서 갤브레이스가 걱정하는 건 더 이상 '결핍'이 아니라 오히려 과잉 생산과 과잉 소비였죠.

하버드 대학교에서 경제학을 가르치고 있던 그는 1950년대의 경제학이 잘못된 전제 위에 서 있다고 비판해요. '당대의 경제학이 생산 부족으로 고통받던 과거 시대의 경험과 전제에 머물러 있다. 이미 몇몇 국가에선 더 이상 필요 없을 정도로 생산은 충분히 이루어지고 있다. 그러다 보니 인위적으로 수요를 만들어 내야 하는 지경에 이르렀다.' 『풍요한 사회』가 1958년에 나왔으니 이미 60년 전에 주류 경제학자가, 일부 국가에서 너무 많은 풍요가 만들어 내는 문제를 지적하고 있었던 거예요. 21세기에 접어들며 우리나라 역시 세계 11위의 경제력을 지닌 국가가 되었어요. 적어도 우리가 열매를 나누기로 마음만 먹는다면 얼마든지 가능한 시대죠. 그런데 지금도 우리는 여전히 '노동으로 자격을 증명하지 않는 자, 빵 한 조각도 가져갈 수 없다.'는 노동 윤리를 꼭 쥐고 살아가고 있는 거예요.

이제는 창조와 자유를 맘껏 누리고, 함께 공유하는 세계를 짓는 논의에 참여할 수 있을 만큼의 풍요가 갖추어져 있어요. 더 신나는 일은, 함께 살아가는 세상을 만들기 위한 논의에 모두가 참여할 수 있는 기술과 네트워크도 갖추고 있다는 사실이죠. 그런데도 우리가 제2 기계 시대에 맞는 보호 장치를 구축할 때 여전히 노동을 기준으로 해야 할까요? 오히려 제2 기계 시대는 누구나 다 노동하는 시대는 지났다고, 아니 누구나 다 노동할 수 있는 시대는 지났다고, 이제는 물고기 잡는 법을 알아도 물고기를 잡을 자리가 없을지 모른다고 말하고 있어요. 더 나아가 인간다운 노동은, 먹을 자격을 증명하기 위한 것이 아니라 자신을 표현하기 위한 것이어야 한다고, 노동 자체가 더 이상 생존이 아닌 표현의 수단이 되어야 한다고 이야기하고 있어요.

이제 우리는 노동에 내재한 먹고 살기 위한 수단이라는 본성 자체를 재정립해야 하는 시대에 살고 있는 건지도 몰라요.

인간이 기계와 파트너십을 맺을 권리 : '디지털 시민권'

그렇다면 노동 자체의 본성을 변화시킬 수 있는 현실적인 해결책엔 어떤 게 있을까요? 우리는 어떻게 노동에 얽매이지 않으면서, 노동이 삶의 일부가 되게 할 수 있을까요? 이 질문에 이렇게 대답하는 사람들이 있어요. "모든 사람들에게 스마트폰을 주자. 그리고 그 스마트폰을 '연결하고, 참여하고, 공유하는 데 사용할 수 있도록' 교육하자. 이걸 시민권의 일부로 삼자. 이제 '디지털 시민권digital citizenship'이야말로 권리를 가질 권리다." 이게 도대체 무슨 말이냐고요?

1789년 프랑스 대혁명을 이끈 이들이 '인간의 권리와 시민의 권리'를 선언한 이후 시민권은 가장 중요한 인간의 조건으로 자리매김했어요. 시민권은 특정 공동체에 속하는 구성원들에게 배타적으로 적용되는 일종의 특권이에요. 실제 정치적 삶에서 시민권의 보장 없이 인권이 안전하게 보장된 사례는 거의 없다는 점만 봐도, 시민권의 중요성은 아무리 강조해도 지나치지 않죠. 한나 아렌트는 『전체주의의 기원The Origins of Totalitarianism』(1951)에서 인간이 적절한 보호를 받기 위해서는 적절한 정치 공동체에 반드시 속해야 한다고 강조하며, 정치 공동체에 속할 권리 즉 시민권을 가질 권리를 '권리들을 가질 권리right to have rights'라고 표현하기도 했죠. 이처럼 시민권은, 인간이라면 누구나 정치 공동체의 구성원이 되어야 하며 그럴 때에만 인간다운 삶을 누릴 수 있다는 걸 보여 주는, '인간다운 삶'의 조건이에요.

　　인간다운 삶의 조건으로서 '시민권'은 여러 측면에서 발전되어 왔어요. 이런 내용은 사회학자 T. H 마셜T. H. Marshall이 케임브리지 대학교 강연에서 제시한 시민권 이론을 통해 쉽게 이해할 수 있죠. 마셜은 시민권을 '자유권, 정치권, 사회권' 이렇게 세 개의 범주로 나눠요. 역사적으로는 자유권에서 정치권으로, 연이어 사회적 시민권으로 확장되어 왔죠. 디지털 시민권을 이해하기 위해선 이 세 가지 시민권에 대해 먼저 알 필요가 있어요. 그럼 잠시 그 내용들을 살펴볼까요?

　　우선 자유권은 17세기에 시작해 19세기 말쯤 정착되었는데,

자유주의 사상의 핵심적 가치인 사상과 양심의 자유, 표현 및 언론의 자유, 나아가 인신과 재산에 대한 자유 등의 권리를 담고 있어요. 정치권은 1인 1표의 보통 선거권처럼 정치에 참여할 권리를 말해요. 19세기에 제기되었는데 20세기에 들어오면서 보편화됐죠. 사회권은 물질적으로 인간다운 삶을 유지할 수 있도록 적절한 사회적 자원을 분배받을 수 있는 사회·경제적 권리를 말해요. 이 또한 20세기에 보편화되었는데 민주주의가 잘 다져진 나라에서 정착된 권리라 할 수 있어요. 우리가 지금껏 이야기해 온 제2 기계 시대의 문제를 이 세 가지 시민권 차원에서 이야기하자면, 사회권이 붕괴되면서 자유권도, 정치권도 위험에 처해 있는 거예요.

제2 기계 시대의 기술혁명은 여기에 또 하나의 부담을 안겼어요. 마셜이 제시한 세 가지 권리만으론 인간다운 삶을 보장할 수 없는 세상이 되어 버린 거죠. 이 때문에 새롭게 시민권 차원에서 제기되고 있는 것이 바로 '디지털 시민권'이에요. 디지털 시민권은 기술의 발전이 만들어 낸 '사회적 연결망의 확장'이라는 문화적 현상에 바탕을 두고 탄생한 권리예요. 대부분의 사회적 연결망 서비스는 흩어진 개인들을 온라인상의 가상공간에서 이어주고자 하는 사회적 측면에 초점을 맞춰 발전되었죠. 최근엔 국내외에서 일어난 여러 가지 사건을 통해 정치 구성원들을 연결시키는 정치·문화적 요소로 자리 잡기도 했고요. 예를 들어 중동 지역에서 민주화 열풍을 일으킨 '아랍의 봄' 당시 디지털의 힘은 엄청난 것이었어요. 정부의 탄압에 맞서 저항에 나선 사람들은 트위터와 페이스북을 통해 그들을 지지하는 전 세계의 사람들과 결합할 수 있었고, 민주주의를 갈망하는 그들의 의지는 그렇게 디지털 기술을 통해 세계 곳곳으로 전달되었죠.

제게도 '아랍의 봄'과 관련된 에피소드가 하나 있어요. 이집트에서 민주화의 열망이 터져 나올 무렵 전 뉴욕에 있는 한 대학에서 강의를 하고 있었어요. '글로벌 어페어Global Affairs'라고 해서 글로벌 세계에 대해 수업을 하고 있던 터라 자연스럽게 '아랍의 봄' 이야기가 나왔죠. 수업이 끝나고 한 학생이 찾아와 이집트에서 정확히 어떤 일이 일어나고 있는지 더 자세히 이야기해 달라고 하더군요. 한참 설명을 해 준 뒤 왜 그러냐고 물었더니 자신은 이집트 출신인데 아주 어릴 때 미국으로 이민을 왔다고 하는 거예요. 아, 그래서 궁금해 했구나, 그러고 있었는데 그 다음 주에 놀라운 소식을 들었어요. 그 학생이 트위터와 페이스북을 통해 이집트에 있는 젊은이들과 접속해서 그들의 민주화 운동을 응원하고 있다는 거예요. 개인적으론 문화적 도구로서 '소셜 네트워크Social Network'가 갖는 정치적인 힘을 처음 확인한 계기였죠. 이렇게 디지털 기술은 한 사람의 정치적 경험 또한 바꿀 수 있어요. 디지털 시민권은 결국 이런 디지털 기술이 우리 삶의 정치, 경제, 사회적 영역에서 줄 수 있는 변화의 힘에 주목하며 탄생한 것이라 할 수 있죠.

기본적으로 디지털 시민권은 '새로운 기술을 활용할 수 있는 개인의 능력 향상'에 초점을 맞추고 있지만, 사실상 이 용어의 바탕이 되고 있는 개념은 '개인'보다 '시민'이라고 봐야 돼요. 왜냐고요? 그건 시민이 개인과는 다른 존재이기 때문이죠. 우리가 개인으로 존재할 땐 다른 사람들의 삶을 보살펴야 할 이유가 없어요. 그렇게 할 수 있으면 좋은 거고 아니면 마는 거죠. 하지만 '시민'일 땐 달라요. 시민이란 개념에는 '동료'라는 개념까지 포함되어 있죠. 영어에서 흔히 쓰는 표현으로 'fellow-citizen'이란 말이 있는데, 우리말로 옮기면 '동료 시민'이에요. 개인을 중시하는 자유주의 정치철학의 대가 존 롤스 역시 『정치적 자유주의*Political Liberalism*』(1993)에서 개인이 시민이 되어야 비로소 서로를 보호할수 있다고 강조하죠. '시민'은 기본적으로 같은 공동체의 구성원으로서 다른 구성원들에게 자신이 어느 정도 기대고 있다는 걸아는 개인들이라고 롤스는 말해요. 그래서 시민은 다른 구성원들에게 강한 유대감을 지니고 있을 뿐만 아니라 공동체에서 일어나는 일에 책임을 지는 존재라고 설명하죠. 디지털 시민권을 주장하는 사람들도 이와 비슷한 전제를 가지고 있어요. '같은 공동체의 동료로서 시민들은 서로 적극 협력하고 함께 책임진다.' 디지털 시민권은 이처럼 상호 유대감을 가지고 있는 시민들이 디지털기술을 활용해 '함께 협력하고 어울린다.'는 발상에 기반을 두고있는 거예요.

이런 협력 정신은 디지털 네트워크가 만들어지던 시기의 정신을 보면 알 수 있어요. 여러분 혹시 '웹 2.0'이라고 들어 본 적이 있나요? '개방, 참여, 공유'를 내세웠던 '쌍방향 온라인 소통 기술'을 뜻하는 말이죠. '웹 4.0'이 도래하고 있는 시대에 2.0을 이야기하는 게 맞느냐고 하실 분도 있겠지만, 웹 2.0에 대한 이야기를 그냥 지나칠 수는 없어요. 현재 우리가 구축한 디지털 세계가 만들어지는 데 결정적으로 기여했던 정신이니까요. 그리고 웹 3.0이든, 웹 4.0이든 기본적으로 이 웹 2.0 시대에 구축된 정신과 기술을 기반으로 작동하고 있죠. 무엇보다 웹 2.0이야말로 디지털 기술과 민주주의가 얼마나 서로 잘 어울릴 수 있는지를 보여 준 최초의 사례였어요. 그렇기에 웹 2.0에 대한 이야기를 지나칠 수가 없는 거죠.

웹 2.0은 '앞으로 다가올 세계의 모든 것은 다 연결되어 있다. 이런 세계 앞에 두려워하지 말고 함께 참여하자. 우리가 가진 것을 공유하자.'고 외쳤죠. 연결하고, 참여하고, 공유하자는 이 웹 2.0 정신은 2000년대 초반 민주주의에도 새로운 영감과 함께 충격을 안겼어요. 웹 2.0이 내세웠던 연결, 참여, 공유의 가치는 정치라는 영역을 주권자인 시민들에게 더 폭넓게 개방해 더 나은 삶을 함께 만들어 보자는 민주주의 정신과 정확히 상응하는 것이었죠.[1]

지금 우리 생활 곳곳에 들어와 있는 소셜 네트워크, 동영상 공유 사이트(유튜브), 팟캐스트Pod cast, 블로그blog, 위키wiki같은 모든 것

---

1 Alex Burns, 『*Blogs, Wikipedia, Second Life and Beyond: Production to Produsage*』, Peter Lang Publishing, 2008.

들이 바로 '연결하고, 참여하고, 공유하자'는 웹 2.0의 산물이었어요. 예를 들어 위키라는 용어를 살펴볼까요? 위키는 사용자들이 공동으로 내용을 쓰고 수정하면서 만들어 가는, '협력'이란 개념에 근거를 둔 네트워크 연결 방식이에요. 대표적인 예로 '위키피디아wikipedia'가 있는데요, 인터넷 사용자의 자발적인 협력으로 구축된 인터넷 사전으로 유명하죠. 이런 위키 기능이 동영상 공유 기능으로 전환된 것이 바로 유튜브예요. 이제 유튜브는 단순한 동영상 공유 기능을 넘어 개인들이 각종 정치적 사건과 뉴스를 국내외에 실시간으로 전달하며 정치의 투명성까지 확보하는 기능을 수행하고 있어요. 이 웹 2.0 정신을 따라가다 보면, 미디어를 소비하던 이들이 거기서 멈추지 않고 콘텐츠를 만들어 내는 생산자 역할을 할 뿐만 아니라, 사회의 다양한 영역에 스스로 참여하고 있다는 걸 알게 돼요.[1] 이런 협력과 공유의 정신이 우리 생활 가장 가까이 들어온 대표적인 예가 바로 소셜 네트워크죠.

웹 3.0은 웹 2.0이 만들어 낸 부정적인 측면, 예를 들어 모두가 온라인으로 연결되면서 개인정보가 플랫폼 기업에 의해 독점되고 허가 없이 유통되는 현상을 막기 위해 만들어졌어요. 그래서 블록체인과 같은 중개인이 없는 플랫폼이 탄생하게 되었죠. 이를 통해 페이스북이나 구글과 같은 기업들이 더 이상 개인정보를 독점할 수 없는 세계를 만들 수 있었어요. 어떻게 그런 일이 가능하

---

1 Paul Anderson, 『Web 2.0 and Beyond: Principles and Technologies』, CRC Press, 2012.

냐고요? 그럼, 블록체인이 어떻게 작동하는지 한번 살펴볼까요? 앞서 블록체인을 중개인 없는 플랫폼이라고 이야기했죠? 이 블록체인 기술이 가장 많이 활용되고 있는 곳이 '거래 장부'예요. 만약 중개인 없이 제가 여러분과 직접 거래한다고 했을 때, 여러분과 제가 가지고 있는 장부가 다르다면 어떻게 될까요? 당연히 같은 거래 장부를 가지고 있어야겠죠. 블록체인은 소위 '합의 알고리즘'이란 걸 통해 여러분과 제가 서로를 속일 수 없는 장부를 만들어 줘요. 이런 이유로 블록체인은 비트코인Bitcoin과 같은 '암호화폐'의 신뢰성을 가능케 하는 핵심 기술로 이용되고 있는 거예요. 현재 블록체인 기술은 택배 현황, 식료품 구매 현황, 거리에 있는 전동 퀵보드 찾기 등 누군가를 속이는 일 없이 상황을 투명하게 보여주는 데 많이 활용되고 있어요.

최근에 구축되고 있는 웹 4.0은 그야말로 우리가 처음부터 이야기했던, '인간과 기계의 파트너십'에 기반을 두고 만들어진 기술이에요. 기계가 우리 몸의 일부가 되어 가고 있다는 걸 자각하고, 인간의 삶에 도움이 되는 쪽으로 기계를 활용하자는 것이죠. 웹 4.0을 대표하는 기술이 바로 '사물 인터넷'이에요. 용어가 어려워서 그렇지 개념은 간단해요. 스마트폰으로 집 안의 전자 제품을 작동시키거나 전원을 켜고 끄는 일 등을 하는 것이죠.

이렇게 디지털 기술 발전의 역사를 돌아보면, 제2 기계 시대의 핵심적 권리로서 디지털 시민권이 왜 중요한지 더 절실하게 깨닫게 돼요. 디지털 시민권이 잘 구현되면 생활이 더 편리해 지고, 많은 것들을 자유롭게 누릴 수 있으며 나아가 자유권, 정치권, 사회권이라는 세 가지 측면을 모두 통합해 연결할 수 있기 때문이에요. 다시 말해 디지털 시민권은 시민들이 자신의 의사를 자유롭게 표현하고, 정치에 직접 참여하며, 사회·경제적 기회를 얻는 데 반드시 필요한 권리가 되었다는 거죠.

실제로 많은 사람들이 일거리를 인터넷이나 스마트폰 앱 등을 통해 찾고 있잖아요. 정치적 권리 역시 마찬가지예요. 디지털 기술을 활용하면 단순히 선거에 필요한 각종 정보를 얻는 차원을 넘어 자신이 생각하는 정치적 혹은 사회적 문제까지 보다 파급력 있게 제기할 수 있죠. 사회권도 마찬가지예요. 코로나19 사태로 받게 된 '전국민 긴급재난지원금' 기억하시죠? 많은 분들이 인터넷으로 신청하셨을 거예요. 이처럼 다양한 복지 혜택도 인터넷을 통해 누릴 수 있는 시대가 되었죠.

디지털 기술이 가진 이런 점들을 이해한다면 앞으로 가장 심각한 사회문제 중 하나가 디지털 기술에 접근하지 못하는 사람들이 겪게 될 디지털 디바이드라는 걸 쉽게 알 수 있죠.[1] 결국 디지털 디바이드가 심화되면 기존의 불평등이 더 심화되는 동시에 새로운 불평등의 원인이 될 거예요.

---

1 디지털 디바이드에 관한 연구는 무수히 많다. 예를 들어, Pippa Norris. 2001. 「Digital Divide: Civic Engagement, Information Poverty, and the Internet Worldwide」 Cambridge: CUP; Karen Mossberger et al. 2003. 「Virtual Inequality: Beyond the Digital Divide」 Washington DC: Georgetown University Press; Mark Warschauer. 2004. 「Technology and Social Inclusion: Rethinking the Digital Divide」 Cambridge: MIT Press 등을 보라.

자, 정리해 볼까요? 디지털 시민권을 아주 단순하게 정의한다면, 디지털 기술을 바탕으로 정치, 경제, 사회 영역에 참여할 수 있는 능력을 배양할 수 있는 권리라고 할 수 있어요. 마샬은 시민권을 "사회의 유산을 충분히 공유하고 사회에 널리 퍼져 있는 기준에 따라 문명인으로 삶을 살아갈 수 있는 권리"라고 정의하죠. 인간과 기계가 동등한 파트너십을 맺어 가야 할 제2 기계 시대에는 정보 기술이야말로 문명인으로 살아가는 데 핵심적 역할을 하게 될 거예요. 이제 '디지털 시민'으로 우리 자신을 변화시키지 않는다면 어려운 시간을 보낼 수밖에 없어요. 이런 이유에서 시민권의 한 영역으로서 디지털 시민권을 보장해야 한다는 거죠.

그러면 우리는 디지털 시민으로서 무엇을 배워야 할까요? 디지털 시민권을 연구하는 이들은 다음 아홉 가지를 배워야 한다고 말해요.[1]

첫째, 디지털 기술을 통해 사회에 온전히 참여할 수 있는 디지털 접근성.

둘째, 온라인에서 물건을 사고팔 수 있는 디지털 상업성.

셋째, 디지털 기술을 이용해 정보를 교환할 수 있는 디지털 소통.

넷째, 디지털 기술이 필요할 때 적절히 활용할 수 있는 능력

---

1 Mike Ribble & Gerald Bailey, 『*Digital Citizenship in Schools*』, International Society for Technology in Education, 2007.

(디지털 가독성digital literacy).

다섯째, 디지털 기술을 사용하는 이들이 지켜야 할 행위의 기
준(디지털 에티켓).

여섯째, 디지털 기술을 사용하는 이들을 관리할 수 있는 법적
권리와 제한(디지털 법률).

일곱째, 모든 디지털 기술 사용자들에게 적용될 수 있는 특권
및 자유, 그리고 사용자들에게 기대할 수 있는 행위(디
지털 권리와 책임성).

여덟째, 디지털 기술 사용과 관련된 육체적·심리적 요소(디지
털 건강).

아홉째, 모든 디지털 기술 사용자들에게 보장되어야 할 개인
적 안전과 네트워크 보안(디지털 보안).

이 아홉 가지 모두 인간과 기계가 파트너십을 맺는 데, 나아가
인간이 기계를 통해 다른 인간과 파트너십을 맺는 데 정말 필수
적인 것들이에요. 그런데 이 모두를 개인의 노력만으로 습득하는
건 불가능해요. 이 점이 디지털 시민권이 정치 공동체가 보장하
는 '필수적 권리'여야 할 또 다른 이유죠.

여기서 여러분에게 당부하고 싶은 게 있어요. 디지털 시민권
을 시민권의 다른 세 영역을 보완하는 수단이라고 오해해선 안
된다는 거예요. 오히려 핵심은, 디지털 시민권이 이제 그 자체로
목적이 되었다는 거예요. 19세기부터 20세기를 거치며 보통선거

권이 민주주의의 확산 속에 평등한 시민의 필수적 권리가 된 것처럼, 제2 기계 시대에는 디지털 기술에 대한 평등한 접근성과 활용 가능성이 평등한 시민의 삶을 누리는 데 필수 요소가 되었어요. 앞에 했던 표현을 빌리자면 '다른 권리들을 가질 권리'가 된 것이죠. 그 자체로서 목적이 되었다는 건 바로 이런 뜻이에요.

로봇이 일하게 하고
그 이익을 나누어 갖자 : 로봇세

———

제2 기계 시대에 대처하는 세 번째 대안은 분배의 재원으로 '로봇세'와 '구글세'를 걷자는 거예요. 우선 로봇세부터 시작해 볼까요? 로봇세의 아이디어는 아주 간단해요. 로봇에게 인간이 가지고 있던 일자리를 내주고, 로봇이 일한 대가를 세금으로 걷어 사람들에게 나누어 주자는 거죠. 생각해 보면 일리가 있는 말이죠. 로봇은 임금이 필요 없지만 인간에겐 반드시 필요하니까요.

로봇세 도입을 공식적으로 언급했던 곳은 유럽연합이었어요. 2015년 유럽의회를 통해 처음 제안했죠. 그들은 로봇의 등장이 대량 실업을 유발할 가능성이 있고 그렇게 되면 사회 안전망을 유지하는 데 상당히 많은 비용이 들 거라 걱정했어요. 그러면서 로봇한테 '전자 인간 자격'을 부여하면 로봇세를 물릴 수 있다고 주장했죠. 군이 전자 인간의 자격을 부여하려는 이유는 지금까지 세금을 내는 모든 주체가 인격을 가지고 있었기 때문이에요. 우리가 앞서 살펴봤던 책 『특이점이 온다』에서 커즈와일도 법인 또한 인격을 가졌기에 납세의 의무를 진다며, 로봇에 인격을 부여하자는 제안을 했죠. 근데, 제 생각이 짧은 건지 몰라도 이건 너무 형식에 집착하는 것 같아요. 좀 더 간단하게 생각해서, 인간 대신 로봇을 활용하는 고용주가 노동자들이 내야 할 세금을 대신 내게 한다고 생각하면 되지 않을까요? 왜 굳이 전자 인간의 자격을 부여하는 형식을 거쳐야 하는지 모르겠어요.

로봇세를 도입하자는 제안은 미국 실리콘밸리Silicon Valley에서도 나오고 있어요. 2017년 온라인 매체 『쿼츠QUARTZ』와의 인터뷰에서 빌 게이츠가 도화선을 당겼죠. 여기서 그는 로봇이 사람과 비슷한 일을 하고 있다면 사람들이 내는 비슷한 수준의 세금, 즉 소득세와 사회보장부담금을 내게 해야 한다고 주장했어요. 빌 게이츠는 『워싱턴포스트The Washington Post』에 기고한 글에서도 같은 이야기를 했어요. 로봇에 세금을 부과하면 기업들의 자동화 속도도 늦춰질 것이고, 실직 노동자들에게도 도움이 될 것이라며 재차 로봇세의 도입을 주장했죠. 스타트업 투자회사 '와이콤비네이터Y Combinator'의 최고경영자인 샘 알트먼Sam Altman 역시 "로봇으로 새로운 부를 창출한다면 당연히 세금을 물어야 한다."며 빌 게이츠에 동조했죠.[1] 다수의 학자들 역시 이런 소득세 형식의 로봇세를 환

---

1 「불붙은 로봇세 논쟁, 소득 올리면 세금 vs 혁신엔 과세 말아야」, 『한국경제』, 2017. 3 .23.

영하고 있어요.

그럼 우리의 경우는 어떨까요? 2018년 국회 입법조사처가 「2018 국정감사 정책자료」에서 로봇세 도입을 제안한 적이 있어요. 그런데 우리 입법조사처의 제안은 해외 사례와는 달리, '취득세' 또는 '재산세'의 일부로 과세하거나 새로운 세목으로 로봇세를 신설하자는 제안이었죠.[1] 그런데 이 제안보다는 소득세의 형식으로 부과하는 것이 훨씬 낫다는 생각이 드네요. 인간이 노동을 로봇에게 양보한 대가로서 부과되는 세금이라면 취득세나 재산세보다 소득세가 더 적합한 방식이고, 또 세수의 꾸준함 측면에서도 유리하기 때문이에요.

로봇세를 가장 열렬히 지지하는 사람들이 스위스의 기본소득주의자들이에요. 이들은 자동화된 세상을 저주로 받아들일 필요가 없다고, 오히려 생존을 위한 노동에서 해방될 수 있는 기회라고 주장하죠. 로봇이 일하게 하고, 다행히 로봇에겐 임금이 필요 없으니 그 대신 우리가 그 임금을 분배받아 하고 싶은 일을 자율적으로 하자고 제안하죠. 때로는 무의미하고 많은 경우 강요된 노동에서 벗어나 우리가 의미를 찾을 수 있는 일을 하자고 말이죠. 로봇세를 기본소득의 재원으로 삼자는 이 주장, 어떻게 생각하세요?

---

1 「로봇에 세금 물릴 수 있을까, 로봇세가 인간을 구할 수 있을까」『경향신문』 2018. 10. 20.

초국적 플랫폼에게서
우리가 일한 몫을 받아 내자 : 구글세

———

구글세는, 우리가 만든 정보를 활용해 이익을 얻는 구글, 트위터, 페이스북과 같은 초국적 미디어 기업들에게 그에 합당한 세금을 걷자는 제안이에요. '디지털세', 혹은 '데이터세'라 부르기도 하죠. 2019년엔 OECD가 디지털세를 걷자는 제안서를 내놓기도 했어요. 초국적 정보 기업이 글로벌 차원에서 벌어들이는 전체 이익을 합산한 후, 지역별 매출 크기에 따라 과세하자는 아이디어죠.

현재 초국적 정보 기업들은 이용자들이 기여하는 부불노동, 즉 임금을 지불하지 않는 노동의 결과물에 광고를 붙여 막대한 이득을 얻고 있어요. 앞에서 언급한 모든 초국적 기업들이 수익을 거두는 기본 방식이죠. 그런데 이들이 세금을 내는 방식은 초국적이라기보단 지역적이에요. 물리적 거점, 즉 헤드쿼터 등이 있는 곳을 기준으로 세금을 내거든요. 예를 들어 이익은 우리나라 페이스북 이용자들이 구축해 놓은 정보를 통해 얻었는데, 그에 대한 세금은 그 기업이 물리적 거점으로 삼은 곳에 내는 거죠. 그래서 대부분의 초국적 정보 기업들은 법인세가 낮은 아일랜드나 버뮤다 같은 곳에 페이퍼 컴퍼니paper company[1]를 세우는 방식으로 세금을 회피하고 있어요. 이런 방법을 구글이 처음 썼기에, 초국적 정보 기업에게 합리적으로 세금을 부과하자는 제안에 '구글세'

———

1 물리적인 실체 없이 서류상으로만 존재하는 기업.

라는 이름이 붙게 된 거죠.

　구글이 세금을 회피하는 방식은 너무나 창조적이고 복잡해서 알고 나면 깜짝 놀라요. 이 방법을 '네덜란드 샌드위치를 곁들인 더블 아이리시 커피Double Irish with a Dutch Sandwich'라 불러요. 구글이 두 개의 아일랜드 법인과 하나의 네덜란드 법인, 거기다 이 이름에는 없는 버뮤다 법인까지 총 네 개의 법인을 통해 세금을 회피했거든요. 구체적인 내용은 너무 복잡하니 생략할게요.

　대부분의 글로벌 미디어 기업들도 구글을 똑같이 따라하며 세금을 회피하고 있죠. 추정치이긴 하지만 구글의 경우엔 한국에서 매년 5조 원 이상의 매출을 올리고 있어요. 구글의 매출이 네이버와 비슷하다는 것만 봐도 우리나라에서 얼마나 많이 벌고 있는지 알 수 있죠. 그런데 양쪽이 내는 세금은 너무 차이가 나요. 2016년 기준으로 네이버가 4,321억 원을 낸 반면 구글은 200억 원 정도밖에 내질 않았어요. 4,000억 원 이상 차이가 나는 거죠.[1] 2018년 구글의 매출은 더 늘어나 6조 원 가량으로 추정된다고 하니 걷을 수 있는 세금은 더 많겠죠. 여기에 페이스북, 트위터 등이 더해진다고 생각해 보세요. 이 초국적 기업들에게 합당한 세금만 받아도 상당히 많은 재원이 걷힐 거예요. 이건 반드시 받아 내야만 해요. 구글과 페이스북은 한국에서 올리는 매출이 얼마인지조차 공개하지 않고 있는데요, 막대한 세금을 공식적으로 추정당할 수

---

1 「5조 벌며 세금 안 낸 구글, 규제 바꿨더니 꼬리 내려」, 『이코노미조선』, 2019. 4. 22.

있는 실마리가 될까 봐 그러는 거예요.

만약 구글세를 걷을 수 있다면, 인생 설계 자금의 역할을 하는 기초자본[1]의 재원으로 쓰는 건 어떨까요? 구글세는 불특정 다수의 부불노동을 통해 이윤을 창출하는 정보 기업에게 과세하는 항목이니까요. 제 생각엔, 누가 얼마나 기여했는지 정확히 알 수 없어 소득세로 간주하기 어려우니 앞으로 이야기할 사회적 상속의 재원으로 썼으면 좋겠어요.

현재 구글세에 가장 적극적인 국가는 프랑스예요. 2019년 프랑스는 글로벌 연수익이 7억 5,000만 유로(약 1조 104억 원), 프랑스내 연수익이 2,500만 유로를 넘는 IT기업들에 대해 프랑스 내 총매출의 3%에 해당하는 세금을 부과하기로 했어요. 새로 도입된이 제도에 영향을 받는 회사가 30개가량 된다고 하네요. 우리나라가 비슷한 제도를 만든다면 아마도 상당한 재원이 확보될 거예요.

지속적인 소비력을 나누어 주자 : 기본소득

────

이제부턴 이렇게 마련한 재원을 어떻게 분배할 것인가에 대해 이야기해 볼까 해요. 지금까지 가장 잘 알려져 있는 탈노동적 분

───────────

1 국가가 성년에 이른 시민들에게 일정 정도의 자본을 목돈의 형태로 제공하는 것.

배 방식 즉, 제2 기계 시대에 가장 적합하다고 여겨지는 분배 방식은 '기본소득'과 '기초자본'이에요. 우리에게는 기본소득이 훨씬 더 익숙한 편이고 관련 서적도 많이 나와 있죠. 그럼 먼저 기본소득부터 시작해 볼까요?

기본소득이 최근에 자주 회자되고 있지만, 사람들에게 최소의 소득을 보장해 주자는 제안은 사실 500년 전에 나온 발상이에요. 1516년, 토마스 모어Thomas More가 『유토피아Utopia』에서 이미 제시했거든요. 토마스 모어는 현실에 그런 제도가 존재하지 않기에, 그리스에서 없다는 의미를 가진 'ou'와 장소라는 의미의 'topos'를 조합해 어디에도 없는 곳이란 뜻을 가진 단어 '유토피아'를 만들어 냈죠. 가난으로 고통받는 사람들에게 최소한의 필요를 채워 주는 곳, 이 어디에도 없던 곳이 이제는 대부분의 복지국가에 있죠. 복지국가가 아니더라도 대부분의 국가에 비슷한 제도가 있어요. 우리나라에선 '기초생활수급'이 바로 토마스 모어가 제안한 발상과 비슷한 제도죠. 모어의 입장에서 보자면, 지금 우리가 살고 있는 세계엔 수많은 유토피아가 있는 거예요.

많은 기본소득주의자들도 바로 이 『유토피아』에서 기본소득이라는 영감을 얻었다고 이야기했죠. '아직은 존재하지 않지만 앞으로 이 세계 곳곳에 존재하게 될 것이다.'라면서요. 그런데 이 기본소득이 이미 존재하는 곳이 있어요. 바로 미국의 알래스카Alaska쥬. 알래스카에선 매년 주민들에게 2,000달러 한도 내에서 기본소득을 지급하고 있거든요. 이제 기본소득 역시 세상에 존재하게 된 거죠.

기본소득의 아이디어는 간단해요. '모든 시민들에게 무조건적인 소득을 주자. 여기에 다른 소득을 더해 총소득이 늘어나게 하자.' 이렇게 시민들에게 소득을 보전해 주는 이유는 탈산업사회 이후 대중의 소비력이 중요해졌기 때문이에요. 소비사회에선 지속적인 소비력이 인간의 존엄을 지키는 데 중요한 요소 중 하나죠. 우리는 소비력을 갖추지 못한 사람이 곧 쓸모없는 사람으로 취급당하는 제2 기계 시대의 현실을 이미 살펴보았어요.

그렇다면 이 아이디어는 구체적으로 어떻게 작동할까요? 기본소득이 작동하는 방식은 6단계 정도로 요약할 수 있어요. 1) 특정 정치공동체가 2) 모든 구성원들에게 3) 개인 단위로 4) 자산 조사나 근로 조건의 부과 없이 5) 정기적으로 6) 현금으로 지급하는 방식이에요. 이 작동 방식을 기본소득의 가장 오랜 역사를 가지고 있는 '알래스카 영구 기금 제도Alaska Permanent Fund'를 통해 설명해 볼게요.

알래스카는 1976년에 석유 시추권을 팔아 공공 기금을 만들었어요. 알래스카에서 나는 석유를 공공재로 보았기 때문이에요. 당시 이 발상을 밀어붙인 알래스카 주지사는 이를 알래스카 주 헌법에까지 명시했어요. 앞서 본 6단계 작동 방식을 이 영구 기금에 적용해 보면, 알래스카의 공유 자원에서 나온 이익의 25%를 1) 알래스카 주가 2) 알래스카에 거주하는 모든 이들에게 3) 4인 가족이면 4명 모두에게 4) 부자든 가난하든, 일을 하고 있든 아니든 상관없이 5) 1년 마다 6) 최고 2,000달러까지 현금으로 나누어 주고 있어요. 이제 기본소득이 무엇이고 어떻게 작동하는지 조금은 이해가 가죠?

사족을 하나 달자면, 이 영구 기금이 1999년에 위기를 맞은 적이 있어요. 유가 하락으로 주정부 재정이 위기에 처하자 선출직 공직자들이 이 영구 기금을 사용해 적자를 막으려 했던 거죠. 그런데 주민의 84%가 압도적으로 반대하면서 이 기금을 지켜 냈어요. 이 사례를 보면 기본소득이 실시만 된다면 대다수의 절대적 지지를 받지 않을까, 그런 생각이 드네요.

자, 다시 본론으로 돌아가 볼까요? 기본소득은 이처럼 노동의 유무를 따지지 않고, 오로지 정치 공동체의 일원이라는 조건만으로 소비력을 갖추게 해 준다는 점에서 제2 기계 시대와 상응하는 제도라 할 수 있어요. 알래스카처럼 천연자원을 재원으로 활용할 수 없는 곳에서는, '탄소배출세' 혹은 '로봇세'를 활용하자고 많은 이들이 제안하고 있죠. 탄소배출세는 기후 문제가 심각해지고 있는 지구를 보호한다는 점에서 미래지향적이고, 로봇세는 제2 기계 시대의 변화된 구조를 반영하고 있다는 점에서 새로운 분배의 재원으로 적합하다고 할 수 있어요.

여기서 여러분이 꼭 기억해 두어야 할 사항이 있어요. 기본소득이 궁극적으로 지향하는 건 소비력 향상이 아니란 점이에요. 이 제도의 진정한 목적은, 인간의 존엄을 지키는 것과 함께 지속적인 소비력이 가져오는 몇몇 효과에 있죠. 인간 존중은 더 이상 이야기하지 않아도 금방 이해가 될 거예요. 그렇다면 소비력이 가져오는 효과란 뭘 말하는 걸까요?

우선 사람들에게 부당한 노동 환경을 개선할 수 있는 협상력을 줄 수 있어요. 인간이 최소한의 지속적인 소비력을 갖추고 있다면, 부당한 환경에서 노동하는 걸 거부할 수 있게 되죠. 쉽게 말해 '갑질'에 대항할 수 있는 힘을 줄 수 있는 거예요. 둘째, 노동뿐만 아니라 가정 폭력, 성소수자 차별과 같은 부당한 행위에 대한 저항력을 높이는 데도 기여할 수 있어요. 사회적 약자들에게 경제적으로 독립할 수 있는 여력이 지속적으로 주어진다면, 그들이 부당한 처우를 받을 때 '그만해!'라고 말할 수 있게 되겠죠. 정리하면, '지속적인 소비력'이 인간으로서 최소한의 존엄을 지킬 수 있는 방어막 역할을 해 준다는 거예요.

현재 우리나라에선 녹색당이 기본소득 40만 원을 지급하자고 주장하고 있어요. 2019년에는 기본소득당이 창당하며 매달 기본소득 60만 원을 지급하자고 주장했죠. 그런데 우리나라의 경우 1인당 10만 원을 지급하려면 60조 원가량의 예산이 들어가요. 60만 원을 지급하려면 360조 원 정도가 필요한 거죠. 아직은 현실적인 액수로 보이지 않네요. 이게 조금이라도 실현 가능해지려면 로봇세가 반드시 필요할 것 같아요.

인생을 설계할 자금을 주자 : 기초자본

기본소득에 이어 알아보려는 탈노동적 분배의 두 번째 대안은

'기초자본'이에요. 기본자산, 기초자산이라 하기도 하는데, 모두 영어의 'Basic Capital'이란 용어를 번역한 말들이에요. 기초자본은 기본소득에 비해 잘 알려져 있지 않은 제도죠. 아마 처음 들어보는 분도 있을 거예요. 우선 이 제도의 기원부터 알아볼까요?

기초자본이란 발상을 처음으로 내놓은 이는 토마스 페인Thomas Paine이었어요. 페인은 작가로도 이름을 떨쳤지만 한편으로 아주 유명한 혁명가이기도 했죠. 근대 세계를 만들었다고 하는 미국 혁명과 프랑스 대혁명, 두 혁명에 모두 참여했던 아주 보기 드문 인물이에요. 1796년 페인은『농업적 정의에 대하여On Agrarian Justice』라는 글을 썼어요. 일부에선『토지 정의에 대하여』라고 번역하기도 하는데 이것도 맞는 표현이에요. 당시엔 토지가 분배의 중심에 있는 가장 중요한 자산이었어요. 이 글에서 페인은 아주 중요한 문제 하나를 제기해요.

> "하나님은 이 세계를 인간에게 공유물로 주셨다. 그런데 우리가 이 지상의 것을 모두 사유화해 버려서 우리 후대에게 물려줄 것이 남아 있지 않다. 이 문제를 어떻게 해결할 것인가?"

이건 무척 혁명적인 문제 제기였어요. 이후 마르크스도 고전 경제학에 대해 문제 제기를 할 때 "왜 고전 경제학은 이 세계가 원래 공유물이었다는 데서 출발하지 않는가? 왜 그들은 사유화가 당연하다는 전제에서 시작하는가?" 이렇게 물었었죠. 이렇게 보면 페인의 문제 제기는 시대를 상당히 앞서간 거였어요. 페인은 이 문제를 해결하기 위해 아주 창조적인 제안을 내놓아요. "이미 다 사유화해 버린 앞선 세대들이 기금을 마련하자. 그리고 후대에게 사유화의 권리가 사라진 대가로 목돈을 지급하자!" 기초자산은 바로 이런 제안을 물려받은 분배 제도예요.

기초자산의 구체적인 발상은 국가가 성년에 이른 시민들에게 일정 정도의 자본을 목돈의 형태로 제공하자는 거예요. 제2 기계 시대에 나타난 자산 불평등 현상을 반영하고 있는 제도죠. 예를 들어, 토마 피케티는 『21세기 자본』에서 노동이 아니라 자본이 더 많은 소득을 만들어 내고 있고, 이런 자본이 지닌 '세습되는 경향'이 당대 불평등의 근본적인 원인이라고 진단해요.[1] 지구적 차원에서 목격되고 있는 불평등의 근원이 자산의 문제인지 아니면 소득의 문제인지를 두고 경제학자들마다 다른 입장을 보이고 있지만, 2015년 한국 사회를 휩쓸었던 '수저론'은 피케티의 이론과 정확히 일치하고 있죠. 기초자본에 해당하는 '사회적 지분이론The Stakehodler Society'을 만든 브루스 애커만Bruce Ackerman과 앤 앨스톳Anne Alstott 역시 세습 자산이 만들어 내는 현실을 숨기지 않고 이렇게 지적하죠. "오늘날 부자들은 자신들의 부모로부터 인생 설계에 필요한 자원들을 물려받는다."

우리나라에서 유행한 수저론도 이렇게 물려받을 것이 있는

---

1 Thoma Piketty, 『Capital in the Twenty-First Century』, Cambridge MA: Belknap Press, 2014, p.438.

자와 없는 자의 인생이 달라지는 현실에서 나온 거잖아요. 2018
년 한국리서치가 실시한 여론조사 결과를 보면, 우리나라 20대들
의 80%가 사회계층 이동이 불가능하다고 믿고 있어요. 우리 사회
를 '2 대 8의 사회'로 본다면, 소외된 계층에 속한 거의 모든 20대
들이 계층 이동의 가능성을 믿지 않고 있다는 거죠. 수저론이 틀
린 게 아니라는 건 우리나라에 상속형 부자가 다른 국가보다 많
다는 통계가 뒷받침해 주고 있어요. 2016년 피터슨 연구소Peterson
Institute에서 실시한 조사를 보면 전 세계 자산 10억 달러 이상 부자
중 이른바 '금수저' 출신으로 증여나 상속을 받아 부자가 된 경우
가 30%인 반면, 한국은 이 비율이 74%에 이르고 있죠.[1] 또 동국
대 김낙년 교수가 내놓은 한국의 부의 집중도에 대한 연구를 보
면, 한국의 대다수 젊은이들은 물려받을 게 없다는 사실을 확인할
수 있어요. 2013년을 기준으로 상위 0.5%에 19.3%, 상위 1%에
25.9%, 상위 5%에 50.3%, 상위 10%에 66.0%의 자산이 집중되어
있는 반면, 하위 50%는 단지 1.7%의 자산을 소유하고 있다고 해
요.[2] 이 정도면 절망적인 숫자 아닌가요? 솔직히 수저론을 볼 때
마다 깜짝 놀라요. 어떻게 피케티의 주장과 이렇게 똑같을 수 있
는가 하고요.

근데 더 절망적인 건 2019년 스위스 은행 '크레디트스위스Credit

---

1 「한국 부자 '금수저' 비율 세계 최고, 많이 배우고 많이 상속 받아」 『동아일보』 2017. 1. 30.
2 김낙년, 「한국의 부의 불평등, 2000~2013: 상속세 자료에 의한 접근」 2015. 10. 28.(Working paper), p.1.

Suisse'가 발간한 『2019년 글로벌 자산 보고서*Global wealth report 2019*』에 나오는 상황이에요. 이 자료에 따르면 한국은 상위 1%에 30%의 부가 집중되어 있는 것으로 나와요. 그런데 우리나라가 그리 심한 것은 아니라고 이 보고서는 평가해요. 부의 불평등이 이미 대다수의 국가에서 심각하게 확산되고 있기 때문이죠. 20세기 디지털 기술의 편향적 분배가 만들어 낸 결과가 지구적 차원에서 영향을 미치고 있다는 사실을 이 보고서를 통해 알 수 있어요.

기초자본은 바로 이런 상황에서, 사회계층의 이동 가능성을 만들어 주기 위해, 개인이 부모로부터 상속받을 수 없다면 사회가 상속해 주겠다는 취지로 만들어진 제도예요. 이를 통해 단 한 번만이라도 자신을 위해 인생을 설계하고 실행해 볼 수 있는 기회를 제공해 주는 거죠. 한마디로 기초자본은 '모두를 위한 사회적 상속'이라 할 수 있어요.

기초자본의 대표적 모델은 애커먼과 엘스톳이 1999년에 만든 '사회적 지분 급여*Social Stakeholding*' 모델이에요. 미국의 상위 20%에게 2%의 정액으로 부유세를 부과해 만든 기금으로 매년 21세가 된 청년들에게 4년에 걸쳐 총 8만 달러를 지급하겠다는 내용이었죠. 단 조건이 있었어요. '고등학교를 졸업하고 범죄 기록이 없어야 한다.' 이 조건만 충족하면 누구나 다 받을 수 있는 거죠. 왜 8만 달러냐고요? 당시 사립대학교 4년 학비를 기준으로 설정한 금액이에요. 만약 20년이 지난 지금 이 제도를 실시한다면 액수는 훨씬 더 커져야겠죠. 이 모델의 또 다른 참신함은 이 지분을 받은 이들이 사망할 때 남기는 유산이 있다면 거기에 약간의 이자를 붙여 상환함으로써 미래의 재원을 확보한다는 데 있어요. 이런 방식은 '결국 우리가 현재 받고 있는 혜택이 앞 세대의 유산이며, 다음 세대를 위해 우리 역시 유산을 남겨야 한다.'는 인식을 심어 주는 데 아주 효과적일 수 있다는 생각이 들어요.

2019년 피케티 역시 이와 비슷한 제안을 내놓았어요. 그는 프랑스 1인당 평균 자산의 60%에 해당하는 12만 유로, 우리 돈으로 1억 6,000만 원 가량을 25세에 이른 모든 프랑스 청년에게 현금으로 지급하자고 제안했죠.[1] 2018년엔 영국에서 상대적으로 규모는 작지만 '시민자산펀드citizens' wealth fund'라는 이름으로 기초자본이 제안되었어요. 셰일가스 개발에서 나온 이득으로 기금을 만들어 25세에 이른 모든 영국 청년들에게 1만 파운드씩 지급하자는 안이에요.[2] 두 제안에서 지급 기준이 25세인 이유는 현재 유럽에서 부모로부터 온전히 독립하는 이들의 평균 나이가 25세이기 때문이라네요. 우리나라에서는 2020년 정의당이 '청년기초자산제'라는 이름으로 21세에 이른 청년들에게 3년간 매해 1,000만 원씩 지급하자는 정책을 제안했죠.

기초자본을 지급하는 방식엔 이렇게 특정 연령에 이르렀을 때 일정액을 지급하는 방식이 있는가 하면, 아이들이 출생했을 때 국

---

1 Thoma Piketti, 『*Capital and Ideology*』

2 Carys Roberts and Mathew Lawrence, 「Our Common Wealth: A Citizens' Wealth Fund for the UK」 IPRP, 2018.

가가 일정한 투자액을 넣어 주고 이자를 불린 후 특정 연령에 이르렀을 때 지급하는 방식도 있어요. '베이비 본드baby bond' 모델이라 부르는데 2003년 영국에서 노동당이 시행한 적이 있어요. 토니 블레어의 집권 2기 주요 정책이었죠. 그러나 불행히도 2011년 보수당이 권력을 잡으며 폐지시켜 결과를 보진 못했어요. 당시 재정이 부족하다는 보수당의 핑계는 참으로 궁색했는데, 이 정책에 영국 교육 재정의 0.5%밖에 사용하지 않았거든요. 영국 전체 재정이 아니라 '교육' 재정의 0.5%에 불과했는데도 보수당은 이런 핑계를 댔던 거예요. 이 방법은 초기 비용이 아주 적게 든다는 점과 유아들에게 투자하는 방식이라 정치적 저항도 거의 없다는 여러 장점이 있어요.

실제 기초자본의 가장 큰 장점이 기본소득에 비해 비용이 적게 든다는 점이에요. 예를 들어 우리나라에서 기본소득을 시행한다면 전 국민에게 10만 원을 지급한다 했을 때 60조 원이 필요하다고 했던 것, 기억나죠? 만약 30만 원을 지급한다면 180조 원 정도가 들어요. 이 금액은 2020년 우리나라의 복지예산 전체와 맞먹는 규모예요. 반면 기초자본은 설계하기에 따라 기본소득의 10% 정도밖에 소요되지 않아요. 18조 원 정도만 있어도 매년 20세가 되는 모든 청년들에게 3,000만 원씩 배당할 수 있거든요. 기본소득 10만 원을 지급하는 데 드는 비용의 3분의 1 정도만 있으면 되는 거죠. 영국의 노동당이 실시한 베이비 본드 모델을 따라 설계한다면 그 비용을 더 현격하게 줄일 수도 있어요. 게다가 기초자본은 목돈으로 지급되기에 기본소득으로는 할 수 없는, 인생을 설계하고 실행해 볼 수 있다는 큰 장점도 있어요. 만약 구글세를 걷어 활용할 수 있게 된다면 더 큰 종자돈을 젊은이들에게 상속할 수 있게 될 거예요! 무엇보다 이런 종자돈이 계층이라는 벽 앞에서 좌절하고 있는, 80%가 넘는 우리 젊은이들에게 계층 이동의 가능성을 줄 수 있는 계기가 된다는 점에서 그 의의가 크다는 생각이 드네요.

노동 '안'에서 지어지고 있는 새로운 대안 : '전국민 고용 보험'

지금까지 제2 기계 시대의 새로운 분배 형태로 기본소득과 기초소득에 대해서 이야기했어요. 지금까지 보아왔듯 이 두 방식은 더 이상 노동을 부와 소득의 분배 기준으로 삼지 않아요. 이번에는 여러분에게 노동 안에서 지어지고 있는 대안 하나를 이야기해 볼까 해요.

누구도 비켜갈 수 없었던 코로나19를 기점으로 우리 사회에서도 어떻게 분배할 것인가를 두고 치열한 논쟁이 시작되었어요. 가상 잘 알려진 게 '기본소득이냐, 전국민 고용 보험이냐.'는 것이었죠. 코로나19 이전엔 여간해서 관심을 끌지 못하던 제도들이 논쟁 테이블에 올라왔던 거예요. '코로나19 이후의 세계'에 대해 수많은 예측과 이야기들이 쏟아지고 있지만 개인적으론 이 논쟁이야말로 가장 실질적이고도 생산적이라는 생각이 들어요. 불확실한 세계에 대한 수많은 예측 중에 그나마 우리가 경험하고 있는 현실에 확고하게 발붙이고 있는 논쟁이기 때문이에요.

개인적으로 이 두 제도 중 어느 한 쪽 편을 들 의도는 없어요. 그 어떤 것이라도 시행된다면 지금보다 나은 세상이 될 테니까요. 다만 이 두 제도를 지탱하는 분배의 근거에 커다란 차이가 있다는 점은 다시 한 번 여러분에게 밝혀 두고 싶어요. 기본소득은 '누구나 실질적 자유를 누릴 자격이 있다.'는 '권리 중심적 발상'에서 나온 제도라면, 전국민 고용 보험은 '일하는 자만이 자격이 있다.'는, 여전히 '노동 중심적 발상'이라는 걸 여러분이 반드시 기억해 두었으면 해요.

이제 전국민 고용 보험에 대해서 알아볼까요?

전국민 고용 보험 역시 제2 기계 시대에 생겨난 수많은 모호한 형태의 고용이 노동자들의 삶을 위기에 빠뜨린다는 발상에서 나왔어요. 비정규직이 증가하는 가운데, 겉모습은 자영업자이지만 실질적으로는 종속적 노동자들로 살아가는 수많은 직업들이 생겨나고 있는 현실 때문에 만들어진 제도죠. 더 나아가 플랫폼 회사 같은 곳에서 일하는 노동자들이 일정한 직장을 가지지 못한 채 여러 곳에서 작은 수입들을 조각조각 벌어들이고 있는 상황 역시 고려된 제도예요.

실제 평범한 사람들의 세계에선 노동의 성격이 위계 질서를 만들고 있다고 해도 과언이 아니에요. 코로나19는 노동의 형태가 단기 고용으로 바뀌어 가고 있는 현실에서 공무원과 비공무원, 정규직과 비정규직이라는 이 간단한 구분만으로도 삶에서 얼마나 큰 차이가 생기는지 극명하게 보여 주고 있죠. 비공무원, 비정규직의 세계에선 팬데믹 상황에도, 40대의 누군가는 콜센터로 출근하기 전 이른 새벽에 녹즙을 배달하고, 20대의 누군가는 오전에 슈퍼마켓 배달을 한 뒤 음식점으로 출근해 새벽 3시까지 근무를 해야 하죠. 은퇴 연령을 넘은 노인들도 백화점 지하 폐기물처리장에서 하루를 온전히 노동으로 보내고 있어요. 이 모든 게 코로나19 확진자들이 보여 준 평범한 일상의 고단한 동선이에요. 그런데 이런 동선을 가진 사람들일수록 해고할 땐 맨 앞에 배치되는 게 지금 코로나19 아래 놓인 노동시장의 현실이에요.

우리나라 노동시장에 있는 사람들 중 고용 보험, 쉽게 말해 해고되었을 때 실업 급여를 받을 수 있는 사회보험을 가지고 있는 이들은 1,400만 명 정도예요. 문제는 고용 보험 가입률이 50% 정도밖에 안 된다는 거죠. 결국 두 명 중 한 명의 노동자는 아무런 보호도 없이 일하고 있다는 뜻이죠. 전국민 고용 보험은 이렇게 아무런 보호 없이 일하는 노동자들을 모두 보호망 안에 넣겠다는 거예요. 모든 노동자들이 고용 보험에 가입할 수 있도록 하겠다는 거죠.

전국민 고용 보험은 대체로 세 가지 원칙 하에서 움직인다고 보면 될 것 같아요[1].

첫째, 전면적 확대의 원칙이에요. 앞에서도 말했지만 모든 노동자들을 동시에 이 보험에 가입시키겠다는 거죠. 이 원칙은 '우선 미가입 임금노동자, 그 다음엔 특수고용 및 플랫폼 종사자, 마지막으로 독립적 프리랜서와 자영업자들을 가입시키자.'는 단계별 가입론에 반대하죠. 무엇보다 특수고용과 프리랜서 등을 구분하는 기준 자체가 모호해 단계별 가입이 혼란을 부추길 뿐만 아니라, 단계별 가입을 시행하면 모든 노동자들이 이 보험의 혜택을 받을 때까지 너무 많은 시간이 걸릴 것이므로 반드시 전면적으로, 동시에 모든 노동자에게 적용해야 한다는 거예요.

둘째, 고용이 아닌 소득을 기반으로 가입시키자는 원칙이에요. 모든 노동자들을 가입시키고자 한다면, 현재의 고용 상태가 아니라 소득이 있다는 사실이 가입의 근거가 되어야 한다는 거죠. 지금 우리나라에선 고용 보험에 가입하려면 반드시 하나의 주된 직장이 있어야만 해요. 하지만 전국민 고용 보험은 사용자가 고용 지위를 보장해 주는 그런 직장이 없다 하더라도, 소득만 있다면 누구나 가입할 수 있게 해 주자는 거예요.

세 번째는 국가 기여 확대의 원칙이에요. 지금 고용 보험의 기본 형태는 노동자와 사용자(기업)가 똑같이 분담하는 구조예요. 고용 보험에 가입하려는 소규모 자영업자들 같은 경우엔 보험금

---

1 전국민 고용 보험과 관련해선 남재욱, 「소득기반 전국민 고용 방안」(내가 만든 복지국가, 2020)을 주로 참고했다.

을 거의 두 배 이상 내야 하죠. 왜냐면, 자영업자들은 사용자이면서 노동자의 역할을 동시에 하고 있기에 사용자 몫에 해당하는 것까지 본인이 부담해야 하는 거예요. 그래서 세 번째 원칙은 소규모 자영업자들이 내고 있는 사용자의 몫을 국가가 부담해야 한다고 하는 거죠.

여기까지 들어 보면, 전국민 고용 보험이 보다 현실적인 대책처럼 들려요. 하지만 여기엔 우리가 보지 못하고 있는 장애물이 하나 있어요. 바로 자본이 고용 보험에 더 이상 기여하길 거부하고 있다는 현실이에요. 코로나19 사태가 일어난 이후 재계의 반응을 보면 이를 쉽게 알 수 있어요. 재계는 코로나19 사태 속에서 일자리를 지키기 위한 고용 보험률 인상에 명백히 반대 의사를 표명했어요. '국가가 노동자를 보호하겠다는 것은 좋다. 그러나 우리가 더 이상 기여할 수는 없다.' 오히려 자본은 코로나19라는 위기를 틈타 그간 행해지고 있던 노동에 대한 각종 규제를 풀어 달라고 요구하고 있어요. 전국민 고용 보험 역시 기본소득만큼이나 갈 길이 먼 게 지금의 현실이죠. 제 눈에는 자본이 견고하게 가로막고 있다는 점에서 오히려 전국민 고용 보험이 기본소득보다 더 비현실적일 수도 있다는 생각이 드네요. 무엇보다 전국민 고용 보험은, 우리가 노동 중심적 분배라는 전통적 구조에서 벗어날 준비를 해야 할 시기에, 그에 상응하지 않는 분배 방식일 수도 있다는 점을 여러분에게 다시 강조하고 싶어요.

노동 '밖'으로 나가야 노동이 산다

"21세기 새로운 기술의 시대, 인간의 존엄을 지키기 위해 우리는 어떻게 해야 할까?"

이 질문은, 기술이 그동안 얼마나 발전했는지, 그 발전이 우리 삶과 자본, 노동의 형태를 어떻게 바꾸어 놓았는지 살펴본 긴 여정 끝에 우리가 던졌던 질문이에요. 이 질문에 대한 답으로 저는 여러분께 제1 기계 시대의 분배 기준인 '노동' 밖으로 나가자는 제안을 했었어요.

그런데 이 말을 '노동을 버리자.'라는 뜻으로 오해하진 말아 주세요. 노동은 여전히 중요하고 가치 있는 일이에요. 인간은 때로 자신이 하고 있는 일을 바탕으로 자신이 누구인지를 규정하고 자신이 살아갈 방향을 모색해 나가죠. 더하여 같은 일을 하는 사람들을 동료로 삼아 연대하고 자신이 참여할 수 있는 공동체를 짓기도 해요. 이런 걸 뻔히 알면서 노동을 버리자는 어리석은 제안을 할 수는 없잖아요. 다만 이젠 더 이상 노동이 인간의 존엄을 지킬 수 있는 분배의 유일한 기준이 되어서는 안 된다는 이야기예요. 달라진 현실에 맞는 새로운 분배 기준을 세워 나가야 한다는 의미인 거죠.

산업혁명을 통해 '신분 중심적' 분배가 종말을 맞았듯, 4차 산업혁명과 그린 뉴딜 등의 이름으로 우리 앞에 다가오고 있는 세계는 '노동 중심적' 분배의 종말이 다가왔음을 알리고 있어요. 도래하는 변화 속에서 계속 노동 중심적 분배를 유지한다면, 인천국제공항에서 노동시장 내 진입과 서열을 둘러싸고 벌어졌던 논쟁처럼, 혐오와 차별로 가득 찬 공정성 시비들이 그치지 않고 계속될 거란 생각이 드네요. 이제 틀에 박힌 '노동'이란 기준에서 벗어나 '탈노동적 분배 제도' 구축에 대한 논의를 시작해야 될 때가 왔어요.

이런 발상 아래 저는 제2 기계 시대에 상응하는 권리로, 인간과 기계가 파트너십을 맺을 권리, 디지털 세계에 접근하고 활용할 수 있는 권리가 시민권으로 확립되어야 한다는 제안을 했어요. 이 디지털 시민권은 새로운 세계가 어떻게 지어졌는지를 이해하고, 그 세계에 접근할 가능성을 열어 준다는 점에서 21세기의 '권리들을 가질 권리'가 되리라 확신해요. 거기에 더하여 제2 기계 시대가 만드는 불평등을 교정하고, 시대에 상응하는 분배 재원이 될 로봇세와 구글세를 적극적으로 도입해야 한다는 제안을 했어요. 우리가 일자리를 양보한 대가로 받은 로봇세는 '모두를 위한 소비력'을 제공하는 기본소득의 재원으로, 우리가 집단적으로 정보를 만들고 창조하는 부불노동의 대가로 받는 구글세는 '모두를 위한 상속'을 위해 기초자본의 재원으로 쓰자는 제안도 했어요.

이런 제안들이 세상을 바꾸어 놓을 수 있느냐고 묻는다면 그 어떤 확신도 드릴 순 없어요. 나만, 이 시섬에서 할 수 있는 일은 과거를 돌아보고, 반성과 성찰을 통해 우리가 함께 지어가야 할 세계의 방향을 설정하고 그것을 실현하기 위해 노력하는 것뿐이니까요. 하지만 우리가 지금 확신할 수 있는 것은, 제2 기계 시대에 적합한 보호의 체계를 제1 기계 시대에서 찾거나 가져오면 안 된다는 점이에요. 이 책에서 제안한, 더 이상 노동을 중심으로 하지 않는 권리와 분배도 이런 숙고의 결과물이란 걸 여러분이 알아주셨으면 해요. 그리고 지금까지 우리가 함께 나눴던 이야기들이 새롭게 도래한 세계를 이해하고 그에 맞는 삶을 설계하는 데 작은 도움이라도 되길, 간절히, 간절히 바라는 마음이에요.

위기에 뒤로 남겨지는
사람들이
없도록 하라

능력주의의 함정

'제2 기계 시대, 인간과 기계는 서로 협력하며 살아갈 수 있을까?'

이 책을 시작하며 우리는 이런 질문을 던졌죠. 더 정확한 문장은 '제2 기계 시대, 어떻게 해야 우리는 기계를 두려워하는 대신 기계와 공생할 수 있을까?'였어요. 그에 대한 대답으로 저는 '인간이 서로를 보호하는 시스템'을 짓자고 제안했어요. 그렇게 한다면 인간을 닮을 수밖에 없는 기계 역시 인간을 보호할 것이고, 인간과 기계 사이에 긍정적 파트너십을 만들어 갈 수 있을 것이라고 했죠. 이런 전제하에 더 본질적이고 중요한 질문은 다음과 같은 것들이었어요.

'제2 기계 시대는 어떤 세계를 만들어 냈는가?'

'그 속에서 이익을 보는 사람들은 누구이며, 그렇지 못한 사람들은 누구인가?'

'제2 기계 시대에서 배제된 사람들을 보호하기 위해 어떤 노력을 기울여야 하는가?'

솔직히 말해 이런 질문을 던져 놓고 걱정도 많았어요. 제2 기계 시대와 관련된 대다수의 책들이, 개인들이 살아남기 위해 혹은 성공하기 위해 어떤 능력을 갖추어야 하는지에 집중하고 있거든요. 그러면서 앞으로는 '창의성'을 갖춰야 살아남을 수 있다고 강조해요. 그런데 만일 모든 사람들이 창의적이면 어떻게 될까요? 그중에서 더 창의적인 사람들만이 살아남을 거예요. 경쟁 구도 안에선 이것이 필연적인 결말이죠.

저는 이런 식의 해결책은 소용이 없다고 생각해요. 자기 계발의 개인윤리가 사회문제를 해결하는 길이 될 수는 없으니까요. 궁극적으로 문제를 해결하는 길은 새로운 기계 시대에 맞는 새로운 분배를 상상하고 제안하는 데 있다고 저는 생각해요. '기계가 일하게 하고 우리가 그 이익을 나누어 갖자.'는 로봇세처럼 말이죠.

최근 제2 기계 시대가 만들어 낸 새로운 불안과 불평등에 맞서는 우리들의 모습을 보면 안타까울 때가 있어요. 예를 들어 많은 사람들이 요구하는 '공정성'의 내용을 살펴보면, 그 핵심이 각자도생의 기회를 보장하라는 것, 그 이상도 이하도 아니에요. 우리가 알아서 살아남을 테니 국가는 그 기회를 공정하게 보장하라는 거죠. 이런 요구의 바탕에는 소위 '능력주의'가 자리 잡고 있어요.

능력주의. 2020년 우리 사회에서 가장 많이 회자된 말 중 하나예요. 영어로는 '메리토크라시meritocracy'라 부르는데 영국의 사회학자 마이클 영Michael Young이 만든 용어죠. 라틴어의 meritum에서 온 merit(훌륭함)라는 말과, 그리스어의 kratia에서 유래한 cracy(통치)라는 말을 조합해 만든 단어로, 글자 그대로 옮기면 '훌륭함이 통치하는 정치체제' 정도로 옮길 수 있겠네요. 1958년에 발간된 마이클 영의 『능력주의의 부상The Rise of Meritocracy』에서 이 표현이 처음 쓰였죠.

영에 따르면, 능력을 중시하는 발상은 신분 사회였던 산업혁명 이전에도 존재했다고 해요. 생각해 보면 동서양을 막론하고 신분을 넘어 능력 있는 사람을 등용하려는 노력은 항상 있었죠. 세종 때 장영실 같은 인물이 바로 이 능력주의 때문에 역사에 이름을 남길 수 있었던 대표적인 예죠. 그런데 왜 민주주의 시대에서 능력이 그 어느 때보다 더 중요해진 걸까요? 신분 말고 대체할 만한 다른 것이 없기 때문에?

이 질문에 답하기 위해선 『능력주의의 부상』에서 영이 도전적으로 던지고 있는 질문에서 출발하는 게 좋을 것 같네요. 민주적 사회에서 '하층계급과 상층계급을 가르는 심연이 더욱 넓어지는데도 왜 사회는 이토록 안정을 유지하는가?' 영의 대답은 명쾌해요. 지금의 이 불평등은 '능력에 따라 계층이 갈리는 것이 당연하다.'는 공유된 가치 아래 만들어졌기 때문에 사회가 안정을 유지한다는 거예요. 능력주의가 지배하는 사회에서 개인의 실패는 온전히 개인의 능력이 모자란 탓이라 여겨지죠. 그래서 개인의 실패를 두고 사회의 구조적 문제를 탓하는 것은 허용되지 않아요. 사회를 탓하려 목소리를 크게 내는 일은, 오히려 '능력 없는 자가 여기에 있습니다.'라고 광고하는 것과 같아요. 이런 사회에서 사람들은 불만을 터뜨리지 않고 침묵하게 되죠. 죽음을 택할 만큼 가난해도 사회에 아무것도 요구하지 않는 '착한 빈민들' 이야기는 이런 사회 분위기 속에 만들어지는 거예요.

이런 상황 앞에 영은 다시 질문을 던져요. 만약 우리가 민주주의 사회에 살고 있다면 '우리 사회의 구성원 중 누군가의 능력이 모자란다는 것이 객관적으로 입증된다 하더라도, 왜 그것이 재화와 권력을 적게 할당받아야 하는 이유가 되는가?' 영의 문제 제기는 일리가 있어요. 역사를 돌이켜 보면, '평범한 사람들'이 엘리트들보다 능력이 뛰어나서 민주주의가 정당성을 획득한 것은 아니니까요. 오히려 평범한 이들을 주권자로 내세우는 민주주의는 플라톤 시대부터 엘리트들이 경멸해 마지않던 체제였어요. 그런데 왜 민주적인 사회에 살고 있는 평범한 우리들조차, 능력에 따라 자원과 권력을 할당받는 것이 정당하다고 생각하고 있는 걸까요?

영은 이렇게 답해요. '능력주의란 평등을 받아들인 민주주의 사회에서 노골적으로 만들어지고 있는 불평등이란 모순을 비켜 가기 위해 작동하는 일종의 이데올로기다.' 평등을 추구하는 사회에서 '능력에 따른 불평등은 정당하다. 혹은 제한되지 않는다.'고 공개적으로 말함으로써 권력을 행사하는 자에게 마땅한 자격을, 권력 행사의 대상이 되는 사람에겐 저항 없이 그들의 지배를 받아들이도록 만드는 역할을 한다는 거예요. 여기에 더해, 영은 이런 능력주의가 새로운 계층을 만들어 내고, 새롭게 등장한 계층 사이에 높은 벽을 만들어 결국 계층 이동을 가로막는다고 주장하죠.

여기에 이르면 우리는 깜짝 놀라게 돼요. '아니 능력주의가 사회적 계층 이동을 가능하게 하는 게 아니라 오히려 가로막는다고?' 생각해 보세요. 수많은 사람들이 지금 이 순간에도 능력주의를 불평등의 해결책처럼 말하고 있는데, 오히려 그게 불평등을 만들어 내고 있다니 놀라울 수밖에요. 여기에 이르면 이런 의심도 들 것 같아요. '이런 주장은 마이클 영만이 하고 있는 게 아닐까?'

그럼 또 다른 예를 볼까요? 예일대 로스쿨 교수인 대니얼 마코비츠Daniel Markovits 역시『능력주의의 함정The Meritocracy Trap』(2019)에서, 당대의 불평등은 능력주의가 강력하게 작동하면서 만들어진다고 주장해요. 그 또한 능력주의가 불평등의 해결책이 아니라 원인이라는 마이클 영의 주장과 같은 이야기를 하고 있는 거죠. 마코비츠는 1950~60년대 서구 사회에서 능력주의 혁명이 일어난 시기에 주목하며, 이때 일어난 가장 큰 변화 하나를 지적해요. 바로 엘리트 계급이 자식에게 신분과 재산 대신 '능력을 만들어서' 물려주기 시작했다는 것이었죠. 여기서 우리가 놓치지 말아야 하는 건 능력을 '만들어서' 물려준다는 거예요.

우리가 엘리트라고 부르는 이들은 오랜 기간 교육을 받으며 능력을 갖춰 나가요. 일례로, 마코비츠는 미국을 건설할 당시 대통령이 될 수 있는 나이를 35세로 규정했음을 상기시키죠. 그런데 요즘엔 35세에도 학교 교육을 받고 있는 경우가 허다하다고 그는 지적해요. 자신이 예일대에서 경험한 일을 그대로 옮겨 놓은 건데, 저도 교육 현장에 있으면서 똑같은 현상을 목격하고 있어요. 수많은 학생들이 대학 교육을 넘어 대학원으로 진학하고 있는 실정이죠. 앞으로 엘리트가 되려면 박사 학위가 적어도 2개 정도는 필요하다는 농담이 현실이 되고 있어요. 당장 우리나라만 봐도 3~4세에 조기교육을 시작하고 한글도 모르는 5~6살 아이들에게 영어로 글 쓰는 법을 가르치죠. 엘리트 부모들은 아이들의 교육에 많은 돈을 쏟아붓는 걸 주저하지 않아요. 가용할 수 있는 모든 자원을 동원해 자녀에게 능력을 '만들어서' 물려주려 하죠.

크리스티아 프릴랜드Chrystia Freeland는 『플루토크라트Plutocrats』 (2013), 번역하자면 '부로 지배하는 자들'이라는 책에서, 소수의 엘리트 부모들뿐만 아니라 중산층 부모들까지 가용할 수 있는 모든 자원을 자녀들의 교육에 쏟아붓고 있다고 이야기해요. 왜 그럴까요? "대도시에서 상위 0.1%와 함께 살아가고 있는 중산층 부모들이 엘리트 교육이 엄청난 이익을 가져다준다는 사실을 체감하고 있기 때문"이에요. 세계의 모든 대도시에서 유치원 때부터 엘리트 교육을 향한 적자생존 투쟁이 시작되는 건 바로 이 때문이죠. 많은 연구, 통계 자료들도 교육이 주도하는 승자독식 체제에서는 18세에 해당하는 인구의 1%만이 성인이 된 이후에도 1%로 남을 가능성이 높다고 말하고 있어요. 부모들이 이런 현실을 체감하며 살고 있기에 교육비가 아무리 많이 들어도 자녀들에게 돈을 쏟아붓는다는 거예요. 결국 이런 현실 속에서 '능력'이란 것 또한 엘리트 부모로부터 자녀에게 세습되며 계층 이동을 가로막게 되는 거죠.

이런 식으로 능력주의가 퍼져 나갈 때 민주주의 사회는 두 가지 문제를 마주하게 돼요.

첫째, 중산층이 무너진다.

둘째, 혐오와 차별이 퍼지며 구성원들 간의 연대가 가로막힌다.

우선 계층 이동을 가로막는 문제부터 살펴볼까요?

여러분은 이미 디지털 기술 시대가 양극화를 만들어 내고 있다는 사실을 저와 함께 살펴보았어요. 소수가 부와 소득, 명예를 독점하는 양극화 시대에 능력주의가 최상의 가치가 된다면, 소수의 능력 있는 자들에게 더 많은 부와 소득, 명예가 몰리게 되는 건 자명한 이치겠죠. 이건 결국 소득 수준이 20~80%에 속하는 중산층에게 부와 소득, 명예가 제대로 분배되지 않는다는 것과 같아요. 앞에서 보았지만 우리나라의 하위 50%가 전체 부의 1.7%밖에 가지고 있지 않다는 사실은, 50~80%에 속하는 사람들이 더 이상 중산층일 수가 없다는 뜻이니까요. 그런데 민주주의의 기반은 중산층이잖아요. 상위계층에게 민주주의란 자본주의에서 최대한 성과를 얻고자 하는 자신들을 제약하려 드는 귀찮은 것일 수 있고, 하위계층은 먹고 살기 바빠 자유와 평등 같은 사회적 가치에 관심을 기울일 틈이 상대적으로 적죠. 이런 상황에서 능력주의가 중산층이 받아야 할 혜택을 줄이고 소수가 자원을 독점하는 이데올로기로 정당화된다면 당연히 중산층을 기반으로 하는 민주주의도 위험해질 수 밖에 없는 거예요.

더 큰 문제는 노력주의로 변신한 능력주의가 사회의 다수를 능력도 없고 충분히 노력하지 않는 자들로 만들어, 사회로부터 혜택을 받을 자격이 없는 사람들로 전락시킨다는 점이에요. 마이클 영은 능력주의가 '지능(I.Q)+노력(effort)=능력(merit)'이라는 등식 아래, '개인이 지닌 능력' 외에는 그 어떤 것도 개인의 성취를 좌우하는 요소가 되어서는 안 된다는 발상이라고 말해요. 언뜻 공정해 보이는 이 공식에는 결정적인 함정이 있어요. '지능'이란 게 타고난 운에 좌우되는 유전적 요소와 관련 있기 때문이죠. 사람들이 '공정'을 말하며 능력을 가장 우선시하는 이유는 '금수저'나 '부모 찬스'같은 것들이 '출생'이라는 운에 좌우되기 때문이잖아요. 그렇다면 절반이 유전이라는 운에 좌우되는 능력주의는 이미 공정하지 못한 것이죠. 그래서일까요? 능력주의에 대한 주장을 보면 대부분 자신의 의지로 어쩔 수 없는 지능이라는 '유전적 요소'는 은연중에 사라져 버리고 오로지 '노력'만 남아 있는 걸 볼 수 있어요.

이렇게 능력주의가 노력주의로 변신할 때, 진입 장벽을 넘지 못한 모든 사람들은 게으른 사람, 충분히 노력하지 않은 사람으로 취급받게 되죠. 결국 능력주의는 사회적 다수를 능력 없는 자들로 만들어 무기력에 빠뜨릴 뿐만 아니라, 게으른 자들로 취급하며 도덕적 수치심까지 안기는 거예요. 이를 두고 마이클 영은 이렇게 말해요. "능력을 결정적 요소로 보는 만연한 인식 때문에 아무 능력도 없는 다수가 무기력한 나락에 빠진다는 사실을 지적하지 않는다면 우리는 사회학자로서 사명을 다하지 못하는 셈이다. 이렇게 절망에 빠진 사람들은 사회에 제대로 항의하지도 못하기 때문에 자기 자신에게 분노를 돌리게 되며, 결국 무기력해지면서

270

더더욱 확실하게 절망에 빠진다." 대다수의 평범한 사람들을 무기력과 자기혐오에 빠뜨리는 것이 바로 우리가 공정하다고 말하는 능력주의의 실체인 거예요.

그런데 여기서 하나 더 생각해 보아야 할 게 있어요. 바우만은 자기혐오를 두고 이렇게 말해요. '누구도 자신에 대한 분노를 끝까지 자기 안에 담아 둘 수는 없다. 그 분노는 바깥으로 분출되게 되어 있다. 문제는 그 분노의 대상이 자신을 절망에 빠뜨린 바로 그 사람이 아닐 수도 있다는 점이다.' 자기혐오가 타자혐오로 이어진다는 거죠. 더 최악인 건 자신을 그렇게 만든 것과는 아무 상관도 없는 사람을 미워하고 혐오하게 되는 거예요. 결국 능력주의는 민주주의 사회에서 필요한 연대 대신 능력 없는 자는 차별받아도 괜찮다는 비뚤어진 의식을 키우고, 평범한 다수를 배제해 버림으로써 그들이 수치심과 혐오를 느끼게 만들고 있는 거죠.

이런 점에서 2001년, 토니 블레어가 '영국을 능력주의 사회로 만들자.'고 역설했을 때 『가디언』에 실린 마이클 영의 반응은 의미심장했어요. "비판의 의미로 만든 이 용어가 찬사의 말로 쓰이고 있다는 점이 실망스럽다." 영이 애초에 이 용어를 만들었던 의도가, 공정한 기회를 보장하기 위해 등장한 능력주의가 알고 보면 불평등의 또 다른 원인이 될 수도 있음을 지적하기 위해서였다는 걸 블레어는 몰랐거나 무시했던 거죠.

우리가 스스로를 평범하다고 생각한다면, 불평등의 문제를, 공정성의 문제를 능력주의로 해결해야 한다고 믿는 것 자체가 모순이 아닐까요? 평범한 사람들이 자신의 안전을 보장받을 수 있는 길은 개인의 역량을 강화하는 것이 아니라, 다른 평범한 사람들과 함께 연대할 때 열리는 게 아닐까요?

'코로나19'라는 위기의 시대는 평범한 우리들에게 서로 다가가서는 안 된다고 말하고 있어요. 이런 국가적 재난 상황에서 어려운 처지에 놓인 사람들은 더욱 고립될 거예요. 디지털 장비들을 사용할 돈이 없거나 그 기술을 활용하지 못하는 처지에 있는 사람이라면 더더욱 그럴 거예요. 이 순간에도 기업은 위기를 핑계 삼아 더 많은 자유를 요구하며 규제 완화를 주장하고, 사회적 안전망 없이 노동 현장에 내몰린 이들은 더욱더 소외되겠죠. 이런 환경이 지속되고 능력주의가 더 심하게 기승을 부린다면, 우리의 연대는 점점 더 약해질 수밖에 없어요.

지금 우리는 새로운 도전 앞에 서 있어요. 질병이 우리가 행동할 수 없게 발목을 묶는다면 해결책은 제도에서 찾아야 하지 않을까요? 모든 사람들을 보호할 수 있는 안전망을 세우고 사회적 연대를 강화해 나가는 것이 그 첫걸음이지 않을까요? 전국민 긴급재난지원금을 통해 우리는 이미 첫 경험을 했어요. 대다수의 사람들은 위기에 처했을 때 누가 내 곁에 있는지 확인하려 하죠. 손 내미는 자와, 그 손길이 필요한 자는 한배를 타고 있는 것과 같아요. 제2 기계 시대가 그어 놓은 모호한 노동의 경계 위에서 각자도생의 윤리로 분열된 사람들에게 그리고 코로나19라는 한 번도 겪어 보지 못한 거대한 위기 앞에, 국가가 동등하게 내미는 보호의 손은 어떤 의미를 지닐까요?

모두가 알다시피 위기의 시대엔 배제되는 자들이 더 늘어날 수밖에 없어요. 비상구를 찾아 나가는 길에 어떤 이유로든 뒤에 남겨진 자들은 더 이상 동료 시민들에 대해 믿음을 가질 수 없게 되죠. 우리가 이 위기에 어떻게 대응하느냐에 따라 불신으로 분열된 사람들 사이에, 동료 시민으로서 갖는 사회적 신뢰가 새롭게 재구성될 수도 있지 않을까요? 결국 보호의 메시지를 전하는 것이야말로 경계의 불확실성을 마주하며 대다수가 불안에 떠는 이 시기에 가장 필요한 일 아닐까요? 이 일을 과연 능력주의가 해낼 수 있을까요?

평범한 우리들이 이 일을 해낼 수 있는 길은, 첫 번째도 연대, 두 번째도 연대, 세 번째도 연대가 아닐까요? 그런 연대가 가능하게 제도적 보호 장치를 만들고, 그 제도가 다시 연대를 강화해 나가는 선순환. 비록 지금은 우리가 서로 거리를 두고 있어야 할지라도, 우리가 내딛을 수 있는 첫걸음은 바로 서로의 손을 맞잡는 '연대'일 거예요.

사랑하는 사람들, 이웃들, 아이들을 떠올려 보세요. 사랑하는 이들에게 능력이란 덕목을 요구하는 대신, 보호라는 제도의 우산을 씌워 주세요. 그리고 그 우산 아래서 서로의 어깨를 맞대고 퍼붓고 있는 이 시대의 위기들을 함께 견뎌 냈으면 해요. 어쩌면 우리의 어깨마저 비에 젖을지도 몰라요. 하지만 차별 대신, 혐오 대신, 각자의 가슴속에 서로를 보호하려는 마음을 품는다면, 맞닿은 마음의 온기가 여러분을 지켜 줄 거라 믿어요. 이런 맘으로, 이 책의 마지막 구절을 씁니다.

'위기에 뒤로 남겨지는 사람들이 없도록 하라.'

새로운 ── 가난이 온다

1판 1쇄 인쇄 ｜ 2021년 1월 20일
1판 1쇄 발행 ｜ 2021년 1월 29일
1판 7쇄 발행 ｜ 2024년 5월 10일

지 은 이 ｜ 김만권
펴 낸 이 ｜ 이정훈·정택구
책임편집 ｜ 박현아

펴 낸 곳 ｜ ㈜혜다
출판등록 ｜ 2017년 7월 4일(제406-2017-000095호)
주   소 ｜ 경기도 고양시 일산동구 태극로11 102-1005
대표전화 ｜ 031-901-7810
팩   스 ｜ 0303-0955-7810
홈페이지 ｜ www.hyedabooks.co.kr
이 메 일 ｜ hyeda@hyedabooks.co.kr

디 자 인 ｜ studio 213ho
인   쇄 ｜ ㈜재능인쇄

* 이 저서는 2018년 대한민국 교육부와 한국연구재단의 지원을 받아 수행된 연구입니다.
  (NRF-2018S1A5B8068919)

이 도서는 한국출판문화산업진흥원의
'2020년 출판콘텐츠 창작 지원 사업'의 일환으로
국민체육진흥기금을 지원받아 제작되었습니다.